唐末发生了什么

WHAT HAPPENED AT THE END OF THE TANG DYNASTY

苏乐彭　著

中国出版集团公司
華文出版社

图书在版编目（CIP）数据

唐末发生了什么 / 苏乐彭著. -- 北京：华文出版社，2016.9
ISBN 978-7-5075-4589-0

Ⅰ. ①唐… Ⅱ. ①苏… Ⅲ. ①中国历史－唐代－通俗读物 Ⅳ. ①K242.09

中国版本图书馆CIP数据核字(2016)第218665号

唐末发生了什么

作　　者：苏乐彭
责任编辑：杨艳丽
出版发行：华文出版社
地　　址：北京市西城区广外大街 305 号 8 区 2 号楼
邮政编码：100055
网　　址：http://www.hwcbs.com.cn
电　　话：总编室 010-58336210　编辑部 010-63426125
发行部 010-58336253　58336202
经　　销：新华书店
印　　刷：北京明恒达印务有限公司
开　　本：710×1000　1/16
印　　张：17.25
字　　数：210 千字
版　　次：2016 年 10 月第 1 版
印　　次：2016 年 10 月北京第 1 次印刷
标准书号：978-7-5075-4589-0
定　　价：38.00 元

序

中国历史上繁荣、强盛的唐朝到底是怎么灭亡的?

唐朝灭亡前后的数十年间哪些人在历史的舞台上发挥着作用?

是谁忠心不改一心要恢复唐朝天下?

古人相信天象，天象与人间大事真的会对应吗?

历史会重复吗?

历史真的是有些人所说的“惊人地相似”吗?

难道真的难以避开“盛极必衰”的循环圈子?

后人从历史中能吸取哪些经验教训?

历史看似风云变幻，每个时代都有各自的特点，各自的人物登场。乍一看，时势迥异，但实际上稍有疏忽，历史就可能重演。风云变幻的种子有时是在不经意间埋下的。

21 世纪初以来，电视、电影关于清朝、秦汉的作品比较多，但关于唐末、五代的就比较少了。仅有的那么几部，情节虽大都虚构，却也有部分来源于历史，例如《夜宴》《满城尽带黄金甲》等。

《满城尽带黄金甲》里出现的皇帝形象，以及皇后、太子、皇子等人之间的关系令人印象深刻。该剧塑造了一个表面友爱相处，内里却都各怀心思、勾心斗角的皇室家庭。皇帝与皇后面和心不和，皇帝用自己的权威强迫皇后服药；年轻的皇后与成年的太子私通；

诸王子之间明争暗斗，都想夺取太子之位，等等。电影里面皇宫的豪华场景似乎让人们想起了中国历史上最强盛的唐朝，而电影的名字《满城尽带黄金甲》则是出自唐末农民起义首领黄巢的诗句：

“待到秋来九月八，我花开后百花杀。冲天香阵透长安，满城尽带黄金甲。”这就更让人觉得电影与唐朝有密不可分的关系。

当然电影的内容可以虚构，情节可以虚构，我们也不用在细节上追究它是不是符合历史的真实。总体来看，《满城尽带黄金甲》的时代背景更接近于唐朝和宋朝之间的五代十国时期，那个时期唐朝的影响依然很浓。五代是中国历史上仅次于南北朝的大混乱、大分裂时期。自公元 907 年唐朝灭亡至公元 960 年宋朝建立，短短 53 年间，中原地区先后出现了五个小朝廷（后梁、后唐、后晋、后汉、后周），加上南方、北方地区的割据政权建立的十个国家（前蜀、后蜀、吴、吴越、南唐、南汉、南平、闽、楚、北汉），史称五代十国。这些小朝廷最长的不过 16 年，短的更是只有两三年，而且每朝之内，为了皇位和权力，父子、兄弟、大臣、后宫等之间上演了一次又一次争权夺利的政治角力。

欧阳修等一班人曾将五代形容为“五季”，“季”者末也，以此感叹当时的混乱给国家、人民带来的巨大痛楚。在这数十年间，始终没能出现一个能够统一全国的政权，由于各地强大的割据势力的存在，使得内斗不止，兵连祸结，国家元气大伤，百姓饱受战乱、饥荒等的折磨。一直到北宋初年，中原地区的这种混乱状况才逐步改善。宋朝的经济生活很发达，文学很发达，国民生产总值很高，人均也很高，百姓的生活与之前的朝代相比也是相当富足的，即使如此，整个宋朝也没能够恢复到唐朝时期的强盛状态，虽然繁荣可能有过之。宋朝实际上只是统一了中原地区，整个中国仍由辽、西夏、大理等各个政权分据。这就是政治不稳定、失衡、分裂给中国带来的灾难。

我们应该了解一下唐朝的衰亡——一个强盛的朝代为何会逐步走向衰亡？作为今人，应从历史中吸取哪些经验教训？唐朝末期、五代初期的那些人物黄巢、唐昭宗、李克用、朱温、李存勖、张承业等是怎么走上历史舞台的？

通常说起唐朝、宋朝的事情给人的感觉是，那都是一千多年前发生的，离我们今天很遥远。但实际上，古代与现代只是一纸之隔，现代社会除了在科技和人文等方面有所进步外，其他方面并无太大差异。仔细研究历史，我们会发现，在许多情况下，今天人们说话做事的方式在历史上似曾相识，似乎古人们很久之前就说过同样的话，做过同样的事。科技条件确实变了，但人的本性没有变，为人处世的心理和思维都没有太大的变化。

人们一再强调，“前事不忘，后事之师”，也正是出于这个道理，出于对历史和人性的深刻理解。今天发生的许多事，几乎都可以在历史中找到与自己极其相似的先例。历史是一条长河，滔滔向前，奔腾不息，变化万端，流经的地段总有所不同，但河水依旧是河水。

中国缘何会由统一、强盛的唐朝跌入到那么混乱、衰弱的境地呢？所谓“冰冻三尺非一日之寒”，远因有“安史之乱”，近因有政治混乱、黄巢起义等。抛开远因，让我们从唐朝灭亡前数十年最后几个皇帝看起。

苏乐彭

2012年10月于北京

2015年10月修改

目 录

第一章　传位意外

公元 859 年，大中十三年九月，这是唐朝第十六位皇帝宣宗在位的最后一年，最后一个月，最后的时光。

此时的长安依然壮丽、繁华，坊市中依然熙熙攘攘，热热闹闹。外面喧嚣的声音越不过皇宫高大的宫墙。皇宫中是安静的，安静中又似乎透着几分冷清、凄惶。在这安静之下，宣宗的大限即将到来，这一点宣宗本人是清楚的。

几个大臣急急忙忙走进了皇帝寝殿。九月的太阳把温暖撒满大地，几缕阳光透过寝殿的户栏分散到殿内的金砖上。殿外暖意融融，殿内却弥漫着清冷、慌张的气氛，刚进来的那几个人围簇在御床前，紧张而哀伤地看着躺在床上的那个人，当朝皇帝——唐宣宗。

唐宣宗原名李怡，后改为李忱，时年虚齿五十。做了十二年皇帝之后，宣宗走到了人生的最后阶段。皇帝即将驾崩，太子之位却没有明确，这是在场的人们所最为着急的。

宣宗也知道这个时候必须立即确定太子之位。他在还清醒的时候，召来了枢密使王归长、马公儒和宣徽南院使王居方几人，草拟遗诏。宣宗平日对三子李滋最为中意，此时要他们拥立三子继承帝位。眼看大事已毕，宣宗带着些许壮志未酬，未能完全恢复大唐风采的遗憾而终了。

三子最后成为皇帝了吗？眼看似乎就要成为现实，但结果往往就在一瞬间改变。

史载，宣宗在政治上比较清明，用法无私，从谏如流，恭谨节俭，爱惜百姓，基本能够使当时的老百姓生活在一个相对稳定的环境中。当时经常有一些势力很大的藩镇抗拒朝廷的命令，主动挑起变乱，与朝廷或其他藩镇之间发动战争，但这些战争基本是局部的，从总体上说，整个社会还是相对比较安定的，尤其在朝廷和地方势力的对比上，朝廷仍具有一定的实力，而且与宣宗之前的几个皇帝在位时相比，朝廷的实力还有一定程度的上升。局面本是向着好的方向发展，但这个局面没能继续下去，因为宣宗之后的几个皇帝没有选好，这几个皇帝都过于年轻，自幼长于富贵之中，不知体恤下情，毫无节制、滥用民财、亲小人、远贤臣，不具备掌控全局的能力，很快就把宣宗好不容易开创的局面给迅速消耗掉了。

宣宗在政治上的清明不光表现在对藩镇的处理上，他在位时对各级官员、士大夫们也很尊重。每有大臣上奏章，宣宗都要焚香洗手，然后读之，以示对大臣的重视。凡是言之有理、符合国家利益的建议，一般来说，宣宗都能接受并加以施行。所谓上行下效，不光下级要尊重上级，上级同样要尊重下级，才有可能使下级努力、勤奋工作。

宣宗很信任宰相令狐绹（唐时不设"宰相"，但设有相当于宰相的职位，史书中为方便起见，通常称为宰相）。宣宗曾下令，凡是各地官员转到其他地方任刺史的，一定要先到长安面见皇帝。宣宗这样做，为的是当面考察该人到底能不能胜任，以免宰相任人唯亲，被下面的大臣们蒙骗。

有一位在外地的刺史是令狐绹的故交，此人正好要转任邻州刺史，按照惯例，他要首先进京面见皇帝，然后才能赴任。令狐绹对此人很了解，觉得不必过于拘泥规定，既然只是转到相邻的一个州上任，又是平级调动，而且又了解此人的情况，不必大老远非跑到长安来。方便起见，就让那位故交直接上任去了。之后，那人给皇帝上了一份谢恩的表章。宣宗见到此人的表章后，才知道他已经到别处做了刺史，于是立刻召见令狐绹问是怎么回事。

令狐绹回答道："主要是因为那两个地方相距很近，让他直接赴任，也省掉许多迎来送往的麻烦。"

宣宗正色说道："因为以前经常出现刺史不能够胜任本职的情况，到了当地反而祸害百姓，所以朕才要当面考察，了解一下这些人是否有担当刺史重任的人品和能力，然后，再决定是升是降，是奖是惩。关于刺史入京晋见的事情，朕已下诏有过明确规定，你却弃此诏不用，看来，宰相的权力很大啊！"

当时虽值隆冬，宣宗的话却也使令狐绹惊出一身汗来。

令狐绹曾私下对同僚说："我在朝中当政十年，最受陛下信任。但是每次入宫奏事，和陛下对话，我都是汗湿内衣。"

宣宗经常告诫大臣："诸位一定要好好为政，切勿辜负了朕的希望。不然，日后君臣相见也就难了。"

不光是对官员要求严格，宣宗对皇室贵族要求更严。大中二年，公元 848 年，万寿公主嫁给了起居郎郑颢。万寿公主是宣宗特别宠爱的女儿。出嫁前，宣宗特别给万寿公主下了一道诏书，要求公主出嫁后，要遵守媳妇之礼，侍奉公婆，不得看轻夫家，不得干预政事，特别强调："若违此戒，必有太平、安乐之祸。"

郑颢的弟弟有一次得了急病，宣宗派使臣前往探望。

使臣回宫后，宣宗询问了病情，又问：公主在干什么？

使臣回答说，公主"往慈恩寺观戏"。

宣宗不禁冒火："怪不得大臣士大夫们不愿与我们李家结亲，

原来如此！立即召公主入宫。”

公主得到消息后，慌慌张张地赶到宫中请罪。

宣宗明明看到公主来到，却毫不理会，让她在台阶下站着，很长时间都不理她。公主这才真害怕了，哭哭啼啼地承认了错误。

宣宗训斥道："小叔子病了，你不去探望，却到外面去看戏。真岂有此理！天家儿女应带头遵守礼法，若违之，何以为他人所效？"

因此，在宣宗一朝，皇家贵族们都不敢不遵守国家的法令制度。

在个人喜好问题上，宣宗尤其能够分清轻重。宣宗平时很喜欢音乐，对音律非常精通。宫中乐队有个叫罗程的艺人，因善弹琵琶，深得宣宗的喜爱。而罗程则仗着皇帝的恩宠，无法无天。一次罗程在外因小事杀人，被京城治安官员抓了起来，关进监狱，等候审讯。宫中乐队里其他的艺人们大有兔死狐悲之感，便想营救罗程。这些宫廷艺人知道宣宗的严厉，不敢直接提罗程的事，于是采取了拐弯抹角的方式。

艺人们知道宣宗要来听音乐，便特意在席间空着罗程的座位，还在座位前的案几上放了罗程常用的琵琶，企图使宣宗睹物思人。宣宗到来后，艺人们找准时机跪倒在地，纷纷哭了起来。宣宗很奇怪，就问：为何如此?

艺人们回答："罗程有负陛下的恩宠，其罪当死，但是他弹奏琵琶的才艺却是当世无双，若处死罗程，只恐以后陛下听不到这样美妙的乐声了！"

宣宗当即严肃驳斥道："你们这些人所珍惜的是罗程的才艺；而朕所看重的是国家法律。"不久，罗程被依法处死。

宣宗由于长期服食仙丹，于公元 859 年生了重病，宰相和大臣们一个多月都见不到他，整个朝廷都惴惴不安。宣宗自知来日无多，必须迅速把立太子的事情定下来，于是就出现了开头的那一幕：他派人密召枢密使王归长、马公儒和宣徽南院使王居方入宫，口头嘱咐三人在自己晏驾后拥立三子李滋为帝。

宣宗既薨，三子当继位。但事情的发展出人意料，李滋并未当上皇帝，而是长子李漼继承了帝位。

李漼原名李温，是宣宗长子，原封为郓王。宣宗在位时并不太喜欢这个长子，觉得他难承大业，而对三子夔王李滋寄予厚望，一直希望能把皇位传给三子。但如果废长立幼，又担心会招致大臣们的强烈反对，引发动荡。宣宗不甘心就这样把大位传给自己所不喜欢的儿子，所以终其一朝，都没有明确太子之位。这一点在后来被历史证明是一个严重的错误。

李漼最后能够成功继位，还是费了一点周折的。

历史不能假设，但是历史会在偶然中走向必然，必然中又会发生偶然。唐朝的灭亡并不是在哪一刻突然结束的，但一定是在某一刻缓慢开始的。

这一刻也许就是宣宗在驾崩前没有指定太子；也许就是在他驾崩的时候，本应在场的人不在场，而不应在场的人却偶然出现。

李漼能够继位多少就有一些偶然的中必然，必然中的偶然。

宣宗平日很信任王归长、马公儒和王居方以及右军中尉王茂玄四个人，所以在这重要时刻首先召见这几个人，交代后事。按理说，宣宗考虑得很周到了，在场的有宰相，有掌握部分御林军的将领，有重臣传旨，有御林军保驾，传位之事应当是万无一失。但事情往往出人意料。因为虽然右军中尉与几位宰相的关系好，也得宣宗的信任，但不要忘记宫中还有左军。

唐朝朝廷枢纽在长安城正北的宫城和东北角的大明宫。历代皇帝为保证皇宫安全，特地设置了左右羽林军、左右龙武军、左右神策军等，这些军种设立的时间并不统一，有先有后，一般都笼统地称之为左军、右军。民间演义习惯统称这些军队为御林军。

左右的区分是以皇帝面南背北的方向来区分的，从地理方向来讲，左军位于东面，右军位于西面。左右军各设中尉一名。那个时代的中尉可不是今天军队里一道杠两颗星那个连级中尉，而是权力很大的高级军官，负责统领左军或右军，直接担负着保卫皇帝和皇宫安全的重任。谁要想在皇宫里搞点什么事，非得做通左军或右军中尉的工作不可。

左军驻扎在大明宫东侧的左银台门附近，右军驻扎于西侧的右银台门,距离稍远。左右两军的统领们经常合不来,除了个人原因外，皇帝也不希望他们太合得来。这种平衡之道古人掌握得非常科学。

左军中尉王宗实与这几个人关系并不好。所以王归长、马公儒和王居方在接受了宣宗的旨意后，当场就商量先把王宗实弄出长安，控制住他的左军，然后再拥立李滋为帝，以为这样万无一失。其实这几个人的计划倒是没错，只不过步骤不对。他们应当先立三子李滋为帝，然后再动王宗实，控制住左军。这样的话，新皇既立，已成事实，任何人再想立别人，就属于谋朝篡位，后果就会严重得多。但当时太子之位不明，新皇未立，那些接近皇帝且手中有兵、有权者都可以借机立自己选中的人。

这三人以宣宗的名义发了一道圣旨，让王宗实到淮南去任监军。监军在唐朝是一个很高的职位，代表皇帝对外藩军队和将领进行监控。王宗实有一个多月没有见过宣宗，一听有圣旨，就急急忙忙地赶到宣化门外接受旨意。圣旨中讲得很明白，令王宗实前往淮南任监军，马上赴任。王宗实接旨后，一开始并没有意识到这道突然而下的圣旨暗藏何意,便准备离开皇宫。然而转折就在这个时候发生了，不该出现的人出现了，不该多嘴的多嘴了。

身为左军中尉的王宗实接旨后，便准备从离自己左军近的左银台门出宫了。

当王宗实从左银台门就要离去的时候，其副手亓元实拉住他悄悄地说："皇上病重已经一个多月了。您这么久都没有见过皇上，今天突然下令让您去外地做监军，这道圣旨还不知是真是假。何不先见过皇上，然后再赴外地，也为时不晚！"

亓元实的这番话一下点醒了王宗实，在关键时刻不能贸然离开长安，应以辞行为名先入见宣宗，验证一下这道圣旨到底是不是皇帝真实的意思。

亓元实立即带领左军武士护着王宗实径直来到宣宗寝殿。当他们到达时，宣宗已经驾崩，王归长等人正痛哭不已。王宗实一看这个局面，心中便明白了几分。此时，虽然外界还不知道谁将即位，但宣宗一向喜欢三子李滋，大家都看得出来。

然而，由于宣宗一直没有明确李滋的太子之位，这就给王宗实制造了机会。他认为朝廷的规矩一向是立嫡以长，况且这是非常时刻，一定要先下手为强，控制住局面。由于他的误打误撞，左军的武士们正好在身边。于是，王宗实立刻大声斥责王归长等人假传圣旨，意欲何为？他带来的武士们也都怒目相向，扣刃欲发。

在这种局面下，王归长等人一筹莫展，只好低头请命。

控制住几个重要人物后，王宗实立刻派遣大臣赶快迎长子郓王李温入宫。随即命人草诏立李温为皇太子，全权处理一切军国政事，并且为避讳的方便把李温的名字改为漼。

就这样，李漼继承了帝位，是为懿宗，后来的史实证明懿宗并不是一个能力挽危局的好皇帝。宣宗一朝的德政结束了，此后一直到唐朝灭亡，再也没有出现过像他这样的皇帝。以至于唐末数十年间，人们还不时想念起宣宗，称他有"太宗李世民之风"。

唐朝由这一刻起，其灭亡便由偶然走向了必然，原来积累下来的一系列的导火索慢慢就都成了炸药，终于将唐朝炸飞。

懿宗之后是僖宗，由于僖宗年少，朝政继续由宦官把持，国家的形势日益不妙。自懿宗时起，宫中奢侈日甚，各地用兵不息，征收的赋税也日渐沉重。到僖宗时，各地又连年洪涝灾害不断，各州报喜不报忧，救灾不力，大批百姓流离失所，导致变乱四起。

也就是在僖宗即位的当年——公元 874 年，山东人王仙芝聚众起义。到了第二年，公元 875 年，一个曾经的走私贩、屡试不第的半知识分子——黄巢加入了王仙芝的队伍，登上了历史舞台。

唐朝走向灭亡的大幕正式拉开！

第二章　半个读书人黄巢

黄巢和王仙芝原来都是贩卖私盐的走私贩，各自手下有一个走私贩集团。自汉代以来，由于盐的利润太大，因而一直是国家公营的物资，严禁私人贩卖，朝廷对走私贩的处罚也很严厉。但正由于盐的利润太大，再严厉的处罚也挡不住贪心的人铤而走险。当时的走私贩（取贩卖之意）其实和今天的走私犯大同小异，没什么区别，都比较聪明，有勇有谋，心肠够狠，善于抓住机会狠捞一笔，往往能从绝境中找到求生的机会。绝地求生是他们最大的特点，黄巢起义后多次发挥这种特点，几次从绝境中起死回生。王仙芝也具备这些条件，但黄巢与王仙芝的不同就在于，黄巢还不单纯是一个没文化的走私贩，他原来上过学，读过书，还参加过科举，也算是半个知识分子，但却是一个有匪气的知识分子。

黄巢也不是一开始就有意反抗朝廷的，他多次参加科举考试，试图通过正常途径跻身政治精英之列，然而因个人学艺不精，几次都没考中。连续的考场失利，使黄巢开始怨天尤人，把因考试失败的愤恨和不满都归因于国家、社会，却从不埋怨自己水平不行。再加上当时皇室连出昏君，朝内宦官横行，部分官员腐败，地方藩镇跋扈，水旱蝗灾不断，天下的形势非常糟糕。科举不中，生活无着，灾荒连绵，生存都成了问题，黄巢一怒之下也举起义旗，招揽人马，聚集起事，在凑够了上千人马之后加入了已先行起义的王仙芝的队伍。

起义军开始并不是一帆风顺的，因为没有作战经验，经常打败仗。不过不用担心，实践出真知，很快他们就积累起经验来。公元875年底，王仙芝、黄巢起义军进攻沂州，被平卢节度使宋威击破于沂州城下，义军损失不小，但王仙芝、黄巢等主要人物都平安逃脱。这个消息宋威不知道，他以为王仙芝已死在乱军中，就向朝廷报告王仙芝已死，义军溃散，朝廷的军队可各回防地。

朝廷接到报告后，非常高兴，便下令让参与作战的各地人马返回本镇，休养生息。士兵当然不愿意打仗送死，现在不用打仗了，也都很高兴，各自踏上了返镇的路程。但问题是宋威的情报错误，王仙芝、黄巢并没有被打死，而官军却自行归镇，这就使得王仙芝、黄巢得以抓住机会重振旗鼓。

义军重新聚集后，势力更大了，很快又集结兵力先后攻陷数城，并进逼当时的军事要地汝州。汝州离东都洛阳很近，离长安也不算远。朝廷急忙发兵增守陕州、潼关等地。不久，王仙芝、黄巢等攻破汝州，俘虏了汝州刺史王镣，王镣家族是当时的世家大族，其兄王铎是当朝宰相。义军擒获王镣后，王仙芝为了留下后手，对王镣以礼相待，一是希望他在关键时刻当人质，二是或许还能为义军说几句好话。也正是因为抓住了王镣，义军声威大振，使朝廷不得不严肃看待王仙芝一派的实力。由于王镣在义军手中，朝廷为尽早息事宁人，便发布诏令赦王仙芝等人无罪。

到了876年年底，发生了一个小插曲，导致义军分裂。义军准备进攻蕲州，蕲州刺史裴偓与王镣关系很好。王镣是个很有政治经验的官员，他被义军俘虏以后，通过与王仙芝的接触，发现王仙芝能够被说动，便抓住机会多次劝说他想想叛乱的后果，到底能不能成功？看看历史上又有几次叛乱最终是成功了的？叛乱必然导致战乱，倒霉的还是老百姓，为天下百姓着想，也应平息兵戈，束身归朝。

王仙芝也很清楚，虽然总能有一支义军推翻朝廷，但通常这支义军是最后成功的那一支，之前大多数起义军的结局都是被朝廷平定，许多起义军头领的结局是人头落地。谁能担保自己的义军就是最后成功的那一支？现在有这样的中间人主动来做说客，王仙芝也乐得顺水推舟，所以当义军进抵蕲州城下时，王镣就替王仙芝写了一封信给刺史裴偓，说义军有请和之意。裴偓见信大喜，立即回复义军同意休战，并由裴偓代为向朝廷请求赐给王仙芝一个官位。

由于王镣的居中斡旋，王仙芝同意暂时停战。

既然双方都有意讲和，不用再动刀兵，可免蕲州百姓于战火，唐军士兵不用再送死，义军士兵也不用再冒死求生，都可以回家与家人团圆了，各方皆大欢喜。于是经过双方反复几次接触，裴偓确信王仙芝确实是要归顺朝廷，便打开城门，请王仙芝、尚君长、黄巢等义军重要将领数十人入城，设宴款待，保证向朝廷为其求得官位。

朝廷对于是否授予王仙芝官位，意见并不统一，有的大臣主张给，有的反对。经过一番争论，最终答应了裴偓和王镣的请求，派使节前往蕲州授予王仙芝以左神策军押牙兼监察御史的职位。这时的王仙芝义军势力并不是特别大，朝廷为了平衡朝中不同的意见，只重点照顾了王仙芝，没有提到黄巢，这点后来被历史证明对唐朝来说是一个重大失误。

朝廷派来的使节很快到了蕲州刺史官署，把王镣、裴偓、王仙芝、黄巢等人召集到一起，正式举行仪式，严肃地宣布了朝廷的任命。

诏书宣读结束，王仙芝就等于成了朝廷的人了，只要不出什么变故，他就可以去京城赴任了。眼看这一地区的战乱就要结束，百姓能重新过上安定的生活，做为中间人的王镣非常高兴，与裴偓等一起向王仙芝表示道贺。王仙芝也很高兴，一一还礼。

但有一个人却不高兴了，他就是黄巢。因为诏书没有提到授予他一个官职，甚至根本没有提到黄巢的名字，似乎义军中就没有这个人一样。黄巢是个内心极其自负的人，朝廷竟然忽略了他，使他的自尊心大受伤害。更重要的是，这次没有官职授予他，以后就更不会有了，王仙芝倒是享福了，可黄巢后半生的荣华富贵从哪里来？此次机会若失，不会再来。黄巢明白，若只自己反对，势孤力单，不可能成功，必须鼓动其他将领一起反对。一想到此，黄巢计上心来，抓住其他将领也都没有被封官这个要害，当场就跳了起来，冲着王仙芝大吼道："我们兄弟当初不是说好了，一起横行天下吗？如今只有你自己去做官了，让我们这几千兄弟们怎么办？"

只要局面不可收拾，黄巢才有机会翻盘。

为了使局面更不可收拾，黄巢冲到王仙芝面前，挥拳就打。大厅上的诸人没料到这个场面，黄巢动作突然，王仙芝根本没有防备，被打了个满脸开花。义军其他将领本来就因朝廷没有对自己有个交代不满，正不知如何是好，一见黄巢如此，大家于是都被点醒了一般，立即表现得都很愤怒。这正是黄巢要的效果。本来一团和气的刺史大堂立刻要变成土匪斗殴的场所。

王仙芝一看黄巢如此凶霸，且似乎言之有理，自己的将领们又面带怒气，不得已只好拒绝朝廷的任命，当场翻脸，立即率众占领蕲州。裴偓一看情形不对，立即在唐军的护卫下及时逃出城去。王镣依然被义军扣留。

虽然义军占领了蕲州，但经此一事，王仙芝和黄巢两派之间已经发生了严重分歧，而且黄巢作为一个后来入伙者，不讲究先来后到，还把主将给打了，两人无论如何是不能再在一起共事了。但大家也要好离好散，经过商议，将义军分为两个部分，三千人马跟随王仙芝，两千人马跟随黄巢，分道而去。

黄巢起义的规模在开始时并不是很大，但是朝廷始终难以将其镇压下去。这是因为朝廷开始时并没有特别重视这支起义军，更关键的是，朝廷要解决的不止是黄巢一人的问题，同时还面临着其他许多问题，分散了力量。

在朝廷面临的问题当中，有两大问题尤为突出，一是朝廷与地方藩镇的关系；二是边疆问题，边疆问题主要是西南问题、西北问题。当然还有其他各种问题，在此暂不讨论。这两大问题并不是唐末才产生的，早在黄巢起义之前就已存在了许久。自安史之乱以来，朝廷对地方的控制力下降，藩镇各行其是，内乱不止，农业生产、经济生活都受到重大影响，实力大大削弱，原来不那么突出的边疆问题便凸显出来。

而对黄巢来说，则不用考虑这些，可以攻其一点，不计其余，因而义军获得了很大的活动空间。

说说这两大问题。首先，藩镇问题到僖宗时，尤为严重，朝廷基本无法掌控各地的节度使、观察使、兵马使等手握地方军政大权的人。当时天下分为四十余镇，朝廷政府能够直接掌握的不过十余镇，其他各镇的节度使死了之后，要么是父死子继，要么是当地将领汇集众意，自行推举，如同自治一般，然后报给朝廷批准，而且朝廷还必须批准。因为即使不批准，朝廷也无力改变事实，反而会加剧这些藩镇不听话的倾向。这类藩镇起码还算面子上与朝廷过得去，还给李家的皇帝一点面子。有些藩镇干脆就断绝与朝廷的往来，自成一国，财政、赋税、徭役、官员的任命等事务完全由节度使自行决定，连上报的程序都免了。如果朝廷来狠的，出兵弹压，几个藩镇可能就会联合起来共同起兵对抗。自安史之乱后，朝廷多次出兵力图压制、克服这种现象，但一直未获成功，最后只得“唯事姑息”。

藩镇之间也互相有矛盾，他们有时或者互相联合对抗朝廷，或者因为利益而互相攻打。这种局面一是给百姓造成了很大伤害，各地普遍动荡不安；二是大大削弱了中原地区的实力，原先臣服于朝廷的边疆地区的强势力量趁机脱离，反过来进攻中原和其他藩镇，边患日趋严重，使西南问题和西北问题愈加难以解决。

唐朝末年时，西南的南诏正是力量上升的时候。由于朝廷实力大减且忙于内乱，南诏军队曾经多次进犯四川，逼近成都，有一次还成功攻入成都，大掠而去，西南面的军事压力很重。唐朝政府要拿出很大一部分精力对付西南的边患，由于当地军力不足，经常要征发中原各镇的军队前往四川，保护川中的安全。有时被征发的军队还会发生叛乱，朝廷又得调更多的军队来镇压叛军。这是西南问题。

西北也是一样，自安史之乱后，由于朝廷衰落，忙于应付地方问题，唐朝在西北的大部分土地就被吐蕃和其他势力趁机占领，北庭都护府、安西都护府的辖地都几乎丧失殆尽，唐朝在中亚的许多领土被瓜分、侵占。有一个时期，吐蕃势力强盛，虽然是唐朝李家的亲家，但照样经常出兵威胁长安，唐朝中晚期的数个皇帝都曾被迫离开长安以避吐蕃亲家的兵锋。这是西北问题。

不过，这些问题都是中华民族在形成过程中的内部问题。

古今中外的经验都表明，如果没有一个适合当时情况的政治体系，政治不稳定，文化不统一，则不可能有经济发展，不发展则更不稳定。政治稳定、文化统一和经济发展是互为因果的关系，在不同的时期和形势之下，因果顺序不同。这一点不光是中国的经验，也是西方人总结出来的经验。在西方历史上，政治稳定同样是发展前提和保证。如，在西方人自己编写的历史教科书中，在论述中世纪几百年的大混乱之后就曾写道：

By the tenth-century, however, political stability served as foundations for economic recovery, and western Europeans began to participate more actively in the larger trading world of the eastern hemisphere.①

到公元10世纪时，政治稳定成为经济发展的基石，西欧开始更加积极地加入到东半球更大范围内的贸易世界中来。

这段话明白无误地道出了政治稳定对欧洲复兴的重要性，无论是经济复兴还是社会的发展，前提是政治稳定，而政治稳定的基础则是政治上的统一和军事实力的强大。在欧洲来说，这种政治上的统一可能只是局限在较小的范围内（与当时的东方国家相比），但这已经成为促使欧洲复兴的重要因素了。所以政治稳定是一切，欧洲人以及后来的欧美人对此极为清楚。只要一国的政治不稳定，文化不统一，经济、社会发展都将成为空中楼阁。

关于政治秩序的重要性，西方人还写道，“Regional states began to provide a stable political order. New tools and technologies led to increase agricultural production and economic growth. In addition, the western Christian church brought cultural and religious unity to most of Europe. Based on such political, economic, and cultural foundations, Europeans were able to build a vibrant and powerful society from about 1000 to 1300——the period know in Europe as the ‘high middle ages’”.②

① [U.S.] Jerry Bentley, Herbert Ziegler, Heather Streets：Traditions and Encounters: A Brief Global History, the McGraw-Hill Companies Inc. 2008, page 257.

② [U.S.] Jerry Bentley, Herbert Ziegler, Heather Streets：Traditions and Encounters: A Brief Global History, the McGraw-Hill Companies Inc. 2008, page 302.

地区性国家开始建立稳定的政治体系。新的工具和技术促使农业生产得到提高，经济得以发展。此外，西方基督教教廷为欧洲大部分地区带来了文化和宗教的统一。欧洲人以上述政治、经济、文化为基础，得以在1000至1300年间建立起活跃、强大的社会，进入了“中世纪盛期”。

在中世纪的欧洲，政治稳定是经济、技术、农业发展的基础，经过此前几百年的分裂和战乱，在文化、宗教等的综合作用下，西欧终于出现了较为稳定的地区国家，此为民族国家之前身。强有力的政治体系建立了，为西欧历史上的这些地区性国家成为日后的全球强国打下了基础。欧洲范围内的同一文化、宗教使欧洲诸国相互之间虽有倾轧，但却一致对外。这是欧洲列强的另一大特点。正因为欧美列国深知此点，所以今天的世界政治舞台上，我们会看到他们对付别国的办法无不与欧洲历史、传统密切相关。而我们却反反复复地好了伤疤忘了疼。

政治稳定，内部不能出乱子，齐心协力，共度时艰，是历史上一切强国发展的重要前提和基础。

政治不稳定，内部不团结，心不往一处想，劲不向一处使，只想着小集团利益、地区利益，大大削弱了当时的唐朝。这样的局面就造成唐朝在中原的军力实际并不是特别强大，而且还要应付藩镇的变乱。战争打的是钱，是物资，朝廷不得不经常增加赋税，有些地方官吏趁机贪污压榨百姓，老百姓负担极重。如果再碰上灾年，大量百姓流离失所，没有活路，因此各地经常发生灾民、流民起义，黄巢起义军就是这些起义军中的一支。其实老百姓没什么太高的要求，能吃饱肚子，不饿死就行，但在农业靠天吃饭的时代，这样的需求也是很难满足的，虽然不一定是人为因素造成的。黄巢摸准了老百姓最大的需求就是要吃饭，因此他用的一招就是只要打下州城，义军就开仓放粮。饥饿使更多的百姓加入了起义军的行列，黄巢所部义军不断发展壮大。

自蕲州事件后，黄巢所率的义军在河南东部、山东、安徽一带纵横驰骋,势力越来越大,而王仙芝的情况却每况愈下。公元 878 年，唐军于黄梅地区击溃了王仙芝的义军，王仙芝在逃跑途中被杀，手下将领尚让带领残余人马投奔黄巢，这时黄巢正在围攻亳州。

唐军这时加大了对黄巢的攻势，数次击败黄巢，义军人心浮动。为避免与王仙芝一样的结局，当过走私贩的黄巢深知以退为进的重要性。为迷惑朝廷，黄巢主动让人给天平节度使张扬写了一封信，表示愿意归附朝廷，并请张扬代为向朝廷报告。这一次朝廷吸取了上次的经验，马上下诏委任黄巢为右卫将军，义军可前往郓州，就地解散。但黄巢并不是真心想归顺，所以等这份诏书送达时，黄巢已然利用中间休兵的机会，恢复了元气，因此拒不奉命，亲口毁灭了自己的信义，挥军进攻河南中部的宋州、汴州。这些地方离东都洛阳不远，朝廷大为恐慌，迅速向洛阳增兵，并派兵防守沿途的各个重要城池，对义军形成四面包围的态势。

黄巢此次翻脸，没有占到便宜，主要是高兴得太早了。但黄巢的特点就是善于在绝境中发现生处。他和手下众将在仔细分析了面临的形势后，决定渡长江，向当时最富庶的东南方向前进。这在黄巢等人看来不失为一着妙计，这样做最少有三大益处。

一、富庶无比。江南自南北朝以来一直是重要的粮食基地，天下贡赋多出自江南，若是在江南立得住脚，义军自身的后勤供应问题能得到解决，同时利用江南的粮食吸引更多的民众加入起义，壮大自己的实力。

二、避实击虚。唐朝时代大的战乱多是集中在江北，较少闹到江南来。江南虽然有时也有起义或动荡，但大规模的战乱相对来说还是比较少的，当地百姓不习兵革，而是习惯于过安定的生活。江南的军事实力相对江北来说处于比较弱的状态。避实击虚对义军来说未尝不是一条好计。

三、疲于奔命。进攻朝廷的钱粮基地，必然使朝廷恐慌，势必要从江北调动军队南下，义军或可于途中伏击，或以逸待劳，在唐军疲于奔命之际予以打击，然后再寻机脱身。

大计既定，黄巢便率义军南下江南了。刚过江时，江南各地久不见战乱，不习战事，军队震恐，百姓不安，所以义军一开始很顺利地攻下江南一带的吉州、饶州、信州等地，大大补充了资粮和元气。黄巢认为江南唐军皆是蠢材，便继续挥兵东进，准备进攻最富饶的浙江。

胜利使人骄傲，骄兵必败。

有点骄傲了的黄巢这次面对的对手是高骈。高骈是当时很会打仗的一名将领，曾率兵打败南诏的叛乱。当时南诏兵力强大，多次北犯成都，唐军几次调兵遣将都未能镇服南诏。最后派高骈前往，一举荡平叛军，安定了西南一方，高骈因功升任镇海节度使。镇海当地管辖的地盘包括苏南、浙江的一些地方。高骈这时候还比较听从朝廷的调遣，东征西讨，立下不少功劳，朝廷对他也很重视，倚为柱石。公元 879 年，见黄巢义军东犯，高骈派遣手下大将张璘、梁缵率军分别进剿黄巢。

义军由于先前连胜，不免有了轻敌思想，谁知突然碰上了高骈这个硬钉子，一下子被打得连战连败，一退再退。高家军紧追不舍。义军的几个重要将领毕师铎、李罕之等人在危难时刻都投降了高骈。义军人心浮动，内外交困，无法在浙江立足，有随时被高骈消灭的危险。本想来江南富庶之地占个便宜，却几乎被人家消灭。为摆脱高骈的强力攻击，中原又不能回，黄巢被迫劈山开路七百多里，率军向更加边远的福建、广东机动而去。

朝廷见义军南下，为防止黄巢重新北犯，便下令由李系担任行营副都统兼湖南观察使，驻守潭州（今长沙）。这次朝廷是把工作做到了前面，想预先堵住黄巢北上的道路。但人却选错了。

抵达广东的黄巢见义军势力在途中损失不小，便又故技重施，给浙东观察使和岭南东道节度使分别写了一封信，称只要朝廷能册封他为天平节度使，他就愿意归顺。黄巢的老家在山东，天平节度使当时管辖的区域包括山东郓州、曹州地区，是山东、河北、河南三地的交界区，也是军事重地。这个地区向东可以阻断运河，向西可以威胁洛阳，向北可以控制河北，军事、政治、经济意义极为重大。况且当时的天平节度使当得好好的，没有理由随便调换。黄巢的这个要求当然被朝廷拒绝。

身在广东的黄巢见一计不成，再给朝廷写信，请求让他做广州节度使。

收到黄巢的第二封信后，僖宗也拿不定主意，便召集大臣商议。

左仆射（相当于宰相）于琮（就是前文所说娶了广德公主为妻的那个于琮）认为："广州乃水上贸易之重要港口，各地和海外商船大量聚集于此，是国家赋税的重要来源。如果要委任节度使也应派一名忠厚之人，万不可令黄巢任此职。但是，为尽早平息叛乱，减轻百姓负担，朝廷可以委任黄巢以别的官职。"

经过商议，朝廷决定任命黄巢为率府。

此时，高骈的表章也送到了京城，表章里报告了剿灭黄巢的详细计划，建议兵分四路，分道进剿，处处追击：

第一路，派舒州刺史率其兵马驻守浙西，发动当地兵民早做准备，提前防守义军来犯。过去有义军来犯时，常年和平的地区往往兵民二心惊惧，极易溃散。提前防守就是要让大家先有个心理准备。

第二路，派张璘率兵南下进驻郴州，依险防守，堵住黄巢由湖南北上的道路。张璘多次打败黄巢，虽不是用兵如神，但也可对黄巢军产生一定的威慑力。

第三路，派王重任率兵进驻广东潮州一带，以防义军由原路北上，这一路还可以作为随时机动的兵马。

第四路，高骈本人亲率大队人马直下岭南，奔广东，直接进击黄巢义军，与义军在广东决战。

同时，高骈还建议朝廷派兵驻守广东、广西的梧州、桂州、昭州、永州等地阻击黄巢。但这时，朝廷决定授予黄巢官职的命令已下，因而没有同意高骈的建议。高骈的合围计划没有实现，四路军马都在原地未动。

黄巢得到朝廷的回复后，这书信一来一回几个月的时间已经过去了。黄巢已经利用这几个月的时间，充分休整和补充了义军，而且麻痹了广州的唐军。黄巢早就知道，朝廷肯定不会同意他任天平节度使，也不会让他当广州节度使。如今，朝廷的诏书到来，果然如其所料，没有满足他的要求，他便以此为借口，立刻翻脸猛攻广州，当天即占领。广州节度使李迢被擒杀。

黄巢虽然占领了广州，但是由于义军以北方人为主，对当地的水土严重不服，疫情严重，而且北人思乡心切，都劝黄巢北还。此外，义军大部分将领都认为广州毕竟地处偏远，非久留之地，还是回中原有油水。于是黄巢决定北还，率部先往桂州，于湘江上游打造数千竹筏，顺流北上，直抵潭州。

朝廷号称早就在义军可能北上的各个地区布下了军队，阻击义军北还。但将帅无能累死三军，驻守潭州的主将李系是个胆小鬼，怯战，不敢出城迎击远来的疲惫义军。主帅怯战，对部下会造成什么样的影响？

黄巢见唐军不出城迎战，便挥兵猛攻，只用了一天的功夫就攻下潭州。李系放弃军队，先行逃跑。唐军群龙无首，被义军击破，许多士兵投降黄巢，都成了俘虏。面对众多降兵，黄巢自有他的打算，前面还有许多城池，一座座攻，费时费力，唯有先打击前面唐军的士气，方能最大程度降低攻城的难度。如何打击呢？黄巢决定恐吓，命令将俘虏全部杀掉，尸体扔入湘江，湘江江面几乎被唐军士兵的尸体铺满，顺流直到下游，以此恐吓下游各地的守军。杀光俘虏后，黄巢令尚让为先锋，率军乘胜进逼湖北江陵。

黄巢进军迅速，而朝廷调发的各地援军行动迟缓，江陵的守军只有不到一万人。朝廷派驻江陵的宰相王铎，也和李系一样临危怯战，留下一部分人马交由驻军将领刘汉宏，命其固守待援。而王铎则称，要亲自前往襄阳与南来的援军会师。其实，这个时候，谁都清楚王铎是在逃跑。宰相既然可以临战而去，刘汉宏当然没有必要为王铎卖命。王铎刚走，刘汉宏就率兵先把江陵抢劫一番，然后带着他的部下跑回山东老家落草去了。残破的江陵很快就被黄巢占领。

黄巢占领江陵后，随即北犯襄阳。这时的黄巢由于连战皆捷，不免像常人一样又犯了大意轻敌的错误。在北进襄阳的战斗中，义军吃了大亏。

驻守襄阳的山南东道节度使刘巨容与江西招讨使曹全晸合兵一处，驻扎荆门。他们决定，由刘巨容率人马埋伏在附近林中，而由曹全晸率骑兵迎战黄巢，假装不敌，然后将义军诱入伏击圈。这个计策其实很简单，无非是设伏→示弱→诱敌深入→伏击，这套不知用了多少次的计策看似老一套，但成功的概率很高。这次用在黄巢身上也一样很成功。

到了开战那一天，战局果然依策划的那样而行，曹全晸的骑兵和义军大战一番后，假装不敌，顺利将义军引到伏击圈内。结果突然间唐兵四起，杀声震天，从四面合围义军，而义军一时也搞不清有多少唐军，惊慌之下溃散了。刘巨容和曹全晸则乘胜追击，一直追到江陵，义军大部分人马都损失殆尽。眼见江陵是守不住了，黄巢立即收拾残部，迅速放弃江陵，向东撤退。

本来唐军若连续追击，则黄巢起义有可能就此失败。

但转折又在这时发生了。

唐军大胜之后，刘巨容的部下劝他率军过江急追，可一举平定叛乱。但刘巨容却有自己的打算，他说了一番话，典型地反映了当时各地藩镇的心态："朝廷喜负人，有急则抚存将士，不爱官赏；事宁则弃之，或更得罪。不若留贼以为富贵之资。"

刘巨容的意思是说，朝廷用得着我们时，就对我们又是封官，又是奖赏，又是好言抚慰，然而一旦危机过去，就用不着我们了；而且，朝中大臣还会经常找些借口治我们的罪。既然如此，我们何不留着黄巢这些逆贼，让他们帮助我们继续获得富贵呢！因此，刘巨容部便停止了追击。曹全晸本来已经率部过江继续追剿黄巢，但这时朝廷下达命令另派将领代替曹全晸为招讨使。于是曹全晸部也停止了行动。

此时，宰相卢携建议朝廷征召各地援军前往淮南会同高骈部围剿黄巢义军，同时推荐由高骈担任诸道行营都统，统一指挥各地援军。卢携称，高骈有文武长才，若委以全权指挥，则平定黄巢指日可待。此议获得了朝廷的同意。于是高骈以此为名，广发檄文征各地军队集中淮南，一时间，高骈的声威大盛，朝廷也以为依靠高骈剿灭黄巢指日可待。

高骈手下大将张璘果然不负众望，连破义军。黄巢被迫败退到饶州。义军将领常宏率数万人马投降了张璘。张璘紧咬住黄巢不放，连续追击猛攻饶州。黄巢军心震恐，饶州被唐军攻占，黄巢只好退到信州。时值夏天，信州爆发疾疫，义军中许多人得病而死，战斗力不断削弱。张璘急攻信州不止，而且这时受朝廷诏令的各地唐军正在前来的路上，准备加入到对黄巢的共同会战中。

一时间，黄巢的形势十分危急。

这时，黄巢又一次成功运用了他走私贩盐时的经验：用钱买通。黄巢派人给张璘送了大量银两，请求张璘暂停进攻，并向张璘保证，愿意归附朝廷。同时，黄巢另派人给高骈送信，向高骈请降，请高骈向朝廷奏明，为他谋得一个官职。

高骈接信后，决定先答应黄巢的请求，然后再图抓捕。高骈在给黄巢的回信中，表示愿意代替他向朝廷申请官职。此时，高骈又接到驿报，北方各镇援军已经渡过淮河，进抵淮南，准备会剿。这时高骈动了私心，认为此前张璘已经将黄巢打得无还手之力，早知如此，就不必请朝廷征召各镇人马前来。现在消灭黄巢只是近日之间的事，凭自己淮南的军力可以彻底解决黄巢的问题，到时便可独享大功。现在北方各镇人马的到来，只不过是坐享其成，分享自己的功劳，与其如此，还不如趁着他们尚未到达战场，请朝廷下令让北军各回防地。

于是，高骈迅速给朝廷上了表章，声称黄巢已是强弩之末，不日可平，淮南一镇即可剿灭，就不必麻烦北方各镇兵马了，请他们各回本镇。朝廷见此表章，当然大喜过望，立即令各镇兵马停止前进，返回原地。这样一来，黄巢面临的军事压力大大减轻。

第三章　变化在一念之间

打仗首先是打情报。在贿赂张璘和给高骈写信后，黄巢不断派人打探北来唐军的动向。不久传来北方各镇兵马已经暂停南下，调头北渡淮河，各回防地，远离战场的消息。黄巢闻讯立刻打破刚刚给高骈的诺言，表示要与淮南军大战一场。高骈得信后大怒，促令张璘即刻进攻。然而这一次，张璘却神勇不再，所部人马大败而回，连张璘本人也战死于乱军之中。历史的转折在许多情况下就是在一转眼间发生的，若不谨慎小心，仔细观察，长远决策，本来有利的形势，也可能很快会转为劣势。黄巢在江淮间的这次转机就非常典型地反映了这个问题。

这次战斗高骈损失惨重，手下最能战的大将张璘竟然死在乱军之中。为保存实力，高骈决定先保自己，不许部下再与义军交战。张璘的死令黄巢大喜，义军声势再次大振。在接下来的几个月中，义军先后攻破睦州、婺州、宣州等地，发展到数十万人，江南已无人可挡。

黄巢决定趁机北渡长江。公元880年秋天，义军自采石渡过长江，进围天长、六合。江北的形势瞬间紧张起来。

刚刚经历张璘之败的高骈，已全没了往日的勇气，龟缩于扬州城内，不敢出战，令手下诸将自守其地，只求自保。淮南将领毕师铎原是黄巢手下的将领，深知黄巢本性。他向高骈进言道：“朝廷现在完全依靠高公抵抗黄巢贼军，唯今之计，必须立刻抢占淮河沿线险要之地，严防黄巢渡淮北犯。否则，一旦黄巢数十万人马进入中原，必成国家大患。”

但高骈却认为，北方各镇兵马业已远去，张璘战死，精兵猛将尽失，义军兵锋正盛，沿淮防守根本难以办到。目前所能做的，只是赶快向朝廷报急，请朝廷早作打算。

朝廷本来以为此刻高骈送来的定是报捷表章，谁知打开一看，却是“黄巢贼兵六十万已过长江，围困天长，距臣之扬州不过五十里”。言下之意，就是我高骈对此已经无能为力。高骈的这份表章极大地震动了朝野百官，僖宗命人起草诏书，谴责高骈先前误导北方诸军，导致兵力不足，使黄巢得以过江。

高骈心中不服，又上表辩解：“臣先报请朝廷同意，方才令各路援军北归。如今，臣之力可保一方平安，只恐无力制止黄巢贼军渡过淮河，请朝廷令关东诸军严加防守。”朝廷无法，只得急令关东各镇兵马立即赴溵水，沿河戒备；令汝、郑把截制置使齐克让由兖州进驻汝州；委任曹全晸为天平节度使兼东面副都统，以备黄巢。

但朝廷的命令并没有得到全面执行，各道兵马或迟疑观望，或按兵不进。

这样义军前面实际能作战的唐军并不多，又一个天大的好机会摆到了黄巢面前。此前，只有曹全晸率本部的六千人马拼尽全力与黄巢大军厮杀，无奈实力相差实在太大。虽然曹全晸所部几次挫败黄巢，但终归兵力太少，难以阻挡黄巢大军。曹全晸无法，只得退屯到泗水一带，准备等待附近的高骈及各地援军前来，再合力围剿。但近在咫尺的高骈却不派一兵一卒。无后顾之忧的黄巢遂全力进击，大破曹全晸所部。

破曹之后，黄巢面临的形势极好，前无阻击，后无追兵，遂顺利向中原前进，沿途吸收壮丁参加义军，扩大实力。很快黄巢进入汝州境内，即将踏上通往东都洛阳的大道。自安史之乱之后的一百多年间，几乎没有哪支部队威胁过东都洛阳，无论是庞勋起义，还是藩镇叛乱，都没有前进到过洛阳附近。

现在的东都正面临一个走私贩的威胁。

朝廷再急召齐克让前往阻击义军。通过与唐军的多次交战，黄巢看透了朝廷的虚弱和各地藩镇利益小集团各自为政、置小集团利益为先的本性。为进一步分散唐军力量，减少正面阻力，黄巢对唐军采取分化的策略。黄巢先自称“天补大将军”，派人给附近各镇人马送信，半威胁半引诱地说：“诸位各自把守好自己的地盘就行了，切勿阻挡我军！我黄巢将直入东都洛阳，然后再至长安。本人的目标是长安的昏君，此次行动是到长安向昏君问罪，与诸位无关！”随即，黄巢命全军迅速前进，直奔洛阳。

中原各地的藩镇接到黄巢的信后，许多藩镇就真的采取了观望态度，任由义军一路顺利向前。也有不少藩镇虽想出兵阻击，但义军势力实在太大，而自己一镇兵力又太弱小，不敢冒险一击，只得向朝廷报急。长安接到各地报来的告急后，大为震恐。

僖宗立即再次召开紧急会议，商讨对策。其实，这时已经不会有什么好对策了。僖宗心急如焚，急令从左右神策军中挑选 2800 弓弩手开赴潼关前线。

此时，黄巢进入洛阳，唐朝留守洛阳的大臣们纷纷前往迎接。

五天后，带领着 2800 左神策军的统帅张承范来到潼关，在关内安营，与关外的齐克让互为呼应。齐克让本来盼着朝廷能派遣大军前来，但盼来的却是这样一支人数既少，又无战斗力，还得占用粮草的援军，不禁大失所望。

就在张承范抵达的当天，义军前锋也进抵关外，义军人数众多，遍布原野，军队的营帐望不到边际，而后续人马还在源源不断地前来。唐军军心乱了。

当晚唐兵纷纷从潼关附近的山谷中夺路而逃，荆棘都被踏平了，一个晚上的功夫，本来难以通行的山中密径就变成了一条坦途大道。

黄巢带领义军入关了。

前线败退下来的乱兵已经纷纷逃往长安，长安城内一片混乱。听说潼关失守，田令孜知道长安无论如何是守不住了，便急忙召集宦官们一起，在半夜时分挟持着僖宗，带领五百名神策军由当时长安城的西门——金光门逃走了，来得及一起逃走的只有寿王、福王等四位亲王和少数妃子，而文武百官还都蒙在鼓里。皇宫中好多人也是在田令孜逃走后，才知道皇帝已经出逃。

义军的前进速度很快，僖宗一行于当天上午离开长安，黄巢的前锋柴存于下午就率兵进入长安，没有逃走的唐朝金吾大将军张直方率几十名文武官员前往霸上迎接黄巢。黄巢乘坐金装肩舆，率大军入城，六十万义军步骑鲜明，铁甲如流，斗志昂扬，引得长安百姓聚集道路两旁观看义军入城式。

为安定人心，黄巢命手下人向百姓宣传："黄王起兵，本是为百姓利益着想，不像李唐皇室一点不爱惜百姓，大家安居乐业，不要害怕。"但这后来被证明只不过是一时的大言。义军入城后，一开始还比较安分守己，但几天之后，有些人开始到处抢劫，胡乱杀人，继而演变成大规模的乱杀人，抢东西。因为大家忽然发现，以前的法度不在了，没人管了。既然没人管，也没了法度，一些人的本性就显现出来了。长安城内的混乱，连黄巢也禁止不住。

义军入城后第七天，黄巢把李唐皇室留在长安未及逃走的亲属，凡是能抓到的全部诛杀。次日入居皇宫，此前，黄巢一直住在田令孜的府邸里。入城第九日，黄巢在含元殿登上皇帝位，称自己的国号为大齐，改年号为“金统”。因为战乱还没有完全结束，黄巢登基的时候，不是使用乐队奏乐，而是准备了几百面战鼓，咚咚地敲，倒也很有威势。

历史走到这里，如果我们回过头来，仔细看看一件唐朝初年发生过的事情，对比一下，也许会发现其中有些有趣的现象。黄巢和唐太宗李世民的弟弟李元吉的身上有些不可思议的巧合。唐朝初年发生的“玄武门之变”，人们非常熟悉。在这场变故中，时为秦王的李世民带亲兵杀死了太子建成和齐王元吉。“玄武门之变”后李世民曾改李元吉的齐王为剌王，后又改封为巢王。

看看黄巢与李元吉有多少巧合的地方：

黄巢的名字中有一个“巢”字，而李元吉被追封为“巢”王；

黄巢建立的政权，国号为“大齐”，而这个“齐”字正是李元吉生前的封号；

黄巢生于山东冤句,冤句者,元吉也。当时的普通话是关中方言，不是今天以北京方言为基础的普通话，若用当年的官方普通话来念元吉，“元吉”与“冤句”几乎同音。元吉当年在玄武门被杀后，魂魄四处飘荡,可能一直心怀怨愤,想找机会复仇。终于飘到山东冤句，投胎到黄巢身上。

黄者，与皇同音，暗示是皇家之人？

黄巢——巢王；

大齐——齐王；

黄巢 = 李元吉？

李元吉为兄弟所杀；

黄巢为亲外甥所杀；都是被亲人所杀。

难道黄巢是李元吉转世托生，来报当年玄武门之仇的？虽然是来报仇的，但终究曾经是一家人，所以没有让唐朝灭亡，而是又让它延续了二十多年。

黄巢登基后，自然也是一人得道，鸡犬升天。他先封自己的妻子为皇后，然后大封义军将领，首先是封尚让为太尉兼中书令，孟楷、盖洪为左右仆射，其他唐朝降臣，凡是职位在三品以上的，一律停用，职位在四品以下的仍任原职。这样，大齐政权算是初步建立。

然后，黄巢派遣将领外出，夺取长安附近的军事要地。

后来亲手灭亡唐朝的朱温就在这时登上了历史舞台。朱温是宋州砀山（今安徽砀山）人，排行老三，大哥朱全昱、二哥朱存。朱家兄弟早年丧父，由母亲将兄弟三人抚养长大。由于生活贫困，他们一家在萧县靠给人家打工为生。大哥朱全昱为人忠厚，而朱温为人却凶狠强悍。黄巢起义爆发后，朱存、朱温就投奔了义军。朱存在随黄巢进攻岭南时战死，朱温因作战勇猛被黄巢提拔为将领。

义军占领长安后，黄巢先是派朱温驻守在离长安不远的东渭桥。朱温凭三寸不烂之舌劝说唐朝驻守栎阳的将领投降了黄巢。随后，黄巢命朱温为东南面行营都虞候，率兵进攻邓州。而朱温还真有些用兵的才能，不久就把邓州给打下来了，并驻扎于此防备由湖北来的唐军。

在长安中过皇帝瘾的黄巢下令，让唐朝所有官员都来登记，只要来登记的，就官复原职。左仆射于琮等拒不登记，隐藏到老百姓家中，都被黄巢派人搜出，毫不犹豫地杀掉了。尤其是于琮，不久前还反对授予黄巢广州节度使的官职，现在却落到了黄巢手中。于琮的妻子是广德公主，黄巢派人来杀于琮时，广德公主抓住士兵的刀刃不松手，哭叫道："我是皇家的女儿，要杀于琮，就连我一起杀了。"义军士兵们都是战场上杀人杀惯了的，才不管你什么公主不公主，再说了以前这些士兵对公主一类的人物是都得仰视的，想不到世势变化这样快，高贵的公主竟然也有今日。士兵们心头大快，当即将广德公主一刀捅死。

还有一些不肯投降的唐朝大臣全家自杀。投降了的一些大臣也是面降心不降，如曾率领大臣前往霸上迎接黄巢的张直方，表面上投降了黄巢，实际上暗地里收留逃亡的其他大臣，在家中暗建双层墙壁，把他们藏在其中。结果也被黄巢发现而遭杀身之祸。

数十万义军聚集长安城中，再加上长安原来的巨大人口，都需要大量粮食，很快就出现了给养困难，市面粮食价格飞涨。为解决粮食问题，稳定长安的军心、民心，义军不得不向周围已经投降的各路官员反复征发钱粮。例如，黄巢派多批使者不断前往已经归顺自己的唐朝河中节度使王重荣处，要钱要粮。王重荣哪里来的富余钱粮？过去农业几乎完全是靠天吃饭，只要没有太大的自然灾害，一年一个地方大致有多少收成，基本都是有数的。

像黄巢这样突然要增加征发的钱粮数目，脱离了当时周围郡县的实际承受能力。过去朝廷在时，每年收多少钱粮都有固定的数目，即使中间存在官员贪污的情况，但大致不会太脱离实际。而现在黄巢的军队占领了长安，凭空增添了数十万人要吃饭，每天要多消耗掉大量的粮食，南方还在唐军控制之下，江浙的粮食不会运给黄巢，大部都转运了四川，因为皇帝在那里。黄巢从哪里要粮？而且还要打仗，这就需要增发军饷，钱的征发数量也大大增加。

黄巢派人找王重荣要钱，王重荣只得不断加税，加收粮食，搞得当地百姓愁苦不堪。本来王重荣是投降了黄巢的，现在这种情形使当地百姓和官员都对王重荣产生了严重不满。

王重荣也觉察到了周围人的不满，他便趁势对手下人说："我们投降黄巢本来是想缓解国难，但他现在却不断向我们要钱要粮，百姓快要活不下去了。听说黄巢还要来征兵，替他去打仗送死。黄巢不过是个贩私盐的，出身低微，人品恶劣，如今我们有三百年天子世家不能侍奉，却要对一个走私贬低声下气。与其如此，我们还不如重新归顺朝廷。”

王重荣的部下听了后都表示同意，于是大家立即联合行动起来，把黄巢派来的使者杀掉，起兵反攻义军。黄巢得到消息后，派朱温和其弟黄邺分别自同州、华州出兵，分进合击，进攻王重荣，结果被王重荣打得大败而回。王重荣率唐军进至渭河北岸扎营威胁长安。

再说逃出长安的僖宗，昼夜奔驰不息，不久抵达成都，暂时安定下来。僖宗下令各镇准备兵马，共救国难。这时各镇节度使不再观望、犹豫，关内外各地的唐军纷纷派遣人马汇集到长安四周，征讨黄巢。同时，朝廷也令西北和北方各地将领召集各少数民族兵马一同进剿。四方的兄弟民族接到朝廷的诏令后，迅速聚集人马，或东进，或南下，进军关中，会攻长安。

公元 881 年，先期到达的唐军四集于长安周围，准备攻城。黄巢见唐军势大，决定以退为进，稍微抵抗了一下就撤出长安。长安中的百姓受尽义军抢掠之苦，早都巴不得义军早点退走，在义军出城时，不少百姓向义军队伍投掷砖头瓦砾等“欢送”。唐军是由各镇的将领分别率领的，所以先得到义军撤离消息的藩镇兵马就先行进入长安，而没有通知其他各镇兵马。长安城中的老百姓见唐军进城都欢呼雀跃，争相出迎。但唐军的表现却令人失望，士兵到处抢劫，几乎每个人身上都背满了抢来的东西，行动困难。

而黄巢率领的义军并未远去，留驻在离长安很近的霸上。当天晚上，黄巢从侦察兵处得知唐军进城后，没有统一的号令，兵力分散，而且外面的唐军都没有跟进，当即决定立刻反攻。结果唐军大败，长安重又为义军占领。重新占领长安的黄巢对于撤兵时长安百姓的态度和表现非常愤怒，为泄心头的怒气，他下令“洗城”——大屠杀。黄巢重入长安后，将长安城中的成年男子几乎杀光，据当时留下的记录显示，长安城中血流满地，行人需跋涉趟血过街。据说当时的天街上，由于死过的人太多，尸体渗出的脂肪把路面搞得很滑，三个月后人们走在上面，还经常会打滑。

义军虽重占长安，但战略形势依旧困难。各路唐军对义军形成包围之势。

黄巢把朱温从邓州调回，让他任同州刺史。但这时同州由唐军占据，黄巢命朱温自行前往，如能攻占同州，就地任职。朱温果然成功占领同州，再次表现了他的军事才能。朱温同时还是一个颇有远见的将领。他仔细分析了当时的形势，预见到黄巢处境不妙，经过反复权衡，朱温决定投降唐军。他选择了离自己最近的河中节度使王重荣，向他投降，并谦卑地以长辈来称呼王重荣。朝廷就势封朱温为名正言顺的同州刺史。不久，僖宗又进封朱温为右金吾大将军，并亲赐名为“全忠”，以示表彰。

从此，朱温就改名为朱全忠。

第四章　沙陀人李克用

时针走到了公元 882 年，起义军在长安的形势愈加不利。这一年僖宗下达了一个重要命令，这个命令后来被证明是击败起义军的关键因素。僖宗任命沙陀人李克用为雁门节度使，后来加封东北面行营都统，指挥长安东北方向的各路唐军。

李克用是唐朝末年最重要的几大人物之一，从这时起开始获得朝廷的重用，走上了历史的前台，后来“复长安，破黄巢，功第一”。

李克用是沙陀人，沙陀是当时中国的少数民族，其祖先原是西突厥的一个远支，到了唐朝才自立为沙陀，以朱邪为姓，李克用的祖先就姓朱邪。沙陀人与维吾尔族的前身回纥（回鹘，各时期称谓有所不同）有着非常紧密的关系，都长期接受唐朝册封，在维护天下一统的过程中，发挥了重大作用。如“安史之乱”时，唐玄宗、唐代宗曾多次调回纥兵马东进，与郭子仪、李光弼等人一起进击安史叛军，收复长安、洛阳等一系列要地。

而在唐朝灭亡后，最尽心尽力恢复唐朝正统的正是身为沙陀人的李克用家族。中国人、中华民族千百年来一直就是由生活在这片辽阔土地上的各族人民共同构成的，许多民族互相融合，大家历代以来对国家的忠诚、贡献永远在历史深处闪耀着光辉。而西方许多英文资料中总刻意把中国人局限于汉族的范围内，“台独理论”也相承此观点，其用意再明白不过。

唐德宗（780—805在位）时，李克用的祖先朱邪尽忠居住于北庭都护府，北庭都护府辖地包括今新疆北部和巴尔喀什湖以南、以西，天山以北的广大地区。巴尔喀什湖以南、以西的地区直到清朝中期以前都是中国领土，沙陀人就居住在这个地区。后来唐室衰落，吐蕃兴起，出兵占领了北庭，唐军撤往关内，沙陀独力难支，也被正处于上升阶段的吐蕃打败，只得向东撤退，回归了唐朝。朱邪尽忠在与吐蕃的战斗中战死，其子朱邪执宜率领族人和一万多沙陀精锐骑兵投到河西节度使门下效力。朱邪执宜死后，其子朱邪赤心继续统率这支沙陀精兵。从这些沙陀首领的名字就可以看出，尽忠、赤心，无不心向唐朝。

到了唐懿宗期间，徐州的庞勋起事，占领了以徐州为中心的附近大片地区，切断了运河南北漕运和东西方面的交通，给朝廷的财政、粮食、赋税收入造成巨大影响。自唐时起，中原和北方一带就已经开始依赖江浙的漕运，这条线一断，朝廷的收入就会大大减少，中原粮食供应就会产生危机。因此，朝廷非尽快平定庞勋不可。

庞勋所部原是守边士兵，作战经验丰富，唐军多次进攻都被庞勋打败。最后，朝廷从几千里外的河西调来了沙陀骑兵进攻庞勋。朱邪赤心所率的沙陀骑兵跟从唐军主力作战立了大功，他本人被朝廷封为单于大都督、振武节度使，驻守在内蒙古南部呼和浩特一带的广大地区，唐朝皇帝还亲自赐朱邪赤心改姓李，名国昌。

李国昌就是李克用的父亲。

李克用自幼生长于军中，骁勇善战，弓马兵箭无一不精，有丰富的实战经验，在藩汉各族军队中名声很大。李国昌被朝廷封为振武节度使时，李克用任沙陀兵马副使，驻扎在河北蔚州。因中原黄巢起事，天下大乱，李克用就于878年杀了为人残暴的大同防御使，占领了大同一带，以将士们的名义给朝廷上表，请求朝廷封自己为大同防御留后。这等于是夺权了，但在唐末，夺权的事情太多。

李国昌知道李克用的行为后，立即给朝廷报告："请朝廷另行任命新的大同防御使；若克用胆敢有违朝廷诏令，我自帅本道兵马讨平克用。终不爱一子以负国家。"

朝廷本来正打算让李国昌好言劝说李克用听朝廷的话，不要作乱，因为当时黄巢正在中原冲杀，不希望在北方再发生变乱。见了李国昌的报告，便顺势派使节前往大同，正式任命李克用为大同防御留后。留后相当于准节度使，算是给李国昌一个人情。本来事情到此可以了结，但后来朝廷中有人出主意说李国昌、李克用父子二人各据一个大镇，且他们又是胡人，其心难测，手下兵精马足，若是不服朝廷节度，联兵作乱，北方便会岌岌可危。还不如调李国昌前去大同任节度使，缩小他们父子的势力。

朝廷听信了这样的分析，很快就下诏调李国昌任大同节度使。

诏令一下，明眼人都能看出是怎么回事，明显是朝中有人不信任李国昌父子，要打压他们。这就大大惹恼了李国昌和李克用。

沙陀人性格耿直，而朝廷派驻的监军不断催促李国昌赴任，更惹怒了李国昌，他一气之下杀了监军，与李克用合兵抗拒朝廷的任命。

这时，由于黄巢起义军南下岭南，官军似乎正处于胜利的边缘，朝廷正面战场的压力大大减轻，得以令山西、陕西、内蒙古一带的驻军，以赫连铎所部为主力多路进攻李氏父子。李氏父子虽然能征惯战，但毕竟朝廷派来的军队代表正统，起因又是李氏父子亏理在先，且赫连铎等所率的各路人马也并非浪得虚名，都是战力强悍的军队。李氏父子在多路围攻下，四处抵挡，渐渐不支，后终于在作战中失败，军队溃散，李克用被迫率少数亲兵跑到了阴山一带的鞑靼部落，投靠那里的鞑靼人。

“虎落平阳被犬欺”，李克用此时以战败之身，寄人篱下。然而更大的危机还在等着他，因为赫连铎得知了李克用逃到鞑靼的消息，立即秘密派人到鞑靼部落，请鞑靼首领们暗杀李克用。一时，年轻的李克用四面楚歌，几乎到了穷途末路的境地。

转机就在这个时候发生了。转机就是机会，机会始终青睐有准备的人。机会并不容易出现，一旦出现，如果没有准备，机会即使来到面前，可能也发现不了，或把握不住。

此时，黄巢起义军大举北上，自采石渡过长江，一路过关斩将，连破唐军，声威大振，威胁东都洛阳，若洛阳失守，则义军势必将目标指向长安。

中原的情况一下子危急起来。中原的危急影响到了北方。

李克用在鞑靼部落中的日子很危急，但他在部落中也有不少朋友，很快有人便将赫连铎想暗杀他的情况报来。李克用意识到了危险迫在眉睫，是坐以待毙？还是奋起一搏？还是仓皇逃离？这实际上是一个风险评估的问题。

第一条，坐以待毙肯定是死路一条，这条可以不考虑。坐在那里等着人来杀，这有辱沙陀人勇敢善战的名声，更不符合李克用的性格。

第二条，奋起一搏风险同样很大。自己势孤力单，又在别人的势力范围内，即使凭着勇猛，突然发难，有可能取得短暂的优势，但很快就会被对方打压下去，最终仍不免一死。这样死法可能死得壮烈一些，但这是一个两败俱伤的结局。

第三条，趁着鞑靼首领们还没有拿定主意，赶快逃走。李克用只要一动身，鞑靼人马上就会知道，消息就会传开。逃离之后，又向何处去？根据地已经被官军占领，逃的结果只能是落得个孤家寡人。草原之上，只要是两三天之内的路程，追兵都能够追得上，逃的最终结果也是被俘。

等、搏、逃都不行。到底需要怎么办，才能化解当前的危局，且又不伤了与鞑靼的和气呢？若李克用先与鞑靼部落翻脸，肯定会落下不义的名声，毕竟鞑靼人在他落难的时候收留他在先。若是有了个不义的名声，即使这次能脱离危险，但也失去了信义，日后再想号令一方，东山再起，也是难上加难。

此时鞑靼众首领派人约请李克用一同出行打猎。

这是个危险的信号，在打猎途中实施暗杀是最好的时机。何去何从，艰难的选择摆在了李克用面前。

李克用决定以一场行为艺术化解危机。

让我们来看一看当年的场景。

地点：塞外沙碛

时间：公元 879 年秋

人物：李克用与鞑靼众首领

骑兵上，呼叫，追射，众马疾驰而过，动物惊慌四散。

诸首领上，

李克用上。

一阵追猎过后，诸首领与李克用席地而坐，准备置酒豪饮。

李克用：今日打猎甚欢，所获甚大。但只空饮酒，没什么意思，我为诸位一展箭法取乐如何？

众首领（齐）：好，愿观之。

士兵们于百步之外，设立马鞭、树叶等靶子。

李克用张弓搭箭，挽雕弓如满月，只听“嗖嗖”之声过后，手起箭到，百步之外的马鞭、树叶纷纷掉落。

百步穿杨，箭箭命中！真是养由基在世，老黄忠再现。

这一手绝技令鞑靼部落首领们大为叹服。草原上的人以游牧为生，生性彪悍，大度豁达，向来崇拜英雄，见李克用如此了得，各首领们心下已先喜欢三分。

射箭之后，大家置酒豪饮，李克用更是放开畅饮，与诸首领推杯换盏，酒酣胸坦尚开张，正所谓英雄相惜，大家的情感一下子近了许多。

李克用见时机成熟，忽然叹息道："我因事得罪了天子，本想效忠朝廷却难以实现。近日传闻黄巢北犯，必为中原大患。国家正当用人之际，一旦天子赦免我的罪过，我当与诸君南下讨伐黄巢，共为国家立功，岂不是美事一桩！人生几何，岂能老死于这北方沙碛？"

鞑靼首领见此，知李克用还想为国家效力，且敬重他的高超本领，就没有实施暗杀。

一场看似难以解决的危机，被轻轻化解。这场危机之所以能够圆满解决，既有黄巢威胁的外部因素，也有李克用一身本领的内部因素，若二者缺一，此次事件都可能以悲剧收场。过人的本领不是一两天就能得来的，这需要长期的刻苦磨炼，所以，机会永远青睐刻苦努力和有准备的人！

化解了迫在眉睫的危机后，李克用立即给朝廷上表请降，一再表示愿为国家效力。几次上表后，朝廷最终同意了请降，重新委派李克用官职。但一时之间，朝廷没有立即让李克用所部南下加入进击黄巢的战斗。而且李克用与山西中北部的其他唐军向来有摩擦，他几次想主动南下进击黄巢都被这些驻军阻挡，未能成行。直到后来唐军复攻长安失败，不重用李克用已经难以打败黄巢，朝廷才于公元882年任命李克用为雁门节度使，正式令其南下会剿黄巢。

早已憋足了劲的李克用一接到朝廷正式的命令，随即率领早就准备好的四万蕃汉各族人民组成的精锐人马由山西北部大举南下，直扑关中，兵进长安。

当时，唐军各镇人马为黄巢所败，都后退观望，不敢先进。李克用率军逆势而上，西渡黄河，进入关中，欲与义军大战。

李克用和蕃汉精兵的威名早扬于塞北，如今，黄巢起义军闻听李克用所部前来，心生恐惧，都说："鸦军至矣，我等应避其锋。"李克用所部军装都是黑色，远远望去如大片乌云汹涌而至。

公元883年初，渡过黄河的李克用进军沙苑，首战即打败黄巢弟弟黄揆所率领的义军精锐十余万。义军遇上了自起义以来从未遇到过的硬钉子，当年即使是张璘所部也没有李克用所部如此凶猛。李克用一来就打了胜仗，大大鼓舞了其他各路唐军的士气，河中、忠武各镇军队遂与李克用所部会合进击义军大将尚让所部。朝廷当即晋封李克用为（长安）东北面行营都统，统一指挥长安东北方向的各路唐军。

李克用占领了长安以东、以北的大片地区，这些地区都是长安钱粮的重要来源地，使得囤积于长安城中的义军更加缺乏粮草，很快陷入了饥饿的境地。眼看长安是难以守住了，但黄巢仍决心一搏。为确保东归之路，黄巢派尚让率军救援华州，但被李克用、王重荣打败。

李克用率军进至渭桥，驻扎在渭河以北，严重威胁长安，形势对唐军来说一片大好。此时，僖宗晋封朱全忠为宣武节度使，宣武管辖河南东部的开封一带，只等攻克长安后，就可赴开封就职。

不久，李克用攻克华州，黄揆弃城逃跑。李克用会合忠武镇的人马尾随义军追至渭河南岸，咬住不放。黄巢从长安城中派出大批人马会同由华州逃出来的义军一起与李克用所部会战。双方都知道此战的重要性，胜者将得长安，因此都“尽锐决战，一日三交”，李克用所部三次都大胜，义军三次大败。李克用所部兵马在数量上虽远远少于义军，但质量极高，优势如下：

一、硬战力不同。李克用部的骑兵和步兵都是当时最精悍的。骑兵以马上战技最精、最善骑战的沙陀骑兵为主。在唐朝中晚期，当时的军队只要听到沙陀骑兵的名字，就会不战先自软三分。李克用的数代先人曾凭着沙陀骑兵的战力和威名，多次为朝廷平乱立下过血汗功勋。此外，李克用所部的步兵也是精锐之师训练有素，久经战阵。以此百战之师，挟连胜之威势，迎战正江河日下的义军，自是不可同日而语。

二、软战力不同。义军守长安之心本不坚定，因为总觉得是别人的东西，别人拿去就拿去了，反正便宜已经占过了。但这时的李克用部则不然，长安被占不光是朝廷的耻辱，也是他们的耻辱。李家虽原来是姓朱邪的沙陀人，但早已被赐了李姓，其祖先多被赐名尽忠、赤心、国昌，忠于国家早就成为沙陀人的原则。李部是抱着夺回长安、为国雪耻的决心而来的，哀兵必胜。这与义军此时坐守困城，守得了就守、守不了捞一把就跑的心境截然不同。

历代作战，指挥员最注重士气。

如今，李克用在长安城门口大破义军，唐军其他各镇人马趁势跟进。

黄巢见此情形，不得已决定放弃长安。长安正东方向，唐军密布，黄巢只能向东南方向退却。撤退前，黄巢让手下人放火焚烧长安各处的宫殿，数百年来无数劳动人民倾心建造的精美建筑、艺术品很大一部分毁于黄巢之手。

虽然劳动人民享受不到这些精美奢华的建筑，但作为历史文物，作为建筑艺术品来说，给后世造成了无可挽回的损失。黄巢一走，就有人开始救火，部分建筑得以保存，而且朝廷又加以修缮，但后来还有更严重的人为破坏，彻底毁灭了长安宫殿群。

此次收复长安之战，以李克用功劳最大，而且年龄在各位将领中最小，只有二十八岁，因为他一只眼睛看似经常眯着，被时人称为“独眼龙”。僖宗下诏封李克用等人同平章事，给予类似副宰相的地位。

史载:破黄巢，复长安，克用功第一，于诸将中最少，一目微眇，时人谓之“独眼龙”。

第五章　巨型磨肉机

黄巢离开长安后，因正东方唐军重兵密布，便由东南方向的蓝田突出了重围，打前锋的是手下大将孟楷。出了陕西以后，孟楷先攻蔡州，即现在的河南汝南，唐朝蔡州节度使秦宗权虽然兵力很强，但他为保存自己的实力便投降了义军。

蔡州被占后，东去的下一个目标是陈州，即现在河南东部的淮阳。此前，唐朝驻陈州的刺史赵犨（chōu，音：抽）早就做好了准备。黄巢还没有撤离长安时，赵犨就告诫下属："如果黄巢不死于长安的话，必然东窜，陈州是其必经之路，我们一定要做好准备。"因此，陈州境内各城都积极修复城墙，训练士兵，收集粮草，让城外的百姓进入城中居住，以避战乱。

果然，孟楷在攻占蔡州后，携胜利余威，进至陈州境内。这时义军仍有数十万人马，势力仍很强大。赵犨认准了义军骄兵必败的道理，便让自己的军队示弱，伪装惊恐不安，毫无战斗力的样子，使孟楷放松了戒备。

孟楷率一万多剽悍的士兵为前锋，大大咧咧地来进攻陈州。赵犨见孟楷中计，遂率唐军突然发动袭击，一举击破孟楷全军，并擒杀孟楷本人。孟楷是义军猛将，能征惯战，立过许多战功，黄巢听说孟楷战死，又惊又怒，亲率大军包围陈州，督促义军猛攻。

陈州军民望见城外不见边际的起义大军，不禁非常惊慌，眼看军心就要混乱。在这危急时刻，赵犨鼓励大家道："我们陈州的士兵向来号称精兵，忠于国家。国家平时出钱出粮供养我们，所谓养兵千日，用兵一时，现在到了为国效力的时刻了。男子汉大丈夫应为国战死，而不是投降偷生。凡有异心者，一律处斩。"

面对黄巢大军，赵犨毫不惊慌，反而几次率军出城袭击义军，更加激怒了黄巢。黄巢下令，一日攻不下陈州，便一日不休兵。为显示长期攻打的决心，并恐吓陈州军民，黄巢命令在陈州城外另建新城，并建设宫殿，设立衙门，让陈州人觉得义军会长期在此驻扎。黄巢此举实为败笔。当领导最怕意气用事，一旦意气用事，就会小不忍则乱大谋。黄巢灵活狡诈有余，但缺乏大度和战略眼光，虽一时得势逞强，但终究成不了大事。

义军数十万聚集于此，粮食供给很快就发生了困难，而民间经过长期战乱，也难以征到粮食，饥饿的阴影严重威胁着义军。没有粮食怎么办？黄巢自有他的办法，他令人在陈州附近各地建立许多巨大的石磨，让将士四处抓人，抓来后就直接扔到巨磨中，连骨带肉一并磨碎，做成肉糜解决义军的吃粮问题。陈州附近的老百姓抓完了，就再派兵到更远的地方去抓人，连远处的汴州、曹州、濮州、徐州、兖州一带都成了黄巢抓人供粮的目标。装有这些巨磨的地方，黄巢称之为"舂磨寨"。至今，那一带有些地方还叫做"某某磨寨"。这是黄巢留下的印记。不知大石磨还在否？

赵犨和陈州军民虽然勇敢，但毕竟实力悬殊，难以长期支撑，不得不派人向周围的节度使求救。宣武节度使朱全忠、忠武节度使周岌、武宁节度使时溥各率本镇人马前往救援。

公元 884 年，前来救援陈州的各镇唐军与义军在陈州外围展开会战，但义军这时的力量仍相对强大，前来救援的几镇人马都不能取胜，反而有被消灭的危险。以朱全忠、周岌、时溥为主的这些救兵不得不共同向李克用求救。李克用收复长安后，僖宗封他为河东节度使，已率兵前往河东赴任去了。此时接到急报，便立即率五万唐军驰援陈州。

黄巢围困陈州将近一年，虽然占领了周围的军事要地，但始终未能攻下陈州州城。随着李克用所部的到来，义军心生恐惧，黄巢被迫解围，向汴州方向遁去。汴州是朱全忠的大本营，朱全忠急率本镇人马先回汴州州府大梁（即今河南开封）防守。但义军势大，朱全忠根本难以守住大梁，不得不再向李克用告急。

李克用星夜兼程救援朱全忠，在河南中牟以北的王满渡追上了黄巢，再次大破义军。黄巢的重要将领尚让、葛从周等向唐军投降。葛从周后来成为朱温手下的重要将领。黄巢收集残部渡过汴河向北逃去。

这一次李克用充分发挥了骑兵的特点，也随即渡河，运用闪电战连续追击，不给黄巢以喘息的机会。李克用在河南封丘又追上了黄巢，再次大败义军，加上连日大雨，义军人心涣散，四散逃亡的很多，人数大减，黄巢最后只带手下一千余人，急速向山东兖州方向奔逃。李克用率骑兵昼夜追击二百余里，直追到山东的冤句，结果是战马都累死了一半，实在无法追击，才不得不停下，返回汴州。

黄巢带领剩下的人马，一路狂奔，沿途又被武宁节度使时溥的军队截击，时溥所部将黄巢赶至泰山中的狼虎谷。这时黄巢早已是众叛亲离，身边只剩下几百人，到了穷途末路的境地。狼虎谷，顾名思义，定是凶险之地，一入谷中，只怕凶多吉少。果然，黄巢的外甥林言见大势已去，便借机杀死黄巢及其兄弟，投降了时溥。

地名、人名有时有着不可思议的巧合，类似的事情还有许多。

如隋朝末年，天下大乱，各路人马纷纷起事，或拥兵自保，或抢占地盘，或自立为王，或东征西讨。当时新兴起的唐军在李渊、李世民的带领下占领了关中，河南一带为王世充所占，河北、山东被窦建德所占。李世民率唐军进攻王世充，包围了其都城洛阳。王世充向窦建得求救，窦建德率领十几万军队前来救援王世充。李世民这时所领的唐军兵力并不充足，面临着被两面夹击的可能。李世民决定冒险一击，留下大部分军队继续围城，自己只率三千骑兵迎击正在前来的窦建德。这在当时的人看来简直是以卵击石。

而窦建德的十几万人马此时来到了离洛阳不远的一处地方安营扎寨，这个地方名叫“牛口渚”。

在窦建德扎营前，他手下的谋士就劝他不要在此扎营，因为“窦（豆）入牛口，有去无回”，驻扎在这个地方对窦建德不吉利。

窦建德不听，认为那不过是胡说八道。

结果李世民来了，只以三千骑兵就击溃了窦建德的十几万精锐之师，窦建德本人负伤，被唐军活捉。

窦（豆）入了牛口，果然有去无回。

黄巢死于泰山狼虎谷，本已成定论，但后来到了宋朝时又出现了另一种传闻，说黄巢当时并未被杀，死去的只是一个和他长得很像的替身。真正的黄巢让林言杀了一个替身，他自己则趁乱跑到洛阳去了，充分发挥了他走私时与官府斗争的经验，最危险的地方往往是最安全的，灯下黑的原理被黄巢运用得十分到位。若是留在山东等地，唐军肯定会大规模严格搜捕，黄巢很难逃脱追捕。如果返身向西，潜入东都，官府一定很难想到他会这样大胆。再说，大家都以为黄巢已死，搜捕行动过一段时间自然会松懈。传说黄巢在洛阳平安地住了几年后，便离开了洛阳，悄悄向东南而来。

数月后，黄巢来到浙江宁波一所寺内，见一僧正打坐，黄巢连问了他几句话，僧人都默不作声，黄巢大怒，欲无礼于僧，谁知反为僧所治服。黄巢知道自己遇上了高人，遂求指点。这位僧人就是历史上有名的心镜禅师，他指点黄巢："尔好杀不忌，须日月并明，见雪即止，可上雪窦山。"

于是黄巢遵从心镜禅师的指点来到雪窦山，入了雪窦寺，研习佛法，据说后来还当上了住持，数十年后安死于此处，葬于寺前含珠林。含珠林是寺内的一个小山包，上有古松林，东西两涧之水在此会聚，呈双龙抢珠之状。后有人赋诗："三十年前草上飞，铁衣着尽着僧衣。"也有人说这诗就是黄巢自己写的。

浙江雪窦山对大家来说并不陌生，因为近现代以来这里与蒋介石有许多关系，山中雪窦寺初名瀑布观音禅院，是禅宗十刹之一。据《雪窦寺志》记载："晋时有尼结庐山顶，名瀑布院。"即雪窦寺前身。当时雪窦山称瀑布山，因山上诸多瀑布而得名。唐武宗会昌元年 (841 年) 移建今址，懿宗时改名"瀑布观音院"。宋真宗咸平二年 (999 年) 敕赐名"雪窦资圣禅寺"，始称"雪窦寺"。雪窦之名，来自雪窦山主峰乳峰下面有一石洞，洞中有泉水喷出，似乳若雪。

雪窦寺是佛教重要的弥勒道场。成为弥勒道场，有几大因素：

一、雪窦山是历代名山。宋真宗曾经梦游此山，赐名"应梦名山"，雪窦寺成为"应梦道场"。民国时期，蒋介石称雪窦山为"四明第一山"，历代文人形容雪窦山"秀甲四明"。

二、雪窦寺为佛教禅宗名刹。宋宁宗时评定寺院等级，雪窦寺位居"五山十刹"之一，明时又获"天下禅宗十大名刹"之一称号。

三、雪窦寺与弥勒有缘。弥勒化身布袋和尚为奉化长汀村人，出家、圆寂于奉化岳林禅寺，常去雪窦寺做佛事，因此岳林寺、雪窦寺均为"弥勒应迹圣地"。

雪窦寺、雪窦山风景秀丽，黄巢真会选个好去处，但史实究竟如何，已很难考证了。

时溥派人将黄巢的首级和擒获的家属、姬妾送往还在成都的僖宗报功。僖宗听闻黄巢已破，非常高兴，以为天下即将太平，准备举行一场正式的受俘礼。

地点：成都大玄楼

人物：僖宗、黄巢的姬妾等

场景：大玄楼，一群女子跪于楼前平地上，有的悄悄流泪，有的小声啜泣，有的瑟瑟发抖，唯有一女子不哭也不抖，面容姣好却严肃异常。

鼓乐响起，羽林军上，太监上，宫女上，最后僖宗上。

僖宗登上大玄楼，俯视楼下，似乎陷入沉思。

在这些被俘黄巢的姬妾中，有些原来是唐朝官宦人家的子女，长安失陷后，被黄巢选美选中。

看着城楼下这些当了俘虏的女子，想起长安失守的惨痛，僖宗不禁问道："你们本是朝廷官宦子女，世受国恩，为何跟随逆贼？"

皇上这样突然一问，看似有理，众姬妾皆惶恐不安，不知如何对答。

其中那名不哭也不抖，面容姣好却严肃异常的女子从容答道："狂贼凶逆，朝廷以百万大军，尚且一败再败，导致京城失守，陛下被迫临幸四川。如今却因此而责备一个弱女子，置公卿将帅于何地乎？"

听完此话，僖宗遂俯首不言。

僖宗根本无法回答这名女子的质问，是啊，狂贼凶逆，满朝公卿将帅，唐军百万都挡不住黄巢，皇帝本人也仓皇逃离京城。到了胜利的时候了，却来责备一个弱女子。

想来堂堂一个皇帝、大男人当众被一个弱女子说得无话可答，的确应很羞愧，只能俯首不言。

唐末农民大起义就此失败。

胜利追击黄巢归来，抵达汴州的李克用率军驻扎于大梁城外。李克用本来无意入城，但朱全忠一再热情邀请李克用入城，以感谢不远千里驰援汴州的恩情，最后李克用就带着三百名亲兵进入了朱全忠的老巢——大梁。

朱全忠于上源驿大设宴席款待，热情招待李克用一行。大家觉得如今天下初定，都很兴奋，推杯换盏，不觉就喝得上了头。李克用本来就非常豪爽，酒量惊人，喝得尤多，因自己救援各路诸侯有功，又是击破黄巢的主要将领，当时才只有二十八岁，非常年轻便立下几乎可以称得上是匡复社稷之大功，朝廷嘉奖不断，各路将领也都恭维不止。这时年轻人那股骄傲的劲头就不由自主地冒出来了，乘着酒劲，颐指气使，胡人说话又直，在语言上狠狠地惹恼了大梁的主人朱全忠。朱全忠也是个凶悍之辈，表面忠厚，其实心眼很小。

朱全忠动了杀机。后来也有人说，即使李克用没有说这些话，朱全忠一样会痛下杀手。因为朱全忠有野心，他这时就已看到未来在争天下的过程中，李克用会是他最大的对手，所以他要防患于未然，所以一再请李克用进入自己的老巢，好借机杀了他，清除日后夺权的障碍。

这场酒一直喝到傍晚，李克用喝得大醉，随从的亲兵也大都喝醉了，便一起回到驿馆休息。此时朱全忠和心腹将领密谋，准备在大梁城中杀掉李克用。

朱全忠是说干就干的人，立即悄悄发兵围住驿馆，在驿馆四周围堆上柴草，一面放火，一面令士兵准备在外截杀，不许放走一人。

按理说李克用一行三百余人在别人的地盘里，大部分人又喝醉了，外面是熊熊烈火，还有汴军重兵围困，断无生还之理，如果汴军运气好，说不定不用动刀枪，只需大火烧上半个时辰，李克用和手下人就全部会被烧死。

但也许是天意，李克用竟然得以摆脱重围。

李克用手下的士兵虽然大部分喝醉了，但毕竟有些仍然清醒的。烈火一起,那些还清醒的士兵立即急报李克用。李克用当即酒意全消，一跃而起,一把抓过兵器,想与士兵一起杀出驿馆。但此时烈火阻门，烈焰包围了整个驿馆，一代英雄眼看就要命丧于大火之中。

就在这危急时刻，本来无一丝雨意的大梁，突然狂风四起，暴雨突至。

下雨了!

而且是大雨，大暴雨!

古人云：人各有天命，王者不死，可能有一定道理。但下大雨也可能是巧合，因为那时正好是夏天，正是雨水多的时候，而且黄巢覆灭的那个夏天雨水还特别多。但如果是巧合，未免有点太巧。夏天雨水是多，天天都有下雨的可能，还可能一下就很多天，但偏偏早不下，晚不下，就在汴军刚刚放火杀人的时候下!

刚刚腾起的烈焰，一下子被突如其来的暴雨浇灭。汴军一时也被这暴雨浇晕，李克用见大火几乎熄灭，立刻率人冲出，一举冲破汴军包围，直奔城门。但此时城门已经关闭，无法通过城门出城，后面汴军追兵即至。李克用和少数亲兵顺着城墙内侧的驰道冲上城头，用绳索从城头上滑下，逃回城外军中。这些拼死保护李克用的士兵中就有一直忠心耿耿跟随他的李嗣源，当时只有十七岁，后来我们会看到李嗣源成为李克用一方的重要将领，在复唐灭梁的过程中，发挥了独特作用。

公元 884 年的夏天，在大梁的驿馆，上演了又一出鸿门宴。

此次李克用带入大梁城中的亲兵大都战死。回到军中后，李克用十分愤怒，当即准备挥军回击，但其妻刘氏劝告说："我们来此是为国家征讨黄巢，救援汴州，而汴州人恩将仇报，居然设计谋害。我认为应当向朝廷报告，让朝廷来做主。如果擅自进攻，恐怕外界不明白其中的是非曲直，会以为我们想吞并汴州，说不定还被朱全忠反咬一口。"

比较忠于朝廷的李克用听从了夫人的劝告，便暂时忍下了这口气，准备先派人向朝廷报告，然后再发兵复仇。

李克用在给朝廷诉说冤情的表章中说："臣有破黄巢的大功，却几乎被朱全忠奸计所害。臣所部三百余名亲兵都是身经百战的猛士，他们没能死在战场上，却死于奸人之手，实为可叹。朱全忠还造谣说臣已死，派兵进攻我的防地，想一举吞并我部。臣相信朝廷至公无私，定能秉公处理，恳请陛下派遣大臣审查此事，发兵诛讨朱全忠。目前，臣已先行派万名骑兵前往河中待命，只要朝廷一声令下，臣当即挥兵征讨。"

朝廷认为本来刚刚平定了黄巢的大乱，好不容易安定下来，得到李克用的表章后，朝中主事的大臣不禁又惊慌起，他们不希望再现战乱，于是立即派使节分别前往两地劝说安抚。

李克用先后八次递上表章，称："朱全忠为人嫉贤妒能，阴险狡诈，他日必为国家大患。臣只请朝廷能够下诏，明言朱全忠罪行，臣率本部人马就可讨平朱全忠，不用朝廷一分钱粮。"

这本是消灭朱全忠的大好时机，尤其对唐朝朝廷来说，若是朝廷知道后来唐朝会灭亡在朱全忠的手里，估计不但不会阻止李克用出兵攻朱，肯定还会增兵帮助。李克用把话都说到这个份上了，不用朝廷出钱，他自己就可征集足够的兵马和钱粮去和朱全忠打一仗。

这时李朱两家从实力对比上来看，李克用正处在事业的顶峰，是他这一生中势力最强大的时候，对外作战基本上是攻必取，战必克。若这时灭了朱全忠，也许后来唐末两帝、后妃及许多朝臣的命运也就不会那样凄惨。但朝中大臣可能是出于担心战乱再现；也可能是担心李克用灭了朱全忠后势力会过于强大，对朝廷形成新的威胁；也可能是怕得罪朱全忠，因此未同意李克用的建议。

这种作法看似暂时避免了战乱，但实际上却缺乏远见，属于典型的只看眼前、不顾将来的做法。因为天下不只李克用、朱全忠两家诸侯，还有其他许多家都在观望。朝廷怎么处理这件事，不只会影响李朱两家，也会影响今后其他各家诸侯对朝廷的态度。这件事明明是错在朱全忠，朝廷完全可以就此机会支持李克用征讨朱氏，做到有功必赏，有罪必罚，大力表彰李克用，表扬这种忠于朝廷、尊重朝廷的例子，给天下其他家诸侯作个表率。以此为契机，慢慢恢复朝廷的权威，让天下人、天下兵马重新统一听从朝廷号令，团结一致，致力于恢复国力，安定生产生活，再逐步恢复在边疆上失去的土地，再现唐朝的辉煌。但当时朝廷却不敢为有理的一方做主，只想息事宁人。

从政治治理的角度看，“有功不赏，有罪不罚，虽尧舜不能治也”，何况他人？所以说，政治家一定要有眼光，千万不能只看眼前的利益。

为安抚李克用，朝廷加封李克用为陇西郡王。历朝历代王位很少封给外人，如果哪个皇族以外的人获得了王位，则会被视为莫大的殊荣。在此之前，外人获得王位而又比较有名的包括东平郡王安禄山、汾阳王郭子仪、临淮郡王李光弼等。但这样的殊荣难以平定李克用心中的愤恨。本来各藩镇之间相互攻打的现象就难以制止，而朝廷现在连名义上都不敢指出是非曲直，为大家主持公道，这就更加剧了藩镇之间的争夺，谁的力量大，谁就占便宜，反正上面也没有办法。

从此以后，唐朝朝廷更加失去了对藩镇的控制力，五代的乱象也越走越近。从朱温、李克用交恶算起，唐末及五代初期最重要的两家藩镇走到了前台。除此之外，其他还先后出现了一些比较大的藩镇节度使，如凤翔的李茂贞、四川的王建、淮南的高骈和杨行密、幽州的刘仁恭等。

第六章　打　压

公元 888 年，僖宗驾崩，其弟寿王李杰被拥立为帝，改名为李敏，即昭宗。昭宗身体强健，英气勃勃，素来痛恨乾纲不振，朝廷微弱，一心要重振唐朝朝廷的权威。即位之初，礼贤下士，选拔贤能，罢黜奸小，一时之间，似乎兴复有望。

当年黄巢进攻长安时，身为寿王的昭宗曾随僖宗一起逃难。由于事出仓促，唐室的各王连马都没有，徒步逃至山谷中。当时还是寿王的李杰因为脚疼，走不动了，便坐在路边的石头上休息，正好被田令孜看到，田令孜催促李杰快走。

李杰说："脚实在疼，走不动了，还请田军容给我一匹马吧。"

田令孜时任观军容使，权威正盛，哪里把一个普通的王放在眼里，他不但不给李杰马，反而讥讽道："这是深山老林，哪里有马呀！"边说边挥着马鞭让李杰赶快赶路，还有意无意地抽了李杰一下。

李杰当时没说什么，一咬牙，忍痛站起赶路去了。

十年河东转河西，莫笑穷人穿破衣！

人在春风得意时，亦当恭谨。得意忘形者，多难以持久！这是中外各国历史上反反复复重复过多少回的事情，而得意忘形者仍前赴后继。

在此期间，各地仍是战乱不断。汴州的朱全忠趁着西方有事，大力扩张自己的势力，进攻蔡州。哪知蔡州的秦宗权兵力强盛，汴州兵难以抵敌，朱全忠不得已向兖州、郓州的朱瑄、朱瑾兄弟求救。朱氏兄弟一马当先，率二镇人马驰援汴州。朱全忠依靠朱氏兄弟的帮助大败秦宗权，因此，非常感激朱氏兄弟，但事实再次证明朱全忠永远是一个恩将仇报的人。还不到半年，朱全忠就全然忘记了朱氏兄弟救援的恩情，想兼并兖州、郓州，并出兵进攻，大败朱瑄、朱瑾。

这一时期，高骈所领的淮南一带陷入混乱。由于高骈信用小人吕用之，导致手下将领发动兵变，高氏一门先被拘禁，后全体被杀。附近各地将领都想抢夺淮南，争斗不已。朝廷以淮南久乱，任命朱全忠兼淮南节度使、东南面招讨使。

朱全忠虽没有读过什么书，但野心极大，很有政治手腕和军事才能。他一面派遣手下大将进攻淮南，一面与秦宗权苦战。公元889年初，终于击破了秦宗权，占领蔡州所属辖地，收编了蔡州人马，大大加强了自身势力。朝廷为表彰朱全忠的功劳，晋封其为东平郡王。在此之前，他还因救援洛阳，与河南尹张全义结下了良好的关系，每逢朱全忠出兵，张全义总是全力保障后勤供给，大大提高了朱全忠的战斗力。

河南尹张全义是唐朝末年、五代初年的一个重要人物，特别善于安定民心，搞好一方经济。当时东都洛阳经黄巢之乱后，几乎全毁，人口大减。朝廷任命张全义为河南尹。史载，张全义刚到洛阳就任时，白骨满野，荆棘遍地，曾经百万人口的繁华大都市，居民不满百户。

今天的人们能想象一个百万人口的城市，只剩下不到一百户人家的场景吗？内乱、战争会带来多么可怕的后果。

张全义初至，只带了一百余人，只能和余下的居民一起集中居住在洛阳子城中。洛阳周围十八县的田地全已荒芜，无人耕种。为恢复生产，安定人心，张全义从手下的一百人中选取十八个比较有才干的可用之士，发给他们每人一面旗帜、一张榜文，封为“屯将”，让他们各自奔赴洛阳下属的十八县县城废墟中，树起大旗，张贴榜文，招怀流散之民，劝民安居从农。实行比较宽松的法治，唯杀人者死，其余只行笞杖，无严刑，无租税，四方流民纷纷归来。数年之后，各地渐复旧景，很快便成为河南郡县中最富足的地方。

有了张全义给朱全忠做经济后盾，朱全忠的军事势力也一天天发展壮大起来。

现在，朱全忠的西面、南面都已归附；北面是李克用，东面是徐州的时溥。李克用兵力强悍，一时难以攻取；时溥就成了朱全忠下一个进攻的目标。徐州兵也一向以凶悍著称，朱全忠不断派兵与时溥打了多仗，虽然大多取胜，但急切之间仍未能完全兼并时溥所部。

在这个时期，朝廷也积极采取行动，想恢复朝廷的威严和权力。若选人以正，措施得当，也许还有机会实现恢复大唐光荣的梦想，但偏偏又用错了人。

昭宗一心以恢复朝廷权力为己任，便任命表面上看起来颇有战略眼光和才能的张浚为宰相。张浚过去因得到了宦官首领杨复恭的推荐才被逐步提拔起来的，但张浚的权力大了，地位高了之后，便与杨复恭有了矛盾。而昭宗又特别想限制宦官的势力，为了限制杨复恭集团，便特别提携张浚，经常与他讨论古今中外的天下大事。张浚是忠于朝廷的人，知识丰富，口若悬河，谈得头头是道，很得昭宗的好感。但要害在于，张浚虽有才华，却不是战略之才，只会战术讨论，从事具体的战术任务则可，战略上却缺乏眼光，更重要的是有时分不清忠奸。

张浚也想帮助昭宗恢复朝廷权威，准备先拿一个藩镇开刀。要拿藩镇开刀，需手中有兵，张浚以为自己都替昭宗想好了。

890 年夏日的一天，张浚劝导昭宗说：“虽然陛下英明睿智，但是手中无权，受制于朝廷内外的权臣。这也正是臣感到痛心疾首的地方啊！”

昭宗对此早就深有同感，早想恢复朝廷的光荣，因此就势问道：“那爱卿有什么好办法解决这个问题呢？”

张浚胸有成竹答道：“必须建立一支由皇上亲自指挥的军队，才能威服天下。”

昭宗深以为然，当即下令在京城招人参军，初步建立一支十万人的部队。

李克用以前在攻打黄巢时，曾与张浚共过事，深知其为人。听说昭宗重用张浚，不禁叹道：“张公只是一个夸夸其谈的人，徒有其名，并无真才实学。皇上只凭着他的名声就重用他，只恐怕将来搞乱天下的必是此人。”

此时，朱全忠为扩大自己的势力，联合北方两个藩镇上表要求朝廷讨伐李克用。昭宗召集大臣们开会，朝中大臣们大部分都不同意讨伐李克用，但张浚这时正想借着朱全忠的势力排挤杨复恭，就义正辞严地说了一番话：“先帝当初被迫离开长安，就是李克用所为。臣常常担忧他与河中的藩镇互相勾结，挟制朝廷。如今朱全忠等藩镇为国家利益着想要求讨伐，正是千载难逢的好机会。恳请陛下命臣率军出征，几个月内一定可平定李克用。此机万不可失。”

另一名重臣孔纬也附和张浚。

杨复恭表示反对，说：“先帝逃难，离开长安，这中间有藩镇的原因，但主要还是因为朝廷内的重臣处置不得当造成的。如今，长安安定，百姓乐业，不可轻易启动战端。”

昭宗也认为：“克用当年收复长安，对国家有大功。如果此时讨伐他，天下人会怎么评价朕？”

孔纬说道：“陛下您所担心的是一时之事，而张浚所说的是为长远着想。况且，昨天我们已经计算了一下出兵所需要的物资，估计支持一两年不成问题。现在就看陛下您是否有决心了。”

昭宗见两个宰相都非常坚持，也不好有违，只得说道：“今日之事就托付给二位爱卿全权办理。不过将来可不要让朕丢脸啊！”

随即朝廷下诏削去李克用的官爵，任命张浚为河东行营都招讨制置宣慰使，朱全忠为南面招讨使，李匡威为北面招讨使，进讨李克用。

张浚率领关中各镇的官军五万余人进至晋州。朱全忠虽然首先上表要求讨伐李克用，但这时他正忙于徐州、兖州方面的战事，因此，只派了手下将领带几千人马进攻河东的泽州地区。

李克用派遣李存孝等迎战张浚。李存孝是河东的猛将，勇猛无比，而且又善于用兵，是李克用非常倚重的重要将领。由他率河东的百战精兵迎战张浚刚刚组织起来的临时军队，结果可想而知。

进攻河东的官军果然遭到大败，关中各镇人马纷纷弃张浚而退，渡过黄河西归。张浚身边只有禁军和朱全忠派来的兵马共约万余人困守晋州。李存孝率兵围攻晋州数日后对部下说：“张公毕竟是天子派来的，又是当朝宰相，就算我们抓住了他，也没有什么用处；况且其所领之兵，都是朝廷的禁军，也不宜杀害。我们向来以忠于朝廷为己任，如今应就势放开一条生路，让张公安返朝廷。”于是河东部队退后五十里，给张浚留出一条逃跑的道路。

此前，李克用也给昭宗上表诉冤：“臣父子三代，受恩四朝，破庞勋，翦黄巢，黜襄王。陛下能够登上皇帝之位，这中间未必没有臣的功劳！朝廷面临危难时，誉臣为韩（信）、彭（越）、伊（尹）、吕（望，即姜太公）；危难一旦解除，就骂臣是胡夷之人。今日天下手握兵权曾为朝廷立功的大臣，不只是臣一人，朝廷如此作为，难道以后就不怕其他人寒心吗！如今张浚既已出兵，固难收手，臣已集合大军，意欲直抵潼关，与张浚一决胜负。若臣不胜，甘愿受朝廷处置。不然，臣将轻骑入京，面见陛下，当面诉说冤情，揭露陛下身边的奸臣。”

李克用的表章送达时，张浚大败而回的消息也刚刚传回长安，朝廷上下一片震恐。昭宗无法，下令贬张浚为连州刺史，孔纬为均州刺史，继而再贬张浚为绣州司户，恢复李克用的官爵，并加封为守中书令，同时恢复李罕之的官爵。张浚、孔纬离开长安后直接投靠了附近华州的韩建，共同向朱全忠求救。朱全忠给朝廷上表，认为张浚、孔纬受了冤枉，不应被贬到远方任职。朝廷迫于朱全忠的压力，只好让张浚、孔纬听其自便，留在华州暂时做寓公。

朱全忠此时正式放开手大举进攻徐州的时溥、兖州的朱氏兄弟，其手下大将丁会首先进占宿州。时溥手下重要将领刘知俊见汴州兵力强大,同时也预感到时溥不久将亡,便率本部人马向朱全忠投降了。刘知俊是江苏沛县人，向来以善于用兵著称，时溥能够抗衡朱全忠很大程度上是靠着刘知俊的能打仗，现在失去了这个重要将领，时溥便一蹶不振。兖州的朱瑾见徐州危急，大有唇亡齿寒的危机意识，便率兵来救，意欲先打败丁会，结果反而被丁会、张归霸等将领打得大败，朱瑾单骑逃走。

朱全忠连年进攻徐州、濠州、泗州一带，周围广大地区的老百姓遭受很大苦难，由于连年战火不断，再加上水灾，民不聊生，农业生产几乎陷于停顿。汴州军进至晋州后，后勤供应不上，便向附近的魏博节度使罗弘信借粮，被其拒绝。这个时候的罗弘信还没有臣服于朱全忠。因这次拒绝借粮，导致朱全忠毫不客气地派遣手下将领丁会、葛从周渡过黄河进击魏博，很快夺取了魏博下属的数个州县，朱全忠也亲率大军而来。这时，罗弘信才感到害怕，连忙奉上厚礼，遣使请和。

河东、兖州虽然多次派兵援助时溥，但均以失败告终。时溥被迫向朱全忠低头，但朱全忠告诉时溥的使者："要请和可以，不过不能再留在徐州当节度使，必须离开徐州，到别处任职。"朝廷依着朱全忠的意思，召时溥到长安当太子太师。但去长安要经过朱全忠的地盘，而且到长安后，又没有了兵权，朱全忠为人阴险狡诈，人所共见，时溥害怕半路被害，犹豫再三，还是决定不能离开大本营，否则被朱全忠算计的概率更高。时溥便给朝廷上表，称将士们不让他走，被强行留下了。这是唐末以来，节度使拒绝遵守朝廷命令而惯用的一招，朝廷也心知肚明，只能同意，再任命其仍为节度使，称当地驻军为感化军。

对此，朱全忠很不高兴，更加猛攻徐州各地。时溥手下的濠州、泗州都先后投降了朱全忠，朱全忠派儿子朱友裕进围时溥的大本营彭城。时溥只得再向朱瑾求救，朱瑾再次亲率二万人马救援徐州，又被朱友裕击溃，大败而逃。其实朱瑾也是一员能征惯战的勇将，打过许多胜仗，只是不知为何一遇上朱全忠的人马便总是败多胜少。朱瑾败逃后，朱友裕仍旧围困彭城，困兽犹斗的时溥数次出兵反击，朱友裕都是坚壁不战。朱全忠的另一个假子、军中都虞候朱友恭给朱全忠偷偷写了一封信，说朱友裕故意放走朱瑾，不主动进攻时溥，有背叛朱全忠的念头。

朱友恭身为朱全忠的假子，与朱友裕论起来，也算得上是兄弟了。唐末时，大人物流行认养假子，这个风俗最初是从宦官中兴起的，因为宦官不能生子，所以就认养一些所谓比较杰出的青年做自己的干儿子，称为假子，后来这个风气便传开了。朱全忠有很多假子，都和其真儿子一样以"友"字辈命名，如朱友均、朱友谦等。李克用也有不少假子，一般都属“存”字辈，如李存孝、李存信、李存璋等。这次写信告状的朱友恭本名叫李彦威，自小就是朱家的家奴，因善于琢磨主人心思，会讨主人欢心，被朱全忠给升了格，当了假子，还委以兵权。

朱全忠见信后，果然大怒，立刻回信给朱友裕军中的都指挥使庞师古，让他代替统兵，并审查朱友裕的罪行。谁知送信兵糊里糊涂地把信送给了朱友裕。朱友裕见信后非常害怕，连忙逃回到还在老家（安徽砀山）的伯父朱全昱那里去了。朱全忠的夫人张氏听说后，悄悄派人告诉朱友裕，让他只身回汴州，她自有法相救。

朱友裕按照张夫人的话，单骑回到汴州，一进王府就跪在地上痛哭流涕，请求宽恕。朱全忠不解气，让左右人把他拖出去斩了。

张夫人在关键时刻急忙冲上前去，一把抱住朱友裕，一边哭一边数落他，实际是说给朱全忠听的：“你放弃大军，单身回来请罪，说明你没有要反叛的念头啊！”

朱全忠是个聪明人，一言便被点醒，立刻换了脸色，饶了朱友裕，命他到许州去任职，徐州方面的人马交由庞师古指挥。朱全忠为人虽很凶悍，却天生怕老婆张氏。张氏也是砀山人，史书记载她很有计谋，是个非常有心计的女士，朱全忠甚至经常和她商议军中的大事，而且还经常听从她的意见。有时军令已下，将领都已率兵走到半路了，只要夫人认为此行不妥，朱全忠都会立刻派人追回兵马。在古代，作为妻子的女人“权力”也是很大的。

庞师古继任后，督军继续进攻，但几个月下来仍未攻克，部队非常疲惫。军中通事官张涛给朱全忠写信，认为进攻不克是因为出兵的时候没有选择一个良辰吉日。朱全忠也觉得此言有理，并把信给身边的重要谋臣敬翔看，敬翔对此大不以为然：“如今我军将士攻城多月，军费开支十分浩大，现在正是关键时刻，时溥方面已经陷于绝境，攻取彭城只是近日之内的事。如果让将士们听说是因为时辰不好这类胡话，恐怕攻城的士气即刻就会瓦解。”

朱全忠当场烧了张涛的信，然后亲率大军前往督促进攻。朱全忠出兵的第六天，庞师古就攻克了彭城，时溥全族登上当地有名的燕子楼自焚而死。今天的燕子楼是后来重修的，是当地一处名胜。

占领徐州后，朱全忠任命手下将领张廷范为感化军的留后，代理当地事务。留后相当于代理节度使的意思，之所以先称留后，是表示对朝廷的尊重，意思要由朝廷最后下发任节度使的诏命。不久，朝廷任命张廷范为节度使，将感化军改为武宁军。得了徐州，朱全忠的势力更大了。

在朱全忠连连得手的时候，李克用那边就不那么顺手了。李克用手下第一猛将李存孝叛变了。李存孝叛变是由于李存信的谗言，导致李克用怀疑起李存孝来。李存孝认为自己为李氏立有大功，却不及比自己功劳小的李存信得宠，因而一怒之下，便与朱全忠悄悄来往，并给朝廷上表要拿自己管辖内的三州归顺。

李克用闻听李存孝叛变，十分恼怒，即刻派兵围攻邢州。邢州内无粮草，外无救兵，被困几乎一年，粮食吃尽，势屈力穷的李存孝被迫登上城头，向着城外大呼：“孩儿自小是因为父王您的关心，才有了富贵，只是因为李存信背后进谗言，我怕受冤而死，才离开您的，否则怎肯投靠仇敌朱温！只要让我见父王一面，虽死无憾。”

李克用下令将李存孝带到营中。李存孝见李克用后，跪下领罪：“孩儿曾为父王立过一些微功，是存信的谗言逼迫孩儿到这一步啊！”

李克用斥责道：“你写给朱全忠的信里，把我骂得狗血喷头、一无是处，难道也是存信教你的吗？”

返回晋阳后，李克用当着众将的面处死了李存孝。其实，李克用本意并不是真要杀他，李存孝历来骁勇无比，号称河东军中第一勇士，遇有战事，常为先锋，身披重甲，腰悬弓槊，手舞铁鞭，直入敌阵，往来冲杀，无人能挡。李存孝冲杀时，经常带着一匹副马，就是备用的马，主马力气用尽后，李存孝能于战阵中当场换马再战。李克用非常看重他的勇猛，本来以为众将领一定会为李存孝求情，便就势给大家一个面子，免其罪过。谁知，临刑时，众将领因为一向忌妒李存孝的本领，竟无一人上前求情，李克用又不好收回命令，只能眼看着李存孝被处死。为此，李克用又是后悔，又是暴怒，连续十几天不问政事，私下痛骂手下将领。另一名与李存孝关系很好而且勇猛相当的将领因为害怕被株连，也自杀而死。

先后失去两员猛将，相对于不断上升的朱全忠的汴州实力来说，李克用的河东实力有所减弱。虽然如此，在唐末诸藩镇中，此时河东的实力仍是位列前茅，只不过暂时无法与朱温的实力相比而已。

第七章　相貌非常

公元 895 年，护国节度使王重盈去世。王重盈有三个儿子，王珙、王瑶和王珂。王珂实际上是王重盈的侄子，由王重盈带大，后娶了李克用的女儿。王重盈一死，军中将士就推举一直跟随军中的行军司马王珂做了护国留后。李克用也支持王珂。但保义节度使王珙、晋州刺史王瑶不同意，发兵抢夺护国军所在的河中地区。王珂向李克用求救。长安附近的三大节度使李茂贞、王行瑜、韩建都支持王珙。王珙在给三人的信中说："王珂已向河东求援了，况且他与河东有儿女亲家关系。他若执掌了河中，对三位节度使可是大大地不利。我们应该一起请朝廷下诏讨伐河东。"

为迫使昭宗下令任命王珙为护国节度使，李茂贞、王行瑜、韩建各率数千人马进入长安，名为朝拜昭宗，实际是逼宫来了。长安的老百姓听说又有藩镇的人马进京，都吓得到处躲藏。但昭宗走不了，他只能镇定地端坐在安福门接见三位节度使。三人全副武装，于门下跪拜。

昭宗手扶栏杆，质问道："你们不等待朝廷命令，就自行带兵进京，意欲何为？如果认为朕不合适做皇帝，今天就请另选贤能好了！"

李茂贞、王行瑜虽然手握强兵，这时却吓得汗流浃背，不知如何回答，只有韩建结结巴巴地解释了入京的原因，说是朝廷内部有奸臣，他们来清君侧了。三人请求诛杀朝中几位大臣，被昭宗拒绝。

实际上，他们也根本不需要昭宗的允许，便自行行动杀了几位总与他们作对的大臣。三人还密谋准备废掉昭宗，另立他人为帝。但这时得到消息的李克用已经率兵前来关中救援朝廷，三人只得各留部分人马，名为保卫京城，实际上是监控昭宗，便匆匆离开了。

李克用给朝廷上表，痛斥李茂贞、王行瑜、韩建带兵犯上，杀害大臣，因此特发兵征讨，进军河中，与王珂联兵一处。朝廷中一些亲近李茂贞、王行瑜等的宦官、将领散布谣言，说河东军马上要打到长安来了，请昭宗立即离开长安，前往李茂贞的凤翔或王行瑜的邠州避难。

昭宗一直是比较相信李克用的，他认为："朕刚刚得到克用送来的表章,他只是驻军于河中地区,不会到长安来。再说就算他来了，朕也自有办法对付，你们只要各自安抚好自己的部下，不要生出乱子就可以了。"

这时，禁军的将领根本不听昭宗的吩咐，为争夺昭宗去凤翔或邠州而打了起来。昭宗在一部分仍忠于他的士兵们的保护下登上承天楼躲避，但乱兵攻势凶猛，放火焚楼，流箭乱飞，几乎射中昭宗。经过一番奋战，乱兵退出京城，但城中已经大乱，剩下的军队互相攻击，到处抢劫。

不久又传来消息，李茂贞、王行瑜要亲自前来"迎接"昭宗。昭宗不想被二人所控制，就先行离开长安，躲到石门镇避难。长安城中数万百姓纷纷跟着昭宗逃难。这时，李克用已进至长安以东的同州，派人向昭宗请安，昭宗也派遣使臣命其与王珂赶快派兵前来保驾。

当时，昭宗所在的石门镇每天谣言乱飞，一日数惊，不断传言凤翔兵、邠州兵打来了。

昭宗也心急如焚，不断催促李克用迅速进兵，并派亲信宦官张承业前往李克用处任监军。从此，张承业与李克用一家结下了深厚情谊，未来他辅佐克用之子李存勖在灭后梁的过程中起到了重大作用。

李克用接旨后，当即挥军倍道兼程，急速奔向长安，很快便占据长安附近的渭桥，又派遣手下将领率三千精锐骑兵火速赶往石门保护昭宗；同时，猛攻王行瑜控制的梨园寨，重挫王部。

李茂贞见李克用的河东军来势凶猛，这才害怕了，一面连忙上表请罪，一面派人与李克用讲和。昭宗接到李茂贞的表章后，答应赦免他的罪过；派二位皇子亲往李克用处，请李克用同意与李茂贞讲和，并让二位皇子拜李克用为兄。

李克用见皇子代表皇帝亲自前来，便立即表示顺从朝廷的安排。同时，为答谢昭宗的信任，派亲儿子李存勖来到石门小镇晋见昭宗。

唐朝末年和五代初期，最重要的人物之一——李存勖此时登上了舞台。

这时的李存勖只有十一岁，史载：相貌非常。昭宗一见到李存勖便十分惊讶，冥冥之中预感到朝廷复兴的希望就在于此子。他仔细观察了李存勖一番后，拉住他的手说："孩子，如今朝廷微弱，百姓遭难，复兴的希望很可能就寄托在你的身上。你将来必是国家栋梁，他日一定要为国家尽忠！"

据说，自古以来，凡是帝王、将相等可成大器者，都会有些异相，古人常用看相判断一个人的命运、前程、贵贱等，唐昭宗可能也会看相。在过去，看相实际是观察和分析人的一种方式，虽说人不可貌相，海水不可斗量，但在很多情况下，有经验的人还是能够通过第一印象大致分辨出一个人的忠奸善恶等。相由心生，一个人心地如何，会成为习惯，习惯会表现在面部的表情上。当然，这只是通常的情况，也会有一些例外。所以俗语又云：路遥知马力，日久见人心。还要靠长期的接触和观察，才能真正了解一个人。

在中国相术中，看五官的情况是相术中重要的一种，五官即眼、耳、眉、鼻、口。古人还给五官分别起了名字：眼为监察官，耳为听采官，眉为保寿官，鼻为审辨官，口为出纳官。好的五官有各自的要求：

眼要瞳仁端定，双目有神，光彩照人；
耳要贴肉敦厚，高耸过目，门户宽大；
眉要宽广清长，首尾丰盈，高居额中；
鼻要长而端直，山根连印，准头圆润；
口要唇红方大，开大合小，端厚有形。

当然这只是古人的看法，现代的人不以为意，也不相信这些在科技发达的今天看来有些过时的奇谈怪论，但在过去，许多人还是挺相信这些的。

比如关于汉高祖刘邦就曾有过许多相面的传说。当初刘邦还只是个农夫时，据说曾不事农产，在乡里的名声不是特别好，年纪不小了却连老婆都没娶上。吕公会看相，认定刘邦将来贵不可言，便主动把女儿嫁给刘邦，吕氏给刘邦生了一儿一女，儿子就是后来的汉孝惠帝，女儿是鲁元公主。吕公的相术可真是带来了巨大的回报。

关于刘邦相面的传说还不只这些，据说刘邦和吕雉结婚后，当时有一老翁路过刘邦所住的村子，因口渴就到村民家中讨水喝，恰好到了刘邦的院子中。刘邦下田干活去了。吕氏便出来给老翁倒水，老翁一见吕氏就吃了一惊，说吕氏乃“天下贵人也”。刚说完，吕氏的两个孩子出来玩，老翁见后，更加惊讶，对吕氏说，你的面相贵重，是因为这两个孩子。

喝罢水后，老翁便走了。这时刘邦回来了，听说此事后，连忙追上老翁，非要他给自己看一看相。

老翁看到刘邦后叹了口气，说：“刚才给尊夫人和孩子都看过相了，他们的相貌都是贵不可言，我正奇怪，为何在乡村之中有此异相。一见尊驾才明白，他们的相貌贵重全都是因为你呀！只怕不久要天下大乱了，他日你贵为天子后，还希望你能善待天下百姓。”

唐昭宗看相识人还是有一定准确度的，他的话也一直激励着李存勖，二十几年后，李存勖果然如昭宗所期望的那样成就了一番功业。

现代人认为这些都只是传说而已，或是后人附会的，不足为凭。这样分析在视角上存在一些误区。我们现代人看过去的历史的时候，这些历史对现代人来说都是已知的事实，往往不会考虑到这些具体历史事件在时间上的先后顺序以及当时的具体环境。比如，唐昭宗对李存勖说其“相貌非常”，复兴大业寄望于他的时候，旁边有史官在侧记录皇帝的言行。唐昭宗这时说的话已经记录在册。而二十多年后，李存勖真的应了唐昭宗所言。类似的事情不可胜数。中国古代的史官是一个非常严肃的职业，职业道德要求非常高，无论皇帝说了什么，做了什么，不论是对是错，都要如实记录，即使被杀头也不能为了讨好皇帝而修改历史事实。为防止皇帝强行修改历史，美化自己，历代规定皇帝本人不得看这些记录，但这个规定在唐太宗时候被破了，太宗看了记录。虽然如此，修史的传统依然没有变。

长安终于安定了，昭宗返回。王行瑜在河东军的打击下，全军战败，本人也被部下杀死。李克用随即还军至渭水以北，朝廷加封其为晋王，以河东大将盖寓为容管观察使。盖寓是李克用的心腹大将，帮助其妥善处理过不少事务，在李克用发怒的时候，挽救过不少人的性命，因此，很受李本人及河东诸将的敬重。这次加封为晋王，李克用很是高兴，派人入朝谢恩，并秘密奉上表章："近年来，关中不宁，应乘此胜利之时，扫平凤翔，一劳永逸，机不可失。臣如今正驻扎于渭北，专等陛下号令。"

昭宗和近臣们商量此议是否可行。有的近臣认为，若消灭了李茂贞，则李克用的势力就太强了，朝廷的处境一样危险。昭宗于是派使臣嘉奖李克用的忠诚，并表示李茂贞已经归顺，不宜再兴战火，应当停战，让百姓安居乐业，恢复生产。

李克用奉诏而止，但私下对使臣说："看来，朝廷还是有些怀疑我啊。不除李茂贞，关中不会安宁。"

昭宗还命使臣嘱咐李本人不必亲自到长安来晋见皇帝，足见当时朝廷对藩镇的担心。至于要不要到长安晋见皇帝，李克用内部的将领也存在争议。有些将领认为，都已经到了离长安这么近的地方，如果不去晋见皇帝，有失做臣子的礼节。对此李克用也犹豫不决。

这时盖寓说话了："王行瑜放纵士兵，威胁朝廷，导致陛下离京，百姓受害。如今天子刚刚返回京城，人心还没有完全安定下来，这时我们若贸然引兵入朝，只怕会引起新一轮的惊慌。况且人臣为国家尽忠，在于发兵驱除叛贼，不一定非要晋见天子，还请大王三思而行。"

听了盖寓的话，李克用便笑了，说道："你们看，连盖寓都不相信我入朝的诚意，何况天下百姓。看来还是不去长安为好。"于是给朝廷上表，表示要引兵东归，长安这才放下心来。

而李克用一走，李茂贞又开始骄横起来。

临近长安的李茂贞再次引兵进逼长安，想劫持昭宗到自己的根据地凤翔去。结果韩建抢先一步把昭宗连劫带请到了华州。昭宗此前曾在长安自行招募了一批军队，让宗室诸王统率，本意是加强朝廷权威，制衡宦官、权臣、藩镇。但韩建非常厌恶这个让宗室诸王掌握兵权的计划，就借着朝廷颠沛流离的机会，假传圣旨围捕掌握兵权的诸王，把他们驱赶至城外荒郊野岭全部杀死，并上表称诸王谋反。这些皇家的子弟们在大难来时，哭喊着“皇上救我”，这时的皇上自身尚且难保，又能救得了谁？眼看着自己的兄弟、子侄们被手握兵权的节度使杀害，昭宗虽心痛也无可奈何。

皇帝做到这般份上，除了心痛，恐怕只会徒生出“愿来世勿复生帝王家”的感慨。

大臣崔胤悄悄给朱全忠写了一封信，怂恿他营修东都洛阳的宫殿，迎接昭宗到洛阳去。朱全忠于是立刻按照崔胤的吩咐开始修造洛阳的宫殿，上表请昭宗到洛阳建都，并称崔胤是大忠臣，应以重用。昭宗不得已，便任命崔胤为宰相，开始了崔胤与朱全忠合作的时期。崔胤借助朱全忠的势力，专制朝政，放逐大臣，诛死宦官，与其他大臣、宦官集团形成严重对立。

韩建迫于朱全忠的威胁，不得不让昭宗返回长安。昭宗返回长安后，因诸王被杀，每天郁郁不乐，借酒浇愁，喜怒无常，这让身边掌权的几个宦官很是不高兴。于是掌握禁军兵权的几名宦官和部分大臣密议废掉昭宗，立太子为帝。他们认为，只要立了太子，再引李茂贞、韩建为援，控制诸藩镇，便可保无忧。

公元 900 年年底，部分宦官突然起事，陈兵殿庭，请太子监国，逼昭宗交权。崔胤和大臣们在武力的胁迫下，加之事出仓促，只得也同意废了昭宗。昭宗和何皇后被囚于别宫，饮食都要通过墙洞递进来，不能出宫门一步。

但是崔胤哪里会就此甘休。一个月后，公元 901 年年初的一天，崔胤秘密联络其他大臣和掌握兵权的将领，发动突然袭击，杀死几个为首的宦官，救出昭宗复位。唐末一次短暂的政变以崔胤的胜利而告终。

再次得势的崔胤秘密地请昭宗尽诛宦官。昭宗还未决定，此事已经被宦官们先知道了。以韩全诲为首的一批宦官向昭宗哭诉求饶。昭宗一时软了心，就让崔胤放过宦官们。崔胤见不能利用昭宗清除宦官，便想借助外部力量给昭宗施加压力。他当即给朱全忠去信，称："若凤翔先入长安，君则为罪人。可速率兵前来。"因为当时朱全忠、李茂贞都想学过去的曹操挟天子以令诸侯，都想把皇帝控制在自己手里。朱全忠想让昭宗去洛阳，李茂贞希望昭宗去凤翔。

崔胤只顾着眼前利益，力邀朱温前来，却忘记了历史教训，这就是借助地方力量来给朝廷施压往往会带来巨大动乱的典型例子。这样的例子在中国历史上不止一次发生。例如，大家所熟悉的《三国演义》里曾讲过的大将军何进引外兵入京的故事。东汉末年大将军何进就是因为觉得宦官势力太大，便想招地方兵马入京，铲除宦官集团。结果由于事机不密，在应召前来的西凉董卓率军队到来之前，何进自己就先被宦官设计杀死。而董卓更以此为借口，大举进入长安，借机控制政权，后来更是焚毁皇宫，滥杀无辜，进而导致天下大乱，使东汉在二十多年后灭亡。中国从此陷入战乱纷争的时期，从董卓入京算起，动荡延续了几乎上百年的时间，才在公元 280 年有了西晋的统一。但这次统一为时很短，因为"八王之乱"全国又陷入更糟糕的南北朝大动荡、大混乱时期。

而"八王之乱"最初虽然是由于贾后专权开始的，但后来也演变成为朝廷中想掌权的大臣总是召外兵入援京城的情况。最后就是大家打来打去，把朝廷的力量打弱了，地方的力量也消耗得差不多了，西晋也就灭亡了。西晋最后的两个皇帝都被原来臣服于其的匈奴族建立的“汉”国所俘虏。匈奴是中华民族形成过程中的一个民族，之所以自称为汉，是因为匈奴族认为过去与汉朝刘家和亲有几百年的历史，双方血乳交融，匈奴人是汉家皇室的甥孙，与汉约为兄弟，兄终弟及，如今灭了晋，自然要恢复“汉”的天下，称国号为“汉”是名正言顺。

引外兵入京导致大乱的还有北魏末年尔朱荣的例子。北魏末年，胡太后把持朝政多年，老是不把权力交给已当皇帝多年的儿子。皇帝与母后之间发生了严重冲突。朝中多是胡太后的势力，年轻的皇帝无法掌控，便想召手握兵马在外的尔朱荣带兵入京胁迫胡太后退出政坛。尔朱荣获诏大喜，当即点起一万兵马上路，直奔洛阳而来。皇帝这时意识到此举大为不妥，便又下密诏令尔朱荣止兵。但尔朱荣不听，继续进兵。这时胡太后又走了一着蠢棋，竟然毒死了皇帝，另立一个来历不明的小孩为帝。由于胡太后的一系列所作所为，招致朝臣不满，均不为其所用。尔朱荣带兵来到洛阳附近时很容易就击溃了朝廷的军队，遂驻扎在洛阳附近的河阴。胡太后和幼帝被尔朱荣派人押到河阴来见。胡太后手拉尔朱荣的衣袖，“多所诉说，（尔朱）荣拂袖而起”，下令将胡太后和幼主沉河。随后尔朱荣又将满朝大臣集中到河阴，令骑兵一拥而上，随便砍杀。北魏大臣连同到河阴的随从家属被杀两千多人。以至不久之后，新帝登基时，大殿前只有一名大臣来拜。虽然后来尔朱荣也被新帝设计杀死，但强盛了一百多年的北魏走到了尽头，很快便分裂为东魏、西魏，最终又分别被篡权灭亡。

南北朝的分裂局面从西晋末年算起在中国延续了将近三百年，直到公元589年，才由隋朝重新统一了中国。由于西晋的统一时间只有几十年，因此分裂战乱局面实际应从东汉灭亡时算起，从东汉灭亡到隋朝统一，几百年间战乱不断，民不聊生，兵连祸结，许多时候赤地千里，白骨满野。而这一切最开始的时候都由内乱导致。当时的人民在分裂、战乱、动荡的时代所经历的苦难，是我们处在和平中的人所难以想象的。在和平中待久了的人们经常不把和平当回事，不懂得和平有多么珍贵。

历史的教训是惨痛而深刻的！

但是当代人往往都以为历史不会重复，却没有料到，有时历史会惊人地相似。

当崔胤请朱全忠率兵入京时，朱全忠正引兵进攻另一节度使王珂，决定先灭王珂，再入京城。王珂的力量很弱小，根本不是朱全忠的对手，只好四处求救。但各镇要么不出兵，要么害怕朱全忠力量强，都没有派兵。绝望中的王珂只得派人向朱全忠请降。朱全忠听说后，非常高兴，亲往受降。

王珂本想面缚牵羊出降，被朱全忠制止，还说："若如此的话，我以后哪有面目去见死去的王太师（王重荣）啊。太师当年对我有大恩，大恩不可忘！"

王珂也受了感动，二人见面后，回忆了一番往事，感叹当前时事，不禁都流下眼泪，两人又是拥抱，又是拉手，很是亲热。

很快，朱全忠让王珂全族迁往大梁居住。

不久之后，又找了个借口，让王珂去长安朝见皇帝，谁知在途中派人把王珂一行全部截杀。

平定王珂后，朱全忠立即率兵杀向长安，欲演出一场挟天子以令诸侯的好戏。长安城中，韩全诲联结禁军将领控制了昭宗，得知朱全忠即将引兵前来的消息后，立即准备劫持昭宗离开长安。

时间：公元 901 年末

地点：长安皇宫

大殿前布满禁兵，韩全诲率武士上。

昭宗独坐于殿上。

韩全诲：陛下，朱全忠以大兵进逼京师，欲劫持天子幸洛阳，将来必篡权。臣等请陛下西幸凤翔，收天下之兵以拒朱全忠。

昭宗默不作声，伸手取过宝剑，转身下殿，登上了宫中的乞巧楼。

韩全诲带领宦官和士兵跟随昭宗上楼。看昭宗没有下楼的意思，韩全诲（厉声）：请陛下立即下楼。

昭宗不作声，只是看着韩全诲。

周围一群听韩全诲号令的宦官们也都盯着昭宗，齐声道：请陛下下楼。

昭宗长叹一声，只得下楼。

楼前有人已经备好了马，昭宗才刚上马，便有人已开始放火烧楼。

昭宗并不想离开长安，但在武力的胁迫下，只能和皇后、妃子、诸王约百余人痛哭着上马西奔凤翔去了。

昭宗虽去，但文武百官大都没有随行，基本都留在了长安，崔胤率领他们迎接朱全忠到来。朱全忠与崔胤商议下一步如何行动，崔胤建议应即刻西进，包围凤翔，逼迫李茂贞交出昭宗。

朱全忠携胜利的余威，随即率军西进，包围了凤翔。

李茂贞本也是一员虎将，但每次遇到朱全忠的军队，总是败多胜少。虽有皇帝在手，也制止不了外围朱军的攻势。李茂贞多次指挥军队出战，或偷袭，或硬拼，总是打不败汴军，破不了汴军的包围。汴军虽然总能打败凤翔军队的出击，但要破城却也没那么容易。

李茂贞见汴军势大，便登上城楼亲自向朱全忠喊话：“当今天子是因避灾，所以来到凤翔。朱公一定是听信了谗言，才带兵前来的吧？”

朱全忠也亲自上阵回答："韩全诲胆敢劫持天子，我今日特来问罪。李公如果没有与韩全诲相互勾结，又有什么可担心的呢？何不请昭宗回长安？"

李茂贞无话可答，但也不愿就此投降。双方继续相持。

韩全诲担心自己的安危，也给昭宗上表，称："朱温前来是想把陛下劫持到洛阳，然后逼迫陛下把帝位让给他。朱温野心不小，陛下不可不防。"

韩全诲虽是个为自己利益打算的宦官，但他对于朱温的这番分析却切中要害，他借着昭宗的名义下诏令各藩镇出兵，讨伐朱全忠。

得到昭宗命令的李克用当即派大将领兵前去救援，但在半路上就被汴军阻击，被打得大败而回，反被汴军一路跟踪追击，连根据地晋阳都差点被汴军攻下。

这时，昭宗又封杨行密为吴王，令其进击，也被朱全忠派兵挡住。

坐守困城的李茂贞多次出兵反击，结果次次都大败而回。

朱全忠为表示自己对昭宗的忠心，特地身穿朝服来到城下，面向城中放声大哭，说："我来此只是想迎接陛下回宫而已，不是来和李公打仗的。想来陛下定能明白臣的心思。"

朱全忠围困凤翔几近一年，李茂贞多次出兵偷袭，均无功而回。城中粮草断绝，士气低落，李茂贞只得考虑与朱全忠和解，但又怕因交战多时，朱全忠不会放过他，一时之间犹豫不决。

902 年的冬天，凤翔城陷入更加困难的境地，不要说士兵们没有吃的，就连昭宗也不得不派人拿衣服出去典当，换些吃的回来。凤翔的士兵因此对宦官们怨气很大，都埋怨是因为宦官劫持天子才导致凤翔跟着遭罪。李茂贞见此，便决意诛杀宦官，以期讨得朱全忠的原谅。

903 年春天，李茂贞单独晋见昭宗，说明愿意帮助昭宗诛杀宦官，奉请昭宗还宫，昭宗当即应允。有了昭宗的首肯，李茂贞便名正言顺地派兵将以韩全诲为首的几十名主要宦官全部诛杀，并派人把他们的人头送交朱全忠。但朱全忠仍不肯解围。李茂贞无法只得给崔胤写信，请他前来劝说朱全忠解围。昭宗也给崔胤下诏，请即刻前来。但昭宗连下四道诏书，崔胤都置若罔闻，不肯离长安一步。

最后，还是朱全忠给崔胤写了一封信，说："凤翔要开城投降了，李茂贞要交出天子。但我从来没有见过天子，不知天子长什么样，还得请你前来辨认啊，以防李茂贞用假天子骗我。"这样，崔胤才起程前来。

关闭了两年的凤翔城门终于打开了，昭宗一行离开了李茂贞的掌握，进入朱全忠的营垒。朱全忠向昭宗请罪，跪地磕头，痛哭流涕，一再表示此行前来只是为尽忠，绝非要惊扰天子。昭宗也受了感动，解下自己所用的玉带赐给朱全忠以示安慰。车驾启程返京，朱全忠骑马亲自为昭宗开道。这时的朱全忠似乎真是一个特别忠心敬上的臣子。

返回长安后，朱全忠、崔胤一同上奏，称:宦官专权为国之大害，应将之全部诛杀，连同原来派在各藩镇做监军的宦官也应一同清除，方可杜绝宦官专权的危险。命令一下，长安城中所有宦官全部被杀，只留下三十名年龄还较小的宦官在宫中负责打扫卫生一类的活。

同时派出使节分赴各镇，命其诛杀监军。诏书一到，本来就对监军不满的各镇纷纷借机杀掉了宦官。只有河东李克用、淮南杨行密、西川王建等少数几个藩镇把各自的监军保护了起来，另斩了一些死囚冒充。因此，河东监军张承业才得以保存性命，并在未来的日子里尽心辅佐李克用父子。

为正式表彰朱全忠的功劳，昭宗特赐予其"回天再造竭忠守正功臣"的封号；封朱全忠的重要谋士敬翔为"迎銮协赞功臣"；封朱全忠的儿子朱友宁为“迎銮果毅功臣”，其他各将领也都有封号。为了进一步显示对朱全忠的奖励，昭宗打算任命一位皇子为诸道兵马元帅，让朱全忠为副元帅。在当时，这是对臣子的极大荣誉，以前只有郭子仪因平定“安史之乱”的大功，才被授予过副元帅的称号。

昭宗本来想立皇子濮王为元帅，因为濮王年龄合适。但朱全忠却想抓住机会控制朝廷的兵马，他想立一位年龄小的皇子，这样便于操纵，于是让崔胤出面，逼迫昭宗立年龄较小的辉王为元帅。昭宗一开始不同意，但崔胤一再坚持，最后只得顺了朱全忠的意思，立辉王为元帅，同时，还加封朱全忠为梁王。

崔胤自从有了朱全忠撑腰后，在朝中大行权威，将凡是与自己不和或所厌恶的官员等人或赐死，或杖杀，或流放远方。昭宗也无法，只得任崔胤行事。崔胤还将昭宗的一举一动都向朱全忠密报。昭宗在凤翔时，翰林学士韩偓与昭宗一起共患难，忠心卫国，获得了昭宗的信任。返回长安后，昭宗想起用韩偓为宰相，但韩偓出于大局着想，就推荐了综合条件比较好的赵崇、王赞为相。崔胤当然不愿意看到有人和自己分权，便请朱全忠出面为自己说话。

朱全忠也不希望非自己集团中的人当宰相，便怒气冲冲地来见昭宗，大声指责昭宗：“赵崇行为轻浮，王赞毫无才能，韩偓居然推荐这样的人当宰相？看来韩偓不适宜继续留在朝中，应将他贬到外地去。”

昭宗见朱全忠丝毫不顾礼节，怒气冲天，气势汹汹，与以前判若两人，不禁十分惊讶，但又毫无办法，只得将韩偓贬为濮州司马。

韩偓临走时，秘密与昭宗告别，他感叹道：“朱全忠已经完全变了，连君臣表面上的礼节也不顾。臣被远贬，能够死在远方，实际上是我的幸运。臣实在不忍看到将来朱全忠篡位弑君，令朝廷受辱的那一天啊！”

韩偓对朱全忠的观察非常准确，不久之后，果然发生了弑君事件。

朱全忠虽然势力极大，掌控朝政，但是此时毕竟他还是唐朝大臣，况且他的封地在大梁，不能总是留在京城。为防自己走后出现变故，他特地留下一万军队，交于儿子朱友伦指挥，名为保卫皇帝，实为控制朝廷。同时，朱全忠还令自己的几个心腹将领张廷范、蒋玄辉分别任长安各个要害部门的主官，掌控了长安禁军和皇城内外。

安排停当以后，朱全忠向昭宗报告，自己要返回大梁。昭宗亲自举行了两次宴会为他饯行，并亲自看着朱全忠上马离去。这还不算，文武百官在长安城外的长乐驿集体为朱全忠送行。为显示自己与朱全忠关系不一般，崔胤独自远送到长安以东的霸桥，并再设宴席，欢饮至半夜才返回。

李克用原来派在长安的使者目睹了长安发生的一切，回到晋阳，向李克用报告。听说崔胤的所作所为后，李克用叹道："崔胤身为人臣，却依仗地方势力，胁迫朝廷，独揽大权。这样不仅朝内的大臣不满，外藩将领们也会心生怨气。大祸即将不远了！"

第八章　昭宗秋天有大祸

朱友伦奉朱全忠之命留在长安统率万余精兵监控皇帝。当时的达官贵人盛行打马球，朱友伦也爱好此道，经常参与打球。

903 年下半年的一天，朱友伦又一次打马球时，不小心从马上摔了下来，特别凑巧的是，竟然就摔死了。消息传到朱全忠处，朱全忠既悲且怒，他首先怀疑是崔胤故意派人引诱朱友伦打球，将他撞下马去害死的。朱全忠下令，把参加打球的十几个人全部处死。另派遣朱友谅急速进京，接替朱友伦指挥禁军。

当初，崔胤借着朱全忠的势力尽诛宦官，以为自己可以控制朝政。朱全忠打败李茂贞后，吞并关中，声威大振，名动天下。这个时候的朱全忠真就起了贪念，想要篡夺帝位。在朱友伦死前，崔胤也觉察到了朱全忠的野心，不禁害怕起来，表面与朱全忠还挺亲密，但私下里已开始另做打算了。

崔胤深知，朝廷软弱无力，是因手中无兵，但贸然招兵买马又会引起怀疑。于是他便想了一个借口，派人告诉朱全忠："长安离李茂贞太近，万一李茂贞再来进犯，朱公来不及救援，情况会很危险。如今长安六军十二卫空有其名，人数不实，为保卫长安，防止李茂贞进犯，需要招募人马，把六军十二卫的队伍充实起来，这样朱公就无西顾之忧了。”

朱全忠本就是个多疑的人，当然知道崔胤的心思，表面同意了崔胤的建议，暗地里派手下人去投六军十二卫，观察崔胤动向。而崔胤对此全然不知。加上朱友伦突然死亡，朱全忠就更怀疑是崔胤故意干的。朱全忠为篡位方便，想把昭宗迁到洛阳去，又担心崔胤现在手中有兵从中阻拦，遂决心杀掉他。

904年初，朱全忠秘密上表称，崔胤专权乱国，离间君臣，自立党羽，理应处死。昭宗不同意，认为贬官即可，下诏将崔胤及与其关系较近的大臣贬官。

朱全忠哪管昭宗同意不同意，立刻私自令朱友谅把崔胤所招募的士兵全部遣散，并提拔裴枢、柳璨等人接任宰相。几天后，朱全忠密令朱友谅率兵包围崔胤府，将其杀死。

随后，朱全忠又命其牙将寇彦卿上表称，因李茂贞引兵进逼长安，可能威胁到皇帝的安全，请昭宗迁都洛阳。谁都明白，去洛阳等于是完全落入了朱全忠的控制。李茂贞再怎么威胁长安，毕竟势力不是很大，只能嘴上说说而已。而朱全忠则完全不同。

昭宗有心不准，无奈早已是人家手中的木偶，手中无一兵一卒，一举一动都在别人掌握之中，他的反对无人理会。刚上任的裴枢为表对朱全忠的忠心，大力驱赶长安的文武百官、普通百姓，命他们立刻东行，不得停留。被迫离开家园的百姓痛哭不止，纷纷痛骂崔胤，都是崔胤这个奸贼引来朱温，倾覆大唐社稷，使百姓遭罪。

昭宗的车驾在胁迫下离开了长安，朱全忠令张廷范派兵护送昭宗东行，并处理长安后事。虽然昭宗形同囚犯，但名义上毕竟还是皇帝，皇帝要迁都，新都需要有新的宫殿，而洛阳经过战乱已很残破，建新宫殿一时间找不到那么多合适的材料。

于是，朱全忠令张廷范尽毁长安宫室、官府及百姓房屋，把拆下来的各种木材顺着渭水沿河而下，直至洛阳。

当年隋朝营建长安城，费了天下之力，是无数劳动人民用自己的聪明才智、辛苦劳作才建起的恢宏京都。到唐朝时，在国力强盛的情况下，又不断修缮，终于使长安成为汇集世界文化、精华、美丽、壮观、宜居的城市。

长安自黄巢起义以来，数次遭到兵火浩劫，但都没有完全被毁，后来又多次得到或多或少的修复。朱全忠的这次破坏是最为彻底的一次，所有宫殿全部被拆，尽成废墟。朱全忠命人彻底破坏长安，不光是需要建筑材料，更大的目的是要摧毁长安的权力中心，而长安的皇宫、百司就是唐朝朝廷的象征，毁了长安，就等于毁了人们心中的一个象征，毁了旧的权力中心，朱全忠的地方势力就可以上升为新的权力中心。

壮丽华美、精巧无比的长安宫殿群全部消失了，那些在唐家三百年历史上人们早已熟悉的大明宫、含元殿、沉香亭、承欢殿、金銮殿、蓬莱殿、望仙台、长生殿等，从人们的眼中永远消失了。

当年白居易写下了“七月七日长生殿，夜半无人私语时”的长生殿，曾引起多少有情人浪漫想象的地方被拆了。

当年李白在长安时，曾被召至宫中的沉香亭做诗，曾留下诗仙足迹的沉香亭倒下了。

当年杨贵妃起舞，玄宗弄箫，留下无数美丽倩影的花萼楼化为尘埃。

一个个人们早已熟悉的精美绝伦的宫殿变成残垣断壁。

一座座精美的建筑艺术品在朱温的命令下被摧毁。后人只能从历史的文字记载中得知长安的繁盛，只能从流传下来的残画片纸中想象长安过去的光辉。

造成这一切的是一个叫朱温（朱全忠）的人。

昭宗一行东行至华州休息，当地老百姓夹道欢呼万岁。看着这些不明就里的纯朴百姓，昭宗不禁泪下沾襟，对百姓道：“别再称万岁了，只恐今后朕不再是你们的主人了。”

进入馆驿后，昭宗伤心落泪对随从说：“朕漂泊在外，不知将来归于何处！”左右随从也都感伤而泣。

几天后，昭宗一行东至陕州，因为洛阳宫室还未修好，暂时驻于此处。朱全忠亲自由河中来到陕州面见昭宗。昭宗仍抱着一线希望，想感动朱全忠，便把他引入卧室，让何皇后也来相见。何皇后见到朱全忠，哭泣着说：“从今以后，陛下和我都要依靠梁王了。”但何皇后的哭诉哪里动摇得了朱全忠的雄心壮志。

此时昭宗身边还有一些亲信，有人秘密派亲信携带绢诏告急于李克用、杨行密、王建等，绢诏中说“朕若至洛阳，则形同幽禁，所有诏书旨意皆由朱氏所定，朕之意愿不复得见矣”，希望诸藩镇即刻率兵前来救驾，以图匡复。虽然诸藩镇都得到了昭宗的圣旨，也派出人马前往拦截，但这时正是朱温势力最强的时候，各镇人马都被打退。

两个月后，朱全忠给昭宗上表说，洛阳宫室已经建好，请昭宗即刻上路。昭宗派人回复，何皇后刚刚生了孩子，身体还在恢复之中，不便马上出行，可否等过了秋天再东行？但朱全忠哪里管皇后生不生孩子，身体好不好，他只想着尽快把皇帝挟持到自己的根据地。见到皇帝的请求后，朱全忠不但不顾惜女人生产后需要休养，反而大怒，认为这是昭宗故意要拖延时间。

他立即叫来自己的亲信寇彦卿，面授机宜：“汝即日赴陕，促官家发来。”

官家是指昭宗，是对皇帝的尊称。我们知道一般当面时称皇帝为陛下，陛下只是其中一种称呼，过去对皇帝还有其他几种很常用的称呼，“官家”就是其中一种。另外还有“大家”，“大家”有一段时间，也是对皇帝的专用称呼，而不是现在泛指众人的大家。北齐与北周作战时，北齐皇帝携爱妃亲临一线观战为乐，但偏偏北齐的军队不争气，出现了一点混乱，爱妃吓得花容失色，大叫道“军败矣”。这时在一旁随侍的宠臣穆提婆也吓得直叫，“大家去，大家去！”这当然不是让大家赶快跑，而是喊皇帝赶快跑吧。“大家”足下一动，大家便真的失了士气，全军溃败。

寇彦卿当即赶赴陕州催促昭宗立即启程。其实，昭宗想推迟东行，何皇后生产只是原因之一，另一个重要原因是主管观察天象的司天监官员突然向昭宗报告：“天象有变，秋天将有大祸，不利东行。”昭宗想等秋天过了以后再去洛阳，以避大祸。不管是迷信也好，巧合也好，后来昭宗真的是死在这年秋天。

由于昭宗身边到处是朱全忠的人，司天监的话很快就传到了朱全忠的耳朵里，他立刻命人诬告司天监等人谋害元帅，立即处死。同时，还把昭宗特别喜欢的晋国夫人一同处死了。晋国夫人不但美貌，而且十分聪明，由于昭宗身边的男性、宦官几无可信之人，昭宗只得和最后剩下的几个妃子商议各种事情，晋国夫人经常替可怜的皇帝出谋划策。这个情况也被一并反映到朱全忠那里，朱全忠便借此机会，将她一同治罪。虽说，男人是保护女人的，但在特殊情况下，女人反而成了男人的保护者。后来昭宗遇害时，也是身边的几个妃子拼死企图救昭宗一命。

古人相信天道，这个问题应当辩证地分析，一方面固然可以视之为在过去生产力不发达、科技条件落后的情况下，由于不了解自然、不了解科学而产生的对自然的顶礼膜拜现象。但从另一方面来看，这其实是对自身的一种约束，头上三尺有神明，这就好比头上永远都悬着一把看不见的利剑，这种对人内心的约束和无形的威慑比御史、谏官的弹劾的效果要大得多，也强得多。外在的制度虽然可以起到强行约束的作用，但真正对人有触动的还是来自于内心的力量。古人相信天象，在那个时代自然有它的约束力。民间也说，“人在做，天在看。”

现代人看过去这一类的事情，大都不假思索地认为那都是后人的附会，都是后面的人瞎编的，而往往较少从时间差的角度来分析问题，也不了解中国古人记载历史的方式方法。在现代人看来，过去类似的事情大都是迷信而已。但是人们不要忘记，古代发生的这些事情是有先后时间差的，在预兆、天象等事情发生之时史官等已经把预言、天象记载在当天、当月的史书、记录当中了。过一段时间，可能是几个月，也可能是几年之后，当初预兆的事情发生了，人们把这些事情也都一一记录下来。当现代人看古代的这些事情的时候，应找准一个角度，最好能站在过去那个当天的时间角度上，随着时间的推移来分析衡量，而不是站在后世已经什么都知道的角度来看。

历史上关于天象示警和人间对应的记载很多。例如，在西晋末年，八王之乱的初期，天下将乱未乱时，天象已有变化，“永宁元年[①]，自正月至于闰月，五星互经天，纵横无常。《星传》曰：‘日阳，君道也；星阴，臣道也。日出则星亡，臣不得专也。昼而星见午上者为经天，其占为不臣，为更王。今五星悉经天，天变所未有也。石氏曰：‘辰星昼见，其国不亡则大乱。’是后，二帝流亡，遂至六夷更王，迭据华夏，亦载籍所未有也。”

在公元 301 年初的几个月中出现了“五星互经天，纵横无常”的现象，西晋主管天象的官员在这一年就已经记录了这一奇特现象，认为是“天变所未有也”，自古以来没有过的事情。他们查阅了战国

① 永宁元年为公元 301 年，这时距西晋正式灭亡还有十几年的时间，八王之乱还未完全开始，这时人们根本未想到将来西晋会灭亡，中原会分为十余国。

时代天文学家石申的解释，“辰星昼见，其国不亡则大乱”，就是说本来应当晚上出来的星星却白天出现，而且不止一颗，象征着出现这种现象的那个国家不是灭亡就会大乱。后来十几年间发生的一切应验了“五星互经天”的警示，再后来的人感叹，“五星互经天”这种现象自古以来史籍从来没有记载过。中原大乱，匈奴、鲜卑、羯、氐、羌在北方先后建立了十余个政权，这也是在此之前的历史上从来没有过的。

当然这可能也只是一种巧合。真会有那么巧吗？

除了天象外，史书还记载有其他异象示警的例子，如公元 383 年，雄才大略的前秦皇帝符坚准备荡平东晋，再次统一天下，恢复和平安宁的时代。但他在淝水之战中被东晋打了个以弱胜强，大败而回，最后身死国灭，北方再次陷入分裂，战乱重生。人们都知道淝水之战是中国历史上著名的以弱胜强的战争案例，与此战役有关诞生了许多成语，如风声鹤唳、草木皆兵。但人们并不太清楚在淝水之战之前，就出现了各种警示现象。例如，符坚最喜欢的张夫人根据当时出现的一些异常情况，曾劝符坚：

“俗语云，‘鸡夜鸣者不利行师，群犬嗥者宫室将空，兵动马惊，军败不归。’自秋冬以来，众鸡夜鸣，群犬哀号，武库兵器无故自鸣，厩马多惊，此皆不祥之兆也。”张夫人说，俗语早讲了，晚上鸡叫不利于出兵，一大群狗没事总乱叫，不光烦人，更要命的是宫室要空的预兆，兵器自动发声，军马惊起，都是军队会失败，难以归来的迹象。自秋天和冬天以来，真的已经出现了众鸡夜鸣、许多狗乱叫的事，而且武器库的兵器也无故乱响，战马受惊的事不断发生，这些都是不祥的预兆。

张夫人劝符坚的话，以及朝中许多大臣劝符坚的话，是在公元 382 年时发生的，这些话在 382 年当年就已记录在案。符坚一心要统一天下，以至于为此夜不能寐。绝大部分文武大臣也劝告和反对南征，但符坚对这些劝告都听不进去，而且他还都进行了有力的反驳，这些对话也在 382 年都记录了下来。

第二年，即 383 年，前秦在与东晋的淝水之战中大败而回的事发生了。本来已经统一平定了北方，强盛繁荣无比的前秦，因此战导致在北方的统治分崩离析。那些原被前秦（氐族）征服的鲜卑族、羌族的大贵族们纷纷背叛符坚，兴兵造反，前秦这时神勇不再，原来战无不胜的前秦大将们几乎都被名不见经传的无名小辈所败。符坚本人也屡屡被西燕（由鲜卑族刚刚建立）打败，最终被迫离开长安，落入后秦（羌族所建）之手后被害，张夫人和符坚的几个女儿都自杀身亡。北方由短期的统一繁荣时代又陷入了更加混乱的分裂和战争状态。自那以后，临近符坚时代的人，都知道符坚伐晋失败的前因后果，因此经常用“符氏不信天道，百万之师，丧师淮南”的话来劝谏皇帝。

女人的话有时也蛮准的。可能是直觉吧。

其实前秦会灭亡的警示早在淝水之战发生的九年前即公元 374 年就曾出现过，这件事当时也记载在前秦的典籍里。374 年的史官记录，某夜，有“人”入秦光明殿，呼曰：“甲申、乙酉，鱼羊食人，悲哉无复遗！”侍卫索之不获。

这件事当时在前秦内部引起很大的波澜。这句话到底是什么意思呢？它预示了一个什么样可怕的前景呢？

关键词一：什么“人”能夜入光明殿？戒备森严的前秦皇宫之内，层层守卫，光明殿重地，居然有“人”随便进入，而且登堂入室大呼之后，销声匿迹，周围满是卫士，竟然找不到此“人”去哪里了。可能会有好事者说，这不奇怪啊，有人串通一气，装神弄鬼，也是有可能的。但还有关键词二。

关键词二：此“人”都呼了什么？“甲申、乙酉，鱼羊食人，悲哉无复遗！”真正惊人的是这句话。这句话包含了三层含义。从字面来看，意思是到了甲申、乙酉年，连鱼羊都会吃人，会把人吃得一个不剩。鱼羊必有所指，不会是真的鱼羊。鱼羊是指什么呢？鱼羊者，鲜卑也。鲜字拆开便是鱼羊。就是说，到了甲申、乙酉年鲜卑人将会作乱，会“吃人”。从公元 374 年推算，下一个甲申年将是 384 年，乙酉年是 385 年。那么谁又是这个被吃了的“人”呢？

“人”指“秦”。“秦”者，人也，还不只是一人，而是多人。把“秦”字拆开来看，上半部分由“三人”构成，下半部分的“禾”字由“千人”构成。因此，“秦”字上看是人，下看也是人。

这句话的意思就很明显了，鲜卑人将会叛乱，前秦会毁在鲜卑人的手里。

374 年的前秦正是最强盛的时候。中国北方自西晋末年以来，经历了七十年的大战乱和大分裂，到这时前秦在符坚的带领下，由一个弱小的关中之国发展成为北方第一强国，已经基本统一了北方，繁荣强盛无比。只要再统一了东晋，战乱、分裂的局面就会结束。符坚本人确实是雄才大略，宽德宏质，若不是因为淝水之战失败，其在历史上的地位本可与唐太宗李世民相媲美。

公元 374 年的人们，几乎都不相信仅仅十年之后前秦会突然崩溃。

当时前秦朝中大臣惊闻这句话后，纷纷上奏，请诛杀鲜卑。但符坚不许，决心以宽厚待人，仍继续重用鲜卑贵族，同时也重用着各个民族的官员。

十年后的甲申年，确实发生了鱼羊食人的事情。淝水之战后的 384 年就是甲申年，这一年鲜卑大贵族慕容垂利用符坚派他回关东（潼关以东）的机会，回到了当年前燕的根据地，举起复兴大燕的旗号，把前秦在关东的所有地盘几乎全部占领。西面，另一个鲜卑贵族慕容泓建立了西燕，多次派兵攻打长安，前秦军队屡战屡败。到了 385 年，就是乙酉年，眼看长安难以守住，符坚留下太子守长安，他带领几百人出奔附近的五将山避难。另一个已经叛乱的羌族将领姚苌派人前来五将山向符坚索取传国玉玺，遭符坚痛斥。姚苌恼羞成怒将符坚杀害。慕容垂、姚苌过去都是在走投无路的情况下前来归附前秦的，符坚对他们委以重任，信任无比。到头来，一个个在符坚遇到困难时，落井下石。

在公元 385 年的人们看来，十一年前，夜入光明殿的那个“人”大呼的事情，都变成了事实。

回到之前。

在寇彦卿的严厉督促下，昭宗无法只得立即启程，继续东进。数日后，昭宗抵达洛阳以西的谷水园，暂时休息于此。眼看昭宗即将进入自己的完全掌握，朱全忠仍不放心，又在昭宗入洛前进行了一次秘密的屠杀。

当初崔胤死后，为防昭宗东山再起，朱全忠下令把昭宗当年自行招募的御林军，即六军十二卫遣散，只给昭宗留下二百多个陪着打球、侍奉、干杂役的随从。这些人跟着昭宗一同东行来到了谷水园。对这些人，朱全忠仍不放心，难保其中没有几个不忠于昭宗的，在入洛前，一定要把昭宗身边的人清理干净。他命人在昭宗暂息地另设几个帐篷，请这二百余人到那里去就餐，事前埋伏好的武士趁机在帐中将他们全部绞死。此前，朱全忠已经预先选好二百余人，长相、个头类似原先这些随从，冒充前来服侍监控昭宗。昭宗一开始还未觉察，几天后才发现，但也无能为力。从此之后，昭宗身边除了妃子之外，再无一可信之人。

昭宗抵达洛阳，表面上依然要接受群臣朝贺。在临时朝堂之上，昭宗按朱全忠事先吩咐的，任命朱全忠的四个亲信蒋玄辉、氏叔琮、朱友恭、张廷范等人分统洛阳文武事宜；任命张全义为天平节度使。昭宗又亲自封朱全忠为护国、宣武、宣义、忠武四镇节度使，以示荣耀。在唐朝历史上，以前只有安禄山曾被封过三镇节度使，后果是引起了安史之乱。如今有人当了四镇节度使，只怕唐室天下不保了。

昭宗到洛阳后，朱全忠就开始迫不及待地推进他的篡位计划。篡位毕竟是大事，自从魏晋以来，各代权臣篡位前一般都是先杀长君，立一幼君，然后再强迫幼君禅位。朱全忠也打算沿用这一套路。与此同时，获悉朱全忠强行将皇帝劫往洛阳，尽毁长安的情况后，李茂贞、王建、李克用、刘仁恭等传檄四方，合兵以讨朱全忠，兴复唐朝帝室。

朱全忠见唐室衰弱到如此地步，各地还是以皇家为天下正统，便准备引兵先打李茂贞，打击一下他们拥护唐室的信心。出兵之前，他决定先杀各地拥戴的象征——昭宗，以绝后患。昭宗形同囚禁，虽然也并非庸庸之辈，而是一个能文能武，颇有才干的人，但只不过生不逢时，受制于人，难以发挥才能。朱全忠担心一旦自己离开洛阳，会有人借昭宗的名义发动事变。因此，在临出兵前要先杀掉昭宗，立一幼君，这样一举两得，既可以打消各路人马寄托在昭宗身上的希望，将来又方便逼幼君禅位。

昭宗的儿子中以德王较为出众，德王形象英俊，颇有才华，而且年纪合适，深得昭宗的喜爱。几年前宦官发动政变，废除昭宗时立的就是德王为皇帝。朱全忠也一直暗中观察昭宗的各个儿子，见德王英气非常，心中非常厌恶。因此，朱全忠不光要杀昭宗，还要同时除掉昭宗儿子中比较优秀的人物。当初昭宗在长安时，朱全忠就已经想杀德王了，那时候他与崔胤还没有闹翻，私下曾对崔胤说："德王曾妄占帝位，此人岂可留于世上？崔公理应向天子奏明！"

崔胤果真向昭宗报告，并说这是朱全忠的意思。昭宗亲自召朱全忠询问此事，朱全忠很是不高兴，以为崔胤不会办事，把自己牵涉出来，因此回答道："陛下父子之间的事，臣怎么敢随便议论。这肯定是崔胤胡说八道，出卖为臣。"

自从离开长安后，昭宗日夜担心遭到不测，但又毫无办法，只能与何皇后终日饮酒，麻痹自己，酒醒时就相对而泣。派在昭宗身边的蒋玄辉把昭宗的所有动静都向朱全忠密报。一次昭宗对蒋玄辉说："德王是朕的爱子，全忠为何非要杀他？"边说边哭，痛苦得连自己的手指都咬破了，血流如注。蒋玄辉把这件事也报告了朱全忠，朱全忠听说后，更加不安，以为事情到了不能再等的地步，当即派判官李振至洛阳，与蒋玄辉、朱友恭、氏叔综等商量杀昭宗的事情，要求立即施行。

时间到了 904 年的深秋，也就是司天监说昭宗将有大祸的那年秋天。

深秋时节一个凄风惨惨的深夜，人们都已沉沉睡去，正沉浸在梦乡中。

昭宗也早和身边的妃子一同入睡了。

昭宗不知道这将是他生命中的最后一个夜晚。

在昭宗居住的殿外，突然响起了一阵急促的脚步声，紧接着就响起了重重的砸门声。

朱全忠手下的亲信蒋玄辉带领着武将史太等百余名杀气腾腾的武士，手持兵器夜叩殿门，谎称有急事向皇帝禀报。

此时的昭宗已飘零到只能依靠女人保护的地步，他的妃子裴贞一听说有急事，便打开了殿门，一见外面的武士手持兵器，便知大事不好，斥责道："有急事奏报，为何手持兵器？"

其实无论裴贞一开不开殿门结果都是一样的，不开，也会被人砸开。

见裴贞一挺身挡住了殿门，史太根本懒得答话，一刀便将裴贞一砍死，武士们一拥而入。

蒋玄辉紧随着武士们进入殿中，先问殿中已被惊醒的昭宗的妃子，“至尊何在？”

这种情况下，朱全忠的人一个个气势汹汹，再傻的人也会明白他们是来干什么的。昭宗的另一个妃子李渐荣见势不妙便大声喊叫：“你们杀了我吧，千万不要伤害陛下！”希望以此能提醒昭宗。

这时已经被吵嚷声惊醒的昭宗也意识到大难来临了，立刻起身躲避，但是哪里躲得开？只能绕着大殿中的柱子转圈，绕着柱子才跑了几步就被史太追上砍杀。

李渐荣扑到昭宗身上想保护昭宗，也被史太一同杀死。

杀红了眼的史太还想杀何皇后，贵为天下之母的何皇后这时只能跪下苦苦哀求蒋玄辉。蒋玄辉见杀昭宗的目的已达到，一个女人成不了什么气候，便让史太放过了何皇后。但蒋玄辉没有想到，后来这成了他的一大罪过。

次日，蒋玄辉假造诏书，称李渐荣、裴贞一弑君，把杀皇帝的责任全推到两个被杀的妃子身上。他还秉承朱全忠的意思，称应立辉王为皇太子，让辉王于昭宗灵前即位，这就是昭宣帝（后改为唐哀帝），年仅十三岁。宫中的人明知朱全忠的人杀了昭宗，编造谎言，大家虽然心中悲愤，但因害怕不敢哭出声来。何皇后被奉为皇太后。然而皇太后并不总是能垂帘听政、把持朝局的。

昭宗被害的消息传到朱全忠处，朱全忠假装十分惊讶，放声大哭，以头抢地，大骂朱友恭、氏叔琮没有保护好昭宗，辜负了他的一片期望，让他在后世留下骂名。然后，朱全忠飞速赶到洛阳，假意趴在昭宗的梓宫上又大哭一番，并来见刚刚继位的昭宣帝，一再表明自己没有管好朱友恭、氏叔琮等人，请求处死二人，以赎自己的罪过。其实朱全忠从一开始就打算把朱友恭、氏叔琮二人推出去当替罪羊，根本不顾及这二人曾为他多次卖命。

这时也巧，朱友恭、氏叔琮的部下正在大街上抢夺老百姓的粮食，朱全忠就说这两个人不好好管束士卒，侵扰百姓，应当贬官，当即贬朱友恭为崖州司户，氏叔琮为白州司户。不久又赐他们自尽。朱友恭、氏叔琮在临死前大骂朱全忠："你出卖我们，企图嫁祸于我们，好让天下人不议论你。就算天下人不知真相，难道你还骗得了鬼神？行事如此，只怕将来后代灭绝！"

朱友恭是朱全忠的假子，氏叔琮是长期为朱全忠效力的猛将，二人都为朱氏势力的扩张立下过汗马功劳，尤其是氏叔琮还差点替朱全忠攻克李克用的大本营。

氏叔琮为朱全忠所立的功劳不可不谓不大。即使他一直死心塌地为朱全忠卖命，结果却是如此，恐怕到死前一刻才明白朱全忠是个什么样的人。只不过这时，还有一些朱全忠的心腹仍不明白朱全忠的为人，以为氏叔琮的事情不会发生在自己身上，仍一心为朱全忠效忠。岂料，很快就又有类似的事情发生在朱全忠的其他心腹身上。

第九章　朱家人当皇帝了

昭宗虽死，诸子还在，仍是朱全忠的一个心病。公元905年初，朱全忠命蒋玄辉邀请昭宗的九个儿子到九曲池边饮酒，喝到高兴时，蒋玄辉突然命武士冲进来，将昭宗的九个儿子全部当场绞死，尸体直接扔到九曲池中。昭宗一脉到这里算是基本灭绝。

唐室大臣柳璨仗着朱全忠的撑腰，以为自己也是朱全忠的心腹，在朝中恣行威福，凡是自己不喜欢的大臣，他都会向朱全忠打小报告。正好当时，星相有所变化，司天监的人认为，这预示着君臣都会有灾祸，应当有所诛杀以免灾。朱全忠的另一个大亲信李振也认为，朝廷中充满了浮华之士，应有所清除，他劝朱全忠杀掉一些唐室大臣，以求免灾。朱全忠也早想进一步清除朝中那些仍有可能效忠于唐室的大臣，便以此为由将大量官员贬往外地。当时被贬的人太多，以至于上朝时，整个朝堂都空了一大半。一些曾尽心为朱全忠效力的大臣也在被贬之列，例如裴枢。贬官只是一个借口，对于一些职位比较重要的大臣，光贬官是不够的，只有杀了他们才能解朱全忠的疑心。

朱全忠以送别为名，把裴枢等被贬官外地的三十多名大臣集中于洛阳城外的白马驿站，为防夜长梦多，当晚就派人将他们全部杀死，死后还投尸黄河。古代即使是因刑事犯罪而被处死的犯人，在被处决后，也都允许家人收尸安葬，很少有不许收尸的。这些在白马驿被杀的大臣之所以要被投尸黄河是李振的主意。李振之所以出此主意，乃是为了一泄多年前心中的恨意。以前李振也曾像黄巢一样参加过科举考试，但好几次都考不中，当官无望便投到朱全忠的门下。因此，李振特别痛恨朝廷的这些士绅官宦，认为他们都是有眼无珠，没有发现他这个大才子。没想到，三十年河东，三十年河西，唐室的大臣们现在竟然落到了他的手上，成了他可以随意处置的物品。虽然这些大臣并不是当年考李振的那些大臣，但李振的恨是指向这个群体的。

李振借机对朱全忠说："这些唐室大臣常常自称是清流，现在应该把他们都扔入黄河，让他们变为浊流。"

朱全忠哈哈大笑，觉得李振此议甚是合理，便痛快地答应了。

李振自投靠朱全忠后，因能言善辩、才华横溢，很快就获得了朱全忠的信任，在朱全忠篡夺唐朝天下的过程中，李振与敬翔是最主要的谋主。

在古时，才华横溢一词并不总是褒义的，有才的人不一定有德；有德的人不一定有才。所以古人说，"才与德异，而世俗莫之能辨，通谓之贤。德胜才者，是为君子；才胜德者，是为小人。用人之时，若不能得德才兼备者，与其用小人，不若用君子。君子挟才以为善；小人挟才以为恶。小人当权，其才、其智足以掩其恶、其奸。自古至今，国之乱臣，家之败子，才有余而德不足，以至于破国败家者多矣。为国为家，需能辨才德之异，然后取之所长，避其所短。"

这就是说德与才是两回事，但人们往往分不清，把只有才的人或只有德的人都称为贤人。有德少才的人可称为君子；有才缺德的是小人。选人用人，尤其是选拔领导干部时，如果选不到德才兼备的人，怎么办？宁可选有德少才的君子，绝不可选有才无德的小人。

君子有德，往往多做美事、好事、善事；小人有才，经常会做恶事、坏事、缺德事。小人若被提拔，当了权，他的才华和聪明才智，尤其是口若悬河的辩论能力足以掩盖他干的那些坏事，不会轻易被人发现，表面上还很可能被大家误认为是好人，这才是小人最大的危害。

虽然如此，但不同时期，根据形势的不同，用人的标准和取舍也要有所不同。每逢改朝换代时，天下动荡不安，争天下者既要礼贤下士，争取有德之人投靠自己，同时也要使用那些有才的人帮助自己打天下。例如，刘邦在与项羽争天下时，有才有德者都使用，人尽其才，打败了项羽。但一旦天下安定，国家进入较平稳的发展轨道，就要重用德胜于才的人了。一般情况下，有德的人对有才的人要能起到监督制约作用，即让有德的人当一把手，下最后的决心，把最终的关。无论中国外国，何时何代，用人之道都是如此。

意气风发的李振每次由大梁来到洛阳后，都会对唐室大臣们颐指气使，想骂就骂，旁若无人，他想贬谁的官，便贬谁的官，想流放谁，便流放谁。唐室大臣们敢怒不敢言，私下称李振为“鸱枭”。鸱枭是古人所称的一种凶狠不吉祥的鸟。

杀了皇帝，立了新君，驱逐了大臣，朝廷中的事情基本已定。

朱全忠密令心腹蒋玄辉筹划唐帝禅位事宜。自汉末曹魏篡权以来，后世凡是权臣篡位的，一般都是先迫使皇帝封自己一个大国的封号，还未封王的先封为王，已封王的则增加封邑，授以九锡殊礼，然后受禅，登基称帝，建立新朝。九锡是指九种尊贵的器物，赐给有特殊功勋的大臣以示尊崇。

例如，曹操当时是先被封为魏公，然后加封为魏王，封王后便建立魏国，自授官吏。一国之主称王，天下之主为皇帝，天下有多国，皆受皇帝统治。所以有时皇帝登基，也称为君临万国。曹操本来是想夺取汉家帝位的，但由于多种原因，自己这一代没有下手，就明确暗示大臣们，一定要让其子夺取帝位，于是后来其子曹丕继承王位，迫使汉献帝禅位，建立曹魏政权。

数十年后，由于有了曹魏这个篡位的先例，掌握了曹魏大权的司马氏家族也是先由晋公升迁为晋王，然后杀掉不听话的曹氏小皇帝，立一个听话的曹氏做皇帝，授司马炎以九锡殊礼，再逼迫曹氏禅位，建立晋朝。

东晋末年，大臣刘裕以匡复之功掌握了朝政，被封为宋公，不久晋爵为王，建立宋国，也是先加九锡殊礼，然后迫使司马氏禅位，再建立刘宋王朝。

南朝的宋、齐、梁、陈，北朝的北齐、北周以至隋都是这样依例行事的。历朝历代权臣篡位，为避免震动太大，都会采取这种步骤，以示有渐，因为改朝换代毕竟是件大事，所以要有一定的程序，让大家心中也有个准备，以免惊骇过度。而且当皇帝派出的大臣们捧着禅位诏书来请权臣接受禅位时，权臣都要依例，三推三让，最后还得装作迫不得已的样子，实在推不掉了，才表示自己是顺应天意和大家的要求，不得不担此重任。

蒋玄辉与柳璨等商议后，认为应当依照魏晋以来的惯例，先封大国，加九锡殊礼，然后请朱全忠受禅。于是两人便以朝廷之名下诏，先封朱全忠为诸道兵马元帅，派刑部尚书裴迪前去向朱全忠宣布这一喜讯。而此时，元帅的官衔已经不能满足朱全忠的愿望了，他不但不喜，反而大怒，嫌蒋玄辉办事太慢。

天天待在朱全忠身边的另外两名宠臣王殷、赵殷衡早就非常忌妒蒋玄辉受朱全忠的信任，如今见朱全忠发怒，便趁机说蒋玄辉的坏话："蒋玄辉、柳璨等欲延唐祚，故逗留其事以须变。"意思是说，蒋玄辉等人故意先封朱全忠为元帅，拖延时间想延长唐朝的寿命，暗含的意思，就是用不着封什么九锡殊礼，朱全忠可直接做皇帝。朱全忠虽聪明狡诈，但毕竟没读过多少史书，不知何为历史惯例，一听之下，更加生气。在洛阳的蒋玄辉听说后，极为恐惧，连忙赶到朱全忠处，亲自解释为何要先加封官职，再授九锡等的原因。

朱全忠因有王殷、赵衡殷的谗言在前，心中已经有了成见，这时根本听不进去蒋玄辉的解释，反而愈加愤怒，斥责道："汝曹巧述闲事以沮我，借使我不受九锡，岂不能作天子邪！"

蒋玄辉解释道："唐室气数已尽，天命归于大王，天下人皆知之。我与柳璨等人哪敢有违大王的意愿，只不过当前形势还不容乐观，河东李克用、幽州刘仁恭、凤翔李茂贞、四川王建等都是我们的劲敌。若大王您突然受禅，只怕这些人不服，所以我们想一步步达成受禅目标，为大王的基业打下稳固基础！"

本来蒋玄辉的解释是符合篡位惯例的，但朱全忠想做皇帝的心情太迫切了，任何不能让他立即当皇帝的建议和解释都无济于事，他将蒋玄辉痛骂一顿赶走了事。蒋玄辉只好怀着忧惧的心情返回了洛阳。

回洛阳后，蒋玄辉与柳璨、张廷范加紧布置加封朱全忠九锡的事宜。唐室大臣们眼看朝廷就要倾覆，却又无计可施，无不心中愤怒。但也有些趋炎附势的大臣，如礼部尚书苏循便公开宣称："梁王功业显大，天命有归，朝廷应当速速让位。"不久，蒋玄辉、柳璨以朝廷之名发布诏令，封朱全忠为相国，总领大臣，以宣武、宣义、天平等二十一处藩镇为魏国，进封魏王。但朱全忠还是嫌禅位的进程太慢，拒绝接受朝廷的加封。

蒋玄辉持皇帝亲笔诏书，亲自前往大梁请朱全忠受封又遭拒。

随后，柳璨对昭宣帝称："人望归梁王，陛下应当主动避位，卸下重负，现在正是其时。"意即，大家都希望梁王当皇帝，当皇帝是个很累的工作，陛下现在正好卸下了这个重任，何乐而不为呢！

当天，昭宣帝就派遣柳璨急速赶往大梁，向朱全忠表达传禅之意，又被仍在气头上的朱全忠回绝。

蒋玄辉、柳璨、张廷范为了让朱全忠当皇帝，三人深相交结，日夜谋划如何替朱全忠名正言顺地夺取帝位。这在洛阳城内是尽人皆知的事情。何太后也深知唐朝即将不保，为免杀身之祸，悄悄派遣身边侍女阿秋、阿虔哀求蒋玄辉，请它日唐亡之后，保全何氏母子，蒋玄辉也答应了。但此时，蒋玄辉还不知道，他不但保不了何太后，就连自己都命在旦夕。

就在蒋玄辉、柳璨、张廷范等人为禅位之事奔忙时，大梁的王殷、赵殷衡也在忙着搜集他们的活动证据，然后改头换面地向朱全忠报告："蒋玄辉与柳璨、张廷范于宫中夜宴，对何太后焚香发誓，要兴复唐室。"

朱全忠闻此大怒，当即下令依照皇宫模式改造大梁的王府，同时下令逮捕蒋玄辉、柳璨、张廷范等一干官员，令王殷、赵殷衡掌握洛阳朝政。随后，先斩蒋玄辉，焚烧其尸，削职为"凶逆百姓"。可叹蒋玄辉对朱氏一片忠心，依然不免为其所杀，助纣为虐终究是没有好下场的。

蒋玄辉死后，王殷、赵殷衡污蔑蒋玄辉与何太后关系暧昧，阿秋、阿虔在其间来往联络。朱全忠密令王、赵二人暗害何太后，取消何太后的太后封号，废其为庶人，将阿秋、阿虔于殿前击杀。然后，以皇太后之丧，停朝三日。

不久，朱全忠又贬柳璨为登州刺史，张廷范为莱州司户，但不许二人离开洛阳；随即又斩柳璨于洛阳东门外，于洛阳城内车裂张廷范。柳璨临刑时，才开始后悔自己的所作所为，受刑前大呼："负国贼柳璨，该死呀，该死呀！"

公元906年，朝廷内的事情布分已毕，朱全忠决定再占领一藩镇，以平诸侯不服之心。这次目标选定了占据幽州、沧州的刘仁恭，数十万汴军在朱全忠的率领下直扑沧州。前往沧州的道路要经过魏博，魏博节度使罗绍威一心讨好朱全忠，竭尽全力为汴军提供后勤支援，自魏博至沧州附近长达五百里的道路上，魏博送往前线的粮草车马日夜不断，数十万汴军个个粮足饭饱。罗绍威还在魏博境内大兴土木，专门为朱全忠修了元帅府。虽然讨得了朱全忠的欢心，但魏博多年的积蓄也为之一空，以至于后来罗绍威后悔道：“合魏博六州四十三县铁，不能为此错也！”

沧州由刘仁恭的儿子刘守文镇守，汴军建筑长围将沧州团团困住。刘仁恭尽起幽州人马，号称十万，前来救援。但当刘仁恭率兵进抵沧州城外时，见汴军势大，又不敢与朱全忠交战，只是远远地扎营观望。而沧州被围日久，城中粮食吃尽，士兵、百姓疲弱不堪，几乎失去战斗力。朱全忠派人劝说刘守文，既然援兵无法解围，何不早早投降？

刘守文登上城头，对朱全忠大呼道：“虽然幽州援军无法解围，但幽州与我是父子关系。如今梁王正要以忠孝大义平服天下，如果儿子背叛父亲前来投降，只怕有违梁王所号召的忠孝之义！梁王又怎样看待我这样的降将？”朱全忠见刘守文说得有理，便暂缓了攻势。

刘仁恭本来是李克用的部将，当初李克用派刘仁恭攻占幽州后，任命其为幽州留后，没想到刘仁恭居然就自立为幽州之主，背叛了李克用。为此李克用十分生气，几次派兵进讨，都未成功。现在刘仁恭见沧州形势危急，便顾不得许多，向李克用求救，接连派去几十批告急使者。一开始，李克用痛恨刘仁恭是个反复小人，决心任其覆灭，不出兵救援。

但李存勖颇有战略眼光，劝说其父道：“今天下之势，归朱温者大半，虽强大如魏博、镇、定等藩镇莫不附之。自黄河以北，能与朱温抗衡者，唯有幽沧及河东。如今幽沧为朱温所困，我若不救之，万一刘仁恭为朱温所灭，对我方极为不利。况且，行大事者，不计小怨，仁恭虽不义于我，但我以义救之，正是让天下人感服我之大义，重振河东之时。”

李存勖的分析颇具战略眼光，他看到了幽州与河东势力的连环关系。虽然幽州与河东关系不怎么好，但也还没有臣服于朱温。幽州实际上起到了制衡朱温势力进一步扩大的作用。这次如果让朱温占领了幽州，则朱温的势力将大大增强，从地理上还会对河东势必形成半包围，其他本来观望形势的诸侯这时只怕会惧于朱温的威力，而投向朱温。那样的话，形势只会对河东更加不利。

李存勖的分析一下子点醒了李克用。李克用下令立即出兵，用围魏救赵之计，来帮助幽州，牵制朱温。李克用派大将周德威、李嗣昭率军队直接进攻朱温下属的潞州，如此既可以解沧州之围，又可以为河东拓展土地。

刘仁恭得悉李克用出兵的消息后，也派兵三万协助河东军一同进攻潞州，潞州位于山西南部，是河东南下进击朱全忠的必经之地。潞州守将是朱全忠手下的昭义节度使丁会，丁会是朱全忠一手提拔起来的一员战将，曾为朱全忠东征西讨，立过不少战功。所以朱全忠视丁会为自己的心腹，把昭义节度使这个非常重要的职位交给了丁会，让其镇守潞州战略要地，防御李克用来犯。

然而，丁会虽是朱全忠栽培起来的独当一面的汴军重要将领，但却深明是非大义，一心忠于朝廷。当朱全忠杀害昭宗的消息传到潞州后，丁会痛心疾首，大哭数日，然后下令全军缟素，为昭宗发哀。也就是从这个时候起，丁会决意离开朱温。如今李嗣昭来攻潞州，河东军还未到城外，丁会就已率领全军开城迎降。

本已做好了在潞州进行苦战的李嗣昭见朱全忠的心腹大将竟然一箭不放就主动投降，非常惊讶，觉得有些不可思议。在问明情况后，李嗣昭深受感动，遂立即护送丁会去太原面见李克用。

丁会晋见李克用时，痛哭道："丁会并非无力镇守潞州，但梁王（朱温）陵虐唐室，其对我虽有提拔之恩，但实不忍其所为，故来归降。"

李克用深为感动，遂厚待丁会，位于诸将之上，以彰忠义之举。同时任命李嗣昭为昭义留后，镇守潞州。

朱全忠本来已经做好攻城准备，期望一举拿下沧州，但听说潞州失守，丁会投降，后院起火，只得放弃进攻，引兵而归。

朱全忠这时已经不再忠了，所以还是称其原名朱温吧。朱温进攻沧州是因为河北诸镇，除幽州、沧州之外，都已臣服，因此大举出兵，想以此进一步威吓各镇，壮大声势。不料此行，不但幽州、沧州未能攻下，而且连重镇潞州都归顺了号称忠于唐室的李克用，逼得朱温不得不仓促退兵，威望大损。朱温担心各镇因此而离心，决心尽快受禅，加速灭亡唐朝的步伐。

朱温退兵途中，路经魏博时，偶有小恙，遂于魏州休息。魏博节度使罗绍威见朱温数十万人马聚集于此，多日不走，不禁心急如焚，一是担心朱温夺取自己的地盘，二是心疼这数十万人马每天要消耗魏博的无数粮草。为让朱温早日离开魏博，保全自己的势力和地盘，罗绍威为唐朝的灭亡加上了最后一棵稻草。

罗绍威假装对朱温忠心耿耿，秘密来见，劝说道："今四方称兵为大王所患者，皆以拥戴唐室为名，大王不如早灭唐以绝人望。"

朱温心中高兴，但却不能表现出来，因此假装斥责道："君勿多言，此事吾怎能为之！"

但罗绍威的计策还是生效了。朱温听此言后，不顾病痛，立即启程返归大梁，实施篡位计划去了。罗绍威的地方小利益得到了暂时保存，但天下大势却即将发生变化。

907年初，朱温出兵归来，唐昭宣帝依例派遣御史大夫薛贻矩前往大梁慰劳。薛贻矩深知朱温称帝的野心，为讨好朱温，当他入见时，主动请求要用臣子觐见天子的礼节来见朱温。朱温心中高兴，却依然假装谦让。

薛贻矩一脸正义地说道："殿下功德在人，天下皆知，皇帝方行舜禹之事，臣安敢违！"如今天下人都归心于梁王您，唐皇正要依着人心，准备禅位于您，我怎么敢违背这样的大势啊。说罢，不等朱温反对，便拜服于朱温脚下。朱温虽然急忙侧身避开，心里却乐开了花。

薛贻矩见此情形，心中有数，返回洛阳后，便对唐昭宣帝说："朱元帅确有受禅之意！"昭宣帝只得下诏，准备于二月份正式禅位于梁王，并派宰相前往大梁向朱温表达此意，朱温当然表面上推辞了一下。

事已至此，禅位就只是个时间的问题，现在要做的只是"三推三让"的惯例。907年二月，唐室大臣共同请昭宣帝禅位于梁王。昭宣帝令宰相带领文武百官前往大梁朱温的元帅府，劝梁王接受禅位。

朱温假装义正词严地拒绝。各地臣服于朱温的藩镇见此情景，纷纷给大梁来信，劝朱温为天下苍生着想，接受唐帝的禅位。

三月，唐昭宣帝再派薛贻矩前往大梁，表达禅位之意，同时让礼部尚书苏循带着百官的劝进信前往大梁。随即，唐昭宣帝正式下诏禅位，令中书令张文蔚为册使，礼部尚书苏循为副使，摄侍中杨涉为押传国宝（即传国御玺）使，率百官用皇帝法驾前往大梁迎接朱温。

杨涉之子杨凝式也在朝廷为官，听说其父为押传国宝使将赴大梁，对其父说："父亲大人是唐朝宰相，但国家却沦落到这个地步，您实在难辞其咎！而且您居然还要亲手将唐朝皇帝的玺绶给予他人，这样虽可保自己的一时富贵，但千载之后，世人如何评价父亲？您应辞掉这个差事！"

杨涉听了儿子的话非常惊恐，斥责道："千万别让大梁的人知道了，这种话是要被灭族的。"

朝廷派出的使节还未到大梁，朱温便迫不及待地令手下百官开始称"臣"，他所下的一切命令称"敕"，自称"寡人"；所有公文，凡标有唐朝年号的一律去除，只保留月、日。准备用来登基的金祥殿早已建好，朱温开始在此处理各种事务。很快张文蔚、杨涉等携带诏书、传国宝等抵达大梁。既然马上就要当皇帝了，朱温也依例给自己改个名字，不再叫朱温，也不叫朱全忠，而是叫朱晃。但朱晃，包括朱全忠这些名字在历史上都没有叫得很开，大家一直习惯称其为朱温。

朱温的哥哥朱全昱听说自己的弟弟将要当皇帝了，曾当面讽刺："朱三，你也能做皇帝吗！"

公元 907 年是唐朝灭亡的年份。

这年三月，举行了朱温的登基大典，国号梁，依样画瓢，很是隆重。朱温的（后）梁名义上取代了唐朝，但实际上他所控制的地盘大致只是中原的一部分，只不过仍是一个势力、地盘大一些的节度使、军阀而已。

至此，延续了几近三百年的唐朝正式宣告灭亡。

中国历史上另一个分裂动荡、生灵涂炭的时代——五代开始了。其实严格来说，这个分裂动荡、生灵涂炭的时代并不是从五代才开始的。远在“安史之乱”，近在黄巢起义时就已经开始了，五代只不过是延续罢了。

登基大典一结束，朱温随即在宫中举行宴会，与大家庆祝，现在原唐室的大臣们与朱温原来的百官都成了（后）梁的臣子。朱温高举酒杯，对原唐室大臣们说：“朕能够做上皇帝，全是诸位鼎力推戴的功劳啊。”张文蔚等心想，明明是你自己夺的帝位，现在却说是我们推戴所致。但毕竟是他们这些人帮助朱温亲手断送了唐朝近三百年基业，多少都有些不安，因此，都不知如何对答朱温，只好跪地拜伏。苏循、薛贻矩等倒是大言不惭，称新皇帝自是应天顺人，理应得到大位。

与百官大臣的欢庆宴会结束后，朱温又把自己的亲戚们都请到宫中，一起喝酒、赌博，庆祝老朱家的光荣。朱家穷了几代人，朱温年轻时还靠给人打工为生，没想到三十年河东，三十年河西，现在居然出了个皇帝，当然要庆祝一下，朱家从此要扬眉吐气了。

但偏偏就有专门想扫而且敢扫朱温兴致的人。

当朱氏宗亲一边喝酒，一边观赏舞蹈，一边掷骰子赌博，正高兴时，大家都没注意到有一个人一直面色阴沉，这就是朱温的亲哥哥朱全昱。朱全昱虽然是朱温的亲哥哥，但秉性却与朱温完全不同。史载朱全昱为人敦厚老实，他一直痛恨朱温篡位的行为。

如今看到朱家这些人得意忘形的样子，朱全昱再也忍耐不住，忽然抓起赌博用的器具使劲一砸，只听“咣”的一声，大殿上的人一时都愣住了，不知朱全昱发的哪门子火。

这时，只见朱全昱猛地站起身来，手指朱温——新的皇帝，大骂起来：“朱三，你本来不过就是砀山的一个小民，趁着天下大乱，投靠黄巢造反。后来归顺了朝廷，天子宽仁大义，不计前嫌，封你当了四个大镇的节度使，荣华富贵已是到了极点。你怎么就能做出这种事，忍心灭掉唐家三百年社稷，自称帝王！还在这里庆祝，乐什么乐，这样做只会带来灾祸，将来朱家就等着被灭族吧。”

殿中的朱氏亲属和随侍们听后都吓得目瞪口呆，面如土色，谁不知道朱温是个心狠手辣、对亲儿子都能下狠手的人。大家见了朱温，哪个不是毕恭毕敬，大气不敢出一声。如今在公开场合，又是刚刚登基的大喜日子，朱温被哥哥痛骂一番，大家以为朱温必定暴怒。

朱全昱却面色不改，骂完之后，怒气冲冲，扬长而去。

朱温被气得说不出话来，若是换在别人，在朱温刚刚登基、大喜庆祝的日子里说出这么不中听、大逆不道的话来，朱温不灭了他的族才怪。但说这话的是自己的亲哥，自小过穷苦日子时，兄弟情深，哥哥没少照顾他这个弟弟。朱氏兄弟不同于那些自小在皇家中长大的兄弟，一般来说，皇家兄弟们多是异母兄弟，即使是同母，也多因自小不在一起长大，感情淡漠，况且即使有感情，为了帝位，大家经常大打出手，互相残杀，只有少数始终能够保持良好关系。因此，朱温能杀皇帝、杀儿子，但对自小一起长大的哥哥也毫无办法，只能由着他在任何场合大骂自己，气得干瞪眼。一场亲属欢庆宴会在朱全昱的怒骂下就此结束。

登基之后，朱温依样要命朝廷有关官员上告天地、宗庙、社稷，现在的天下是朱家天下，感谢上天和朱氏祖先让朱温成为皇帝。同时，还要派遣使节前往各地，向各藩镇宣告唐朝已经灭亡，朱温现在是大家的皇帝了。

朱温又依照前代惯例，封唐昭宣帝为济阴王，一切待遇如旧，唐室的大臣也都各守原职。济阴王待遇虽然如旧，但是不能再住在唐末的京城洛阳，礼送出京，将其迁往山东曹州安置，住处四周围以荆棘，让其难以出入，并命大批武士看守，无故不得与人来往。

新的京城就设在朱温成事的根据地大梁，大梁即开封也称汴州，现在既为京城，设置开封府，称之为东都；原来的东都洛阳因在开封之西，改为西都。长安原为西京，现在废弃不用，以彻底断掉唐朝的基业。

朱温又追尊自己的几代祖先都为皇帝、皇后。废除原来的枢密院，设立崇政院，由心腹敬翔任崇政院使，位在宰相之上，凡当朝事务皆以敬翔为顾问，参谋国家大事。皇帝有所旨意，先由敬翔在皇宫中接旨，然后再向宰相宣布，命其执行；宰相承旨后，有事上奏，但也是通过崇政院向上报告。可见当时敬翔极受朱温的信任与依仗。

历史行进到这里，不得不介绍一下敬翔这个朱温集团中的重要人物。敬翔是唐末同州人，一向自称是唐朝平阳王敬晖的后代，于唐朝末年曾多次参加科举考试，但屡试不中，就客居大梁。这倒是与黄巢、李振有点类似，他们俩也是多次参加科举考试不中，才另寻出路的。敬翔后来投奔了老朋友兼老乡汴州观察使王发，希望谋得个一官半职，但王发好久都没有举荐敬翔做官，对他也是不冷不热。一个大男人没有生活来源，穷困潦倒，要看朋友脸色，敬翔的心里能好受吗？看来古代人和现代人在求职的问题上，境遇都是一样的，这就应了现代的一个短语：不要在朋友的公司中打工。

人，要靠自己。

敬翔长期寄人篱下，生活困难，就只好跑到大梁的军队里，替军官士兵们写各种文书和家信，赚两个钱糊口。但替人写信能赚几个钱？敬翔的日子依然难过，眼看一辈子就只能做个军中抄写公文的书生了。然而机会就恰恰落在了敬翔抄的公文上。

当时朱温是宣武节度使，没有文化，也不识几个字，过去的公文都是用正式书面用语，不要说阅读了，就是听起来都很让朱温头痛。敬翔抄公文抄得久了，便得知了朱温的这一毛病，他便一改公文风格，改用民间、市井口语来写公文，一听就懂，这让朱温很是高兴，便询问这种公文是谁写的，当得知是敬翔后，就叫来问话。结果一谈之下，敬翔的丰富知识很得朱温欢心，大有相见恨晚之意，遂开始任用敬翔。而敬翔也在多次战争中为朱温出谋划策，很多次都取得了胜利，深得朱温信任，包括后来朱温杀唐朝皇帝，杀唐朝宗室等的各种计划基本都出自敬翔之手。

史载敬翔为人深沉，很有才华却不张扬，在朱温手下二十余年，所有用兵谋划、民政几乎都由他处理。朱温性格暴戾，人莫能测，即使是近臣心腹有时也会被朱温所杀，唯有敬翔能猜透朱温的心思。

朱温对敬翔的信任和“关心”还表现在生活上，朱温把自己玩过的而且还喜欢的女人赐给敬翔做老婆。当年，朱温攻克徐州时，曾得到了时溥的爱妾刘氏，朱温很喜欢刘氏，就把她带回了开封，非常宠爱她。而这个刘氏来历也不简单，她最早是黄巢手下大将尚让的妻子，黄巢被李克用打败逃向泰山时，路过徐州，尚让等人投降了唐军，其妻为时溥所得，成为时溥的爱妾。据传，在时溥得到刘氏前，刘氏还曾做过一段时间的风尘女子。

后来时溥被朱温打败，刘氏为朱温所得，也被朱温所宠，又成了朱温的爱妾。可见这个刘氏不光是美貌，而且很有心计，要不然几易其手，竟然一直受宠。刘氏的经历上也反映了另一个问题，就是古代人其实并不是很封建的，至少并不像明清以来那样封建保守，总是要强调什么贞洁烈女。

朱温没当皇帝时，为表示自己对敬翔的信任，就把刘氏赐给敬翔为妻。虽然刘氏成了敬翔的妻子，但仍然经常陪侍朱温，朱温想什么时候让她来，她都高高兴兴地前去，而且朱温还经常很听刘氏的话。虽然唐末五代时期，男女关系比较开放，大家都比较自由、放松、随意，不像后来明清那般严厉，但自己的老婆经常公开陪主子去睡觉，再怎么也都是开放得过头的事。况且，刘氏经历复杂，嫁尚让，进青楼，侍时溥，陪朱温，到敬翔这已经算是四婚了，却成为敬翔的正妻，所以有一段时间，敬翔对此非常不满，主要是不满刘氏都是自己的正妻了，还总去陪朱领导睡觉。

当时朱温还没有篡位，敬翔的作用再重要，名义上也只是朱温这个权臣手下的人。刘氏也看出了敬翔的不满，她不但不收敛，反而讥笑敬翔:“敬翔大人,你一定认为我当初失身于造反逆贼尚让吧！可是尚让不管怎么说也是黄巢的宰相，时溥是国家的忠臣。依你现在的门望，既没当上宰相，也不是唐朝的忠臣，你还不及这两个人呢。你要弄明白,以我的身份是下嫁于你,是你高攀了,是我受委屈，不是你受委屈。你要是觉得委屈了，要不我们现在就分手？”

敬翔听着刘氏声色俱厉的嘲讽，再想想她和朱温的关系、枕边风的作用，不禁心有些发虚，只好笑着向刘氏道歉，说道：“哪里哪里！我不过是因为最近的工作太忙，太多，心烦意乱，怠慢了你。我可没有别的意思，是我的门望不及你，我向你赔罪。过去的事，你千万别放在心上！”一场风波，以老公的退却而告终。

谁说古代中国妇女没地位？古代中国连四婚女士都敢在家中叱咤风云，何论她人？但为何大家的印象都认为中国自古以来男女就是不平等的呢？关键在于比较范围不同。男女不平等本来的含义在近代以来主要是指男女在政治权利上的不平等。这确实存在，是千真万确的真实现象。总的来看，中国古代男女在很多方面都确实有不平等之处，如女子受教育的权利、工作的权利等都与男性存在着不平等现象。但具体到家庭内部的夫妻关系上，则基本是平等的，而且大部分妻子在家中是占上风的，这并不是今天才有的事。人们一说男女不平等，往往大而化之了，把不平等的范围无限扩大了。

虽说有所谓三从四德的封建压迫，但古代为何有那么多怕老婆的男子？从皇帝、大臣，到普通百姓怕老婆者比比皆是。难道是因为中国古代的妻子们都特别有反抗精神？特别能战斗？恐怕不是。在中国古代家庭中也存在着很不平等的现象，这种不平等主要体现在妻与妾地位的不平等上，而不是夫妻的不平等。中国古代实行的是一妻多妾制，这与一夫多妻制有本质不同。如果是一夫多妻，意味着男人的几个配偶都是妻子，妻子们的基本地位相同，只不过有先后之分。如果一个家庭中出现多个并行的权力中心，很难达到平衡、平稳状态，只会闹得鸡飞狗跳。但一妻多妾则不然，正妻只有一个，是家庭权力的中心，而其余的配偶则只是妾，妾的地位按照理法的规定是非常低的。

如果只从一夫多妻或一妻多妾制的角度来看，男女的确都是不平等的，男的可以公开拥有多个女人，而女人则不能，这当然是一种不平等。女女之间由于妻妾地位的不同，也存在着不平等。

但仅就夫妻两人之间的关系来看，男女之间也的确还是有不平等，就是男的大多怕老婆、女人当家始终是自古以来夫妻关系的主题。当人们比较一个事物、关系等时最好用相同的标准和科学的参照系，要不然比较的意义就不大了，尤其当用来说明家庭问题时。至于现在常说的家庭暴力，男人打老婆的事情是应当绝对禁止和打击的，但同时也可以请妇联、统计部门做个统计，看看这种事情在全部家庭中占的百分比有多少，到底是女人当家的多呢？还是打老婆的多？

历史上大部分男人一向是怕老婆的，其中最杰出的代表有隋文帝杨坚，他就是个是有名的“妻管严”，他的老婆独孤氏是个有名的妒妇。杨坚称帝前就很怕老婆，他的五个儿子都是与独孤氏亲生的，没有同父异母的儿子。当了皇帝后，隋文帝依然很怕独孤皇后。按民间想象，皇帝老儿还不是想干什么就干什么？还不得三宫六院七十二妃？还不是想立谁做皇后就立谁做皇后？皇后嫉妒心重，把她废了就是了。其实，真实的历史根本就不是民间的想象。可怜隋文帝当了皇帝，身边美女如云，但摄于独孤老太太的威慑力，轻易不敢动她们的心思。

主要是没有机会，独孤老太太看得太紧。

史载，每天隋文帝上朝时，夫妇二人同辇而进，进至议政的前殿，独孤皇后才停下来回去；估计着快下朝了，她又来到殿后等待隋文帝下朝，然后一同回宫。看上去好像是夫唱妇随，夫妻恩爱，相敬如宾，但实际上估计隋文帝要痛苦死了，想躲开老婆的一点空间都没有。可能隋文帝除了上班那一段时间，和一大帮老男人在一起时，有点自由外，一下班，刚出办公宫殿门口，就遇上了在此等候的母夜叉老婆，立即失去了自由。

独孤皇后对丈夫的看管之严，可称得上历史上绝无仅有。天天面对一个形影不离的独孤皇后，即使隋文帝对她再有感情、亲情，但毕竟皇帝也是人，也是男人，结婚时间久了之后，先前的激情会消失。再是夫妻也得有点自己的空间，现代研究理论也早已证明，和谐的夫妻之间要有各自一定的私人空间。退一步说，就算隋文帝临幸了别的女人，也动摇不了独孤皇后的地位。

很多男人都是难以忍受美色的诱惑的，何况身在美女包围当中的皇帝？隋文帝能忍到这样子，真是太难为人了。

好不容易有一天，在长安外的仁寿宫时，独孤老太太疏忽了，也可能是身体不舒服了，没有看紧隋文帝，让他逮住了个空子。有个宫女是原北周大臣尉迟迥的孙女，史载“有美色”。某年某月的某一天，身体仍很健壮，且憋了好多年的隋文帝见有空可钻，实在忍不住了，就偷偷临幸了她，然后就高高兴兴，心情舒畅，身心愉悦地去接见大臣了。这天朝政处理得很顺畅，对老男人大臣们的态度也分外和蔼，对身边人也非常宽容。总之心情很好！

隋文帝临幸宫女的事立即就被人报告给了独孤皇后。老太太一听，马上派人秘密将尉迟迥的孙女处死。这边隋文帝还自以为事情机密，下了朝后准备再来找小尉迟，结果发现好不容易才得来的心爱的人，已被独孤所杀。

这下子，隋文帝气得七窍生烟，但又不敢直接向老婆发作，暴怒之下，他冲出大殿，跑到马厩，随便上了一匹马，打马扬鞭，一路狂奔冲出了仁寿宫。周围的随从们见皇帝如此愤怒，谁也不敢阻拦，连忙派人报告隋文帝平素最信任的大臣高颎、杨素等人。

仁寿宫在长安以外的山林附近，出了宫门就是山林，隋文帝单人匹马在山林中狂奔二十余里。

得到消息的高颎、杨素连忙带人去追，好不容易追上隋文帝，劝他回宫，何必以一妇人而轻天下？

这时已奔跑了半日的隋文帝已经不是那么暴怒了。见大家都来劝，多少已经消了一些气的隋文帝叹了口气，在几位大臣面前说了句流传后世的名言：

“吾贵为天子，不得自由。”

真是太不自由了！

皇帝的妻子真是太专制了！

妇女能顶多半边天，看来不是浪得虚名。

哪位男性看官觉得自己不怕老婆，能搞定老婆的，请举手？数一数，咦，没人举手。

两口子关系再好，也要有一定的各自的空间。隋文帝对独孤皇后有很深的感情，但因此也有很深的矛盾，独孤皇后不但限制隋文帝的行动，还经常插手朝政，在立杨广为太子的问题上，独孤皇后起了主要作用。后来独孤皇后死了，再过几年隋文帝也到了病重时，才发现太子杨广很会伪装，临死前的隋文帝非常后悔当初听了老太太的话，立了杨广为太子。所以有的地方民谚就说，“女人当家，墙倒屋塌”。想来这个谚语的原型可能是独孤老太太，她当了家，埋下了搞垮隋朝的种子。

当时隋文帝因病住在仁寿宫，每天由陈夫人（乃陈高宗之女，原是陈国公主）等人照顾。杨广去探望隋文帝的病情时，陈夫人“起更衣”（去洗手间了）。杨广看望完老爸的病出来的路上，正好遇到陈夫人回来，杨广见生于江南的陈夫人美艳无比，于是动手调戏，陈夫人拼命挣扎才摆脱杨广，跑回隋文帝寝殿。

隋文帝见陈夫人脸色有异，便问何事。

陈夫人答道：“太子无礼。”

隋文帝拍床大怒：“畜生何足付大事！”

又曰：“独孤误我。”

隋文帝暴怒之下，马上招亲信大臣入宫，令赴洛阳招回废太子杨勇，准备再立之为太子，废掉现任太子杨广。

谁知这个杨广也很聪明，一见皇上突招重臣入宫，立即明白事情不妙，马上与另一重臣杨素一起伪造圣旨，把正要出宫赴洛阳的大臣拿下，调动军队封锁仁寿宫。同时，派手下亲信张衡率人闯入隋文帝寝殿，将陈夫人等人全都赶了出去。过了一会儿，张衡出来对大家说，皇上已经驾崩，把陈夫人及其身边的宫女吓得花容失色。

陈夫人以为是因为自己向皇帝哭诉导致政变，坐立不安，周围服侍她的宫女等也都怕得要命。大家正在忐忑不安的时候，忽然有使者到来，是太子派来的，大家一听，全都紧张万分，以为祸在顷刻。

只见使者持一木盒，让陈夫人接盒。陈夫人哪里敢接，使者不断催促，请陈夫人接盒，陈夫人只得颤抖着双手接了木盒。大家都以为是毒药或刀子之类的东西，令陈夫人自裁的。先皇之妃随先皇而去历史上不是没有先例，再说这个妃子又刚刚在先皇面前揭露了太子的不是。

陈夫人接了木盒不敢打开，太子的使者一催再催，让陈夫人赶快打开盒子。陈夫人身边的宫女们也都紧张得不敢言声，陈夫人若被赐死，身边的宫女也会遭到处罚。

在大家紧张、不安的目光中，陈夫人纤纤玉手颤动着打开了木盒，却见里面是同心结数枚。

陈夫人还未来得及反应，身边的宫女们已经有人轻轻欢呼出来，这下不用担心了。太子派人给陈夫人送来同心结！

陈夫人一惊之下，继而又羞又怒。太子喜欢陈夫人。

虽然陈夫人这时只有二十余岁，而杨广已三十多岁了，但在辈分上陈夫人是他的上一辈人。

这时使者说，夫人还不谢恩？

史料记载，陈夫人当时“恚而却坐”，不肯谢恩。

陈夫人很生气，哪里肯谢恩？反而是她周围的宫女们不断劝陈夫人赶快谢恩。陈夫人无法，只得遂了众意，谢新皇之恩。当天晚上，新帝杨广便来到陈夫人所居之处，强尽鱼水之欢。

这个隋炀帝虽然身边妃子如云，爱临幸谁便临幸谁，但皇后却始终只是萧氏一人，二人相亲相爱，遇有大事，还是与萧皇后商量。妻子地位高！妾的地位确实低。

再回前文。

各地藩镇，除了河东晋王李克用、凤翔岐王李茂贞、淮南弘农王杨渥（杨行密之子，此时杨行密已死）、四川蜀王王建之外，其余均向朱温称臣纳贡，承认了后梁政权。

既然唐朝正式不存在了，于是朱温就可以名正言顺下诏削夺最大的敌手李克用所有官爵，把他废职为民。当然这只是名义上的。

蜀王王建和淮南弘农王杨渥一同传檄各地，声称要与晋王、岐王一道带领各地藩镇兴复唐朝，但是除了这几家藩镇外，其他各地均不响应。在强权面前，大部分藩镇保持了顺从和沉默。

至此，王建才开始谋划称帝，并给晋王李克用写了一封信，称："请各帝一方，待平定朱温，乃访唐朝宗室立之，我等退归藩镇之位。"

李克用给王建回信，表示"誓于此生不敢有失为人臣之节"，决心效忠唐朝到底。

镇海节度使钱镠镇守江浙一带，已经向朱温表示臣服。但钱镠手下的节度判官罗隐力劝钱镠兴义兵讨伐叛逆朱温："即使讨伐不成，也可退保江浙，不失自帝一方。为何拱手臣于朱温逆贼，成千古之羞！"

之所以要提一下罗隐，就是因为罗隐的忠义。罗隐原来在长安、洛阳时始终不被唐朝重用，是在很不得志的情况下，才郁郁寡欢地离开中原，来到杭州投在钱镠门下，获得了钱镠的重用。同是不被朝廷重用，罗隐与黄巢有很大的不同。本来钱镠以为罗隐因此一定会对唐朝心怀怨恨，唐朝灭亡了，罗隐会高兴。现在闻听此言，方才发觉罗隐是一忠义之人。钱镠虽然最终没有采纳罗隐的建议，但从此之后，更加看重罗隐了。

第十章　愤恨而终

唐朝灭亡，各镇相争，中原衰落，契丹强盛。907 年，契丹首领耶律阿保机率领三十万大军进犯晋王李克用所属的云州一带。

李克用亲至云州前线，于阵前喊话要与耶律阿保机面谈。李克用祖先也属胡人，本人且曾于塞北避难，与塞北诸部首领原有较好的关系，所以耶律阿保机便答应与李克用于云州之东会面。李克用请耶律阿保机到晋军军中一叙，耶律阿保机毫不设防地前来。

李克用的部下有人建议，正好可以就势当场擒住耶律阿保机，以此要挟契丹诸部。李克用认为："当前我之仇敌朱温是也。仇敌未灭，我却失信于夷狄，自古以来，未有不亡者。"

于是设下酒宴，双方豪饮言欢。席间，李克用痛斥朱温篡位的行径，约请耶律阿保机与自己一道共同击灭朱温的伪梁。耶律阿保机也答应出兵灭梁。眼见兴复唐朝有望，李克用大喜，当场赠给契丹大量物资，而耶律阿保机也留下三千匹战马、数万牲畜作为谢礼。耶律阿保机在李克用军中宴饮十几天，商定好行动部署后才离去。但耶律阿保机离去后，居然很快就背弃了与李克用的誓言，转而与朱温交好，这令李克用大感意外，好不容易刚刚把耶律阿保机争取到自己一边，不料却这么快就倒向朱温一边，李克用不禁对契丹心生恨意，但又毫无办法。

当时，梁强晋弱，北面又有如狼似虎的契丹，东面是反复无常的幽州刘仁恭父子，李克用几乎是四面受敌，自顾不暇，更不要说兴复唐朝了。

这时，志满意得的朱温继续大封功臣宿将，加封武顺节度使赵王王熔为太师，王熔所管辖的地区镇州一带兵精粮足，自唐末以来就一直是各方觊觎的肥肉。朱温早就想把它吞并，只是没有合适的机会，况且这个王熔对朱温恭敬有加，年年纳贡，让朱温找不到借口。但是朱温也深知王熔是墙头草，说不定哪天就会投向自己的对手，并不可靠，因此只得先封一个荣誉头衔，给王熔一些甜头，暂稳住他，待日后再找他的茬，一举吞并。

朱温加封天雄（即魏博）节度使、邺王罗绍威为太傅，罗绍威怂恿朱温灭唐有功，基本算是自己比较放得下心的节度使，加封个荣誉头衔，以资表彰。又封河南尹兼河阳节度使张全义为魏王，镇海节度使钱镠为吴越王，升荆南留后高季昌为节度使。

朱温同时还立朱全昱为广王，自己的儿子（大多是假子）朱友文为博王、朱友珪为郢王、朱友贞为均王，其他几个“友”字辈的儿子也都各自封王。后来，博王友文、郢王友珪、均王友贞将在争夺皇位的过程中各自表现，暂且不表。

但并不是所有对朱温有功的人都获得了晋升和加封。原唐室大臣礼部尚书苏循及其子起居郎苏楷自以为帮助朱温灭唐有功，天天洋洋自得，认为应该很快能被升为宰相。但苏氏父子卖主求荣的行为很是让朱温瞧不起，而且敬翔、李振也都很讨厌他们，敬翔更是力劝朱温，对这些立场不坚定的大臣一定要逐出新朝，不要给后世留下不忠之臣居然能获重用的先例。很快，朱温就强令苏氏父子及部分原唐室大臣十余人退休，然后逐出大梁。苏氏父子无法，只得前往河中投靠朱温的另一个假子河中节度使朱友谦去了。

朝中大事暂定，朱温即刻腾出手来收拾周围。潞州是首先要解决的目标。正是因为潞州的大将丁会在朱温威名最盛的时候，投靠了仇敌晋王李克用，令其声望大大受损，让朱温恨得咬牙切齿。所以朱温登基不久，就派出保平节度使康怀贞率八万精兵，与罗绍威的魏博军队一起会攻潞州，严令一定要拿下潞州。这时的潞州已由李克用手下大将昭义节度使李嗣昭镇守。康怀贞到后率领全军昼夜猛攻，李嗣昭指挥若定，固守待援。梁军猛攻十余日，毫无成效，人疲马乏，康怀贞见猛攻难以攻下，便改变策略，在潞州城四围挖掘战壕，建起外墙，让潞州内外交通、音讯断绝，准备长期围困。

李克用得知梁兵大举攻潞州后，即派大将蕃、汉都指挥使周德威率军前往救援。晋王帐下猛将，如李嗣源、史建瑭、安金全等也都一同前往。为解决潞州之围，李克用同时命一部晋兵进攻潞州以南的泽州，以期减轻潞州方面的压力。康怀贞围困潞州日久，没能攻下，令朱温十分不满。

拿下潞州，对朱温意义重大，一是可夺取进攻晋王李克用的前进基地，更重要的是能坚定各地效忠新朝的信心，不再生乱子。心情烦躁的朱温令亳州刺史李思安代替康怀贞为前线行营都统，把康怀贞降为行营都虞候。

李思安率生力军进抵潞州前线后，察看了康怀贞设立的围困线，他认为只一道围墙和一道战壕仍有可能被冲破，决定再加筑一道围墙，形成一个内外双向的围困防御圈，梁军驻守于双层围墙内，对内可防敌军突围，对外可拒敌人的援军。李思安还给这样的防御系统起了个名字叫做“夹寨”。夹寨围困虽坚，但是十余万梁兵毕竟每天需要消耗大量粮草，周围各地区的粮草都已调发完毕，仍不足以供应军需。朱温下令从山东调粮，供应前线梁兵使用。

周德威率晋军进抵潞州附近后，发现梁兵的夹寨坚固异常，难以攻破，无法与城内取得联系，便决定破坏梁军的后勤供应线，每当山东有粮草运来时，周德威便派晋军骑兵半途截粮。李思安见粮草经常被截，便又在夹寨与运粮道上修筑甬道。所谓甬道就是在道路两边筑上围墙，围墙外再挖壕沟，防止敌人截粮。山东来的粮草西出太行山口向前不远便是潞州，梁军的甬道就从夹寨一直连到太行山口。周德威见梁军筑起了甬道，便命诸将分率晋军分为十数路，从不同方向、不同时间分头破坏梁军甬道，一昼夜间晋军能发起几十次攻击。梁军来回救援，疲于奔命，甬道到处都是被晋军破坏的缺口。夹寨中的梁军虽然粮草不足，又总被晋军截抄，但对潞州的围困却终始没有放松，晋军急切之间也不能完全击破梁军的围困线，双方陷入了旷日持久的对峙。

在梁晋陷入对峙之日，远在四川的蜀王王建决定称帝。907年秋，王建率蜀地的文武百官、平民百姓，先素服拜祭唐朝皇帝，大哭三日，告以唐朝已亡。三日后，王建正式即皇帝位，国号就叫大蜀，史上称为前蜀。王建虽然是军人出身，目不知书，但礼贤下士，优待文人，经常与文人们谈古论今。唐末的许多官宦人家躲避战乱时，有相当一部分跑到了四川，至此大都为王建所用，因此，至今四川的好多礼节风俗大多有唐朝遗风，而且四川的女孩子许多都很漂亮，想来是和当时中原士女到那里避难有关。

908年，潞州被围已近一年，晋军依然没有破解梁军的重围。

此时，晋王李克用因朱温篡唐，愤恨成疾，病重不起。

他自知来日无多，便着手安排后事，先召见亲弟弟李克宁与监军张承业、大将李存璋等，命共同辅佐其子李存勖为晋王，告诫众人："存勖志气远大，必能成吾事，你们一定要尽心辅佐，全力恢复唐朝。"

几天后，李克用病危，临终前令李存勖与李克宁、张承业等都来到床前，拼尽最后一点气力叮嘱道："嗣昭被困于重围之中，恐怕我是见不到他了。若不能解救嗣昭，我死不瞑目。存勖你和德威等一定要解潞州之围。一定要兴复唐室！一定要兴复唐室！"言终含恨而逝，至此唐末两大人物之一的李克用先于朱温离开人世。

李存勖小名亚子，此时二十刚出头，年轻无威名。在唐末五代时期，像他这种情况的继承人，由于在军中的资历很浅，难以服众，很容易就被老将夺取王位。其叔李克宁威名仅次于李克用，长期总领兵权，在军中很有一批人支持他。而且军中也因李存勖年少，到处议论纷纷，认为不应由他来继承晋王之位。李存勖听到这些传言后，心中恐慌，主动要求把王位让给叔叔，但被李克宁拒绝。

闻听李克用病逝，诸将震惊不已，大家集体前往王府求见李存勖。而此时李存勖正痛哭不已，无法出来见大家。张承业闻听后急忙进入王府，劝慰李存勖："当此危急之秋，岂是痛哭之时！王者之孝非同常人，大孝在于保持和发扬先王基业，痛哭能解决什么？此时岂能像常人家的孩子以哭为孝？"

张承业的一番话点醒了李存勖，他不得不止住泪水，敛容而出，接见诸将，并正式继位为晋王，承袭河东节度使，仍使用唐朝年号，一切官爵如旧。

但是继承了王位，并不代表着李存勖的地位就已稳固。他仍面临着来自内部的威胁。当初李克用东征西讨，在战争中认了很多假子，对待这些假子如同亲儿子一般。这些假子年龄都比李存勖大，而且个个握有兵权，他们都认为李存勖年少，不把他放在眼里。李存勖虽是李克用的亲儿子，并且已继位为晋王，成为晋军一方的一把手，但他这个年青的一把手一无威名，二无资历，三无兵权，根本无法服众。这些假子们，有的称病不出，有的即使见到新晋王也倨傲无礼。各假子心中不服，而李克宁此时权高位重，一些人私下认为应当由李克宁当晋王。

假子李存颢秘密来见李克宁，劝道："兄终弟及，自古以来便是如此。况且您是叔叔，却要向侄子下拜，于人情也不合。如今你位高权重，人心所向，应当自行为王才对。不要忘了，天与不取，反受其咎呀。"

李克宁当即批驳道："吾家世代以慈孝闻名于天下，先王之业自有其继承人。你不要瞎说，若再这样乱说，我先斩了你。"

但是李克宁的妻子孟氏性情妒悍，李克宁向来很怕她。又一个怕老婆的！各个假子见李克宁不愿夺取王位，便想从孟氏身上打开突破口。他们纷纷派自己的老婆来见孟氏，让孟氏逼迫李克宁答应为晋王。孟氏见大家都这么说，便动了心，几次劝李克宁听从这些人的意见。既然老婆大人都发话了，李克宁不禁有些动摇了。话又说回来，现在已经有相当一部分人都知道了要推举李克宁当晋王的事，人多嘴杂，消息极易泄露，一旦泄露出去，必然招来杀身之祸。加上李克宁周围也是每天都有一帮人劝他把王位拿在手中，几个回合下来，李克宁彻底动摇了，决意联络一批人，夺取晋王之位。

看来，老婆的作用是很大的，不仅古代如此，现代也是如此。现代有时也会听说某些领导干部立场不坚定，没有管好家庭，老婆、孩子大肆收受贿赂，最终走上犯罪道路。所以领导干部，尤其当领导的老婆的一定先要一日三省自身，时时要慎行，内审，家人严于律己，才有可能不被各种诱惑所迷。

李克宁约李存颢等人定下密计，约定骗新晋王李存勖到李克宁府赴宴，即席拿住李存勖，并杀张承业、李存璋，去其左右手，然后以李克宁为河东节度使，举河东九州归附于朱温。顺便把晋王和太夫人曹氏（即李克用之妻）送给朱温，以此表明李克宁等人归附的真心。一切安排停当，就等晋王李存勖过府了。

李克宁为保证计划能够顺利实施，以为知己知彼，了解晋王府中的情况，才能百战百胜。他便找来晋王府中的史敬镕打听消息，并把自己的计划告诉了史敬镕。史敬镕本是太原人，从小就跟在李克用左右，很受李克用的信任，在王府中也算是有头有脸的人物，与李克宁关系也不错。及至闻听李克宁要篡夺王位的计划后，不禁暗自心惊。但在李克宁面前又不能表露出来，只得假意答应愿为内应。李克宁见状大喜，以为可稳操胜券。

史敬镕离开后，急忙来到晋王府，面见曹太夫人，揭露了李克宁的阴谋。太夫人听后心下骇然，立即找来晋王，同时命人请张承业立即前来。

张承业来到后，太夫人指着晋王对他说道："先王刚刚才手把手地把存勖交于你等辅佐，如今尸骨未寒，就听说大家都要存勖避位。避位也可，只要让我们母子有个居住的地方就可以了，何必非要将我们送给仇敌朱温呢！"

张承业忽听此言，不知发生了什么事情，惶恐不安地回答道："太夫人何出此言？老奴孝忠晋王，万死不辞。"

于是太夫人令李存勖把李克宁、李存颢的阴谋告诉了张承业。

李存勖一再表示："我与叔叔是至亲，不可自相残杀。如果我不当晋王，可以避免祸乱的话，我情愿避位。"

张承业听罢，勃然大怒道："克宁欲将大王母子送入虎口，不除克宁，岂有全理？"当即召李存璋、朱守殷等准备秘密擒拿李克宁等。

数日后，晋王李存勖于王府中大摆宴席，宴请诸将。李克宁身为诸将之首，必须来参加宴会。

席间晋王命伏兵当场拿下李克宁、李存颢等人。

李存勖流着泪对李克宁说道："侄儿当时已经说了要把王位让

给叔叔，是叔叔自己不要。为何忽然又出此下策，怎能忍心把我们母子送给朱温这个逆贼？”

李克宁叹息道：“我没什么好说的，都是听信了周围奸人的谗言，以至于此。”谋逆在任何时候都是大罪，李存勖不得不将阴谋的几个主要人物一律处死。

与此同时，朱温命人把软禁于曹州的唐昭宣帝毒死，以绝后患。像朱温这样的做法在中国历史上不止一次。过去许多人认为中国历史上人们为了争夺皇位，到处都充满了阴谋、杀戮和残酷的斗争。殊不知，在西方的历史上，争夺皇位（王位）也同样充满了阴谋、杀戮，只不过可能我们不太像了解中国历史那样了解西方历史，没有进行过比较罢了。在此，试举两例英国中世纪时对王位争夺的例子。此处连英文原文一并引用，以免编造之名。

据西人所著《百科全书》记载：Richard II (1367−1400), King of England (1377−1399). He was the son of Edward, called the Black Prince, eldest son of Edward III. Richard became King in 1377, and his position was at once jeopardized by his powerful uncles, sons of Edward III. Other domestic problems menaced. England still suffered from the effects of the Black Death and the long, costly war against France. Heavy taxation and social disorganization led in 1381 to the Peasant's Revolt. [①]

理查德二世（1367—1400），英格兰国王（1377—1399），为黑太子爱德华之子。黑太子爱德华乃是爱德华三世之嫡长子。理查德于 1377 年登基为王，登基之始，便受到各个位权重的叔叔的严重威胁。（注：黑太子爱德华死于 1376 年，先于爱德华三世而死。爱德华三世爱孙心切，将王位直接传给孙子。这

① New Age Encyclopedia, Volume 15, Lexicon Publications, 1980, page 454.

一形势恰如几乎同一时期1399年朱元璋直接将帝位传给孙子建文帝一样。建文帝登基伊始，便同样受到诸位叔叔的严重威胁。）理查德二世面临的其他内部问题如麻。英格兰远未从黑死病、对法长年战争的严重打击中缓过气来。苛捐杂税、社会失序导致了1381年的农民起义。

In 1398 he banished two leading nobles who had quarreled, one of them being Henry, son of John of Gaunt. Upon the death of John, controversy arose over Richard' s seizure of John' s lands, and Henry used the controversy to return to England. His return in 1399 was an invasion. Richard, absent in Ireland, came back too late to oppose Henry, who took him prisoner. On Sept. 30, 1399, Richard abdicated, declaring that he had been an incompetent King. Parliament accepted the abdication and gave the kinship to Henry, thereby establishing an important constitutional precedent. Richard remained a prisoner until January 1400, when he was murdered in Pomfret Castle. ①

1398年理查德放逐了两位发生矛盾之贵族，其中一位是亨利。亨利是理查德的堂兄弟，是冈特的约翰的儿子（冈特的约翰是理查德的叔叔。)。冈特的约翰很快死去，理查德夺取其家领地,这一行动引起争议。亨利利用此机会于1399年返回英格兰，获得大贵族的支持。适时理查德正在爱尔兰，待他倍道兼程急返伦敦时，为时太晚，大势已去，大权在握的亨利将国王投入天牢。1399年9月30日理查德宣布退位,承认自己行为乖僻(非怪僻)，不宜为君。议会接受其逊位，并将王位授予亨利，此举

① New Age Encyclopedia, Volume 15, Lexicon Publications, 1980, page 454.

成为英格兰宪政的一大先源。理查德于 1400 年 1 月在天牢中被害。

想那南朝东晋末帝、刘宋末帝、萧齐末帝、萧梁末帝无一不是被后来之君暗害。东西的方式并无不同。西方历史上类似的例子还有许多。

再如：Richard III (1452–1485), Yorkist king of England, was the fourth son of Richard, duke of York. In 1461 his oldest brother, Edward, gained the throne from the Lancastrian king, Henry VI, and Richard was made Duke of Gloucester. He loyally supported Edward IV in his struggle with the Earl of Warwick, "the Kingmaker", and proved himself a valiant soldier and a competent administrator. When Edward died, April 9, 1483, Richard gained possession of his 12–year–old son, Edward V, and for a time seemed satisfied to govern in his nephew's name. In June 1483, however, Richard charged that Edward IV's children were illegitimate. On July 6 Richard had himself crowned king, while Edward V and his brother were confined in the Tower, never to be seen again. ①

理查德三世（1452—1485），出身约克家族的英格兰国王，他是约克公爵理查德之第四子。1461 年，理查德之长兄爱德华从出身兰开斯特家族的国王亨利六世手中夺取了王位，理查德因为帮助哥哥夺位有功，被封为 Gloucester 公爵。此后，两大家族战争不断，理查德助其兄长发动对 Warwick 伯爵（此人有废立大权）的战争。此战中，理查德一展优秀的军事和行政才能。1483 年 4 月 9 日，国王爱德华薨逝，理查德受顾命之托，辅佐

① New Age Encyclopedia, Lexicon Publications, 1980, page 455.

其侄儿十二岁的小爱德华五世为王。开始时，理查德谨守臣规。但仅两月之后，即同年6月，理查德令人上奏，指责其侄乃先王非婚所生，无权继承大统。7月6日，理查德废帝自立，从侄子手中夺取王位，并将小爱德华五世与其兄弟关入伦敦塔黑牢。从那以后再无人见过小国王兄弟们。

又如，英国16世纪命运凄惨的九日女王简・格蕾。

GREY, LADY JANE(1537—1554), for nine days queen of England, was born at Bradgate in Leicestersshire in October 1537. Placed under excellent tutors, she astonished those who conversed with her by her scholarly attainments. Her guardian, Lord Seymour of Sudeley, planned that she would marry the young king, Edward VI. On his fall, she became a pawn of the unscrupulous Duke of Northumberland, who had forced her to marry his son, Lord Guildford Dudley. As the great-grandson of Henry VII, she had a claim to the throne, and on Edward' s death in 1553 Northumberland proclaimed her queen. The country, however, showed no enthusiasm for her or for her Calvinist religion, and her supporters hastened to make their peace with the rightful heir, Queen Mary. Lady Jane was sent to the Tower, found guilty of high treason, and sentenced to death, but she and her husband were not executed until after her family had become involved in Wyatt' s rebellion. She was beheaded on Tower hill, London, Feb. 12, 1554. The execution of this innocent girl of sixteen years of age was one of the worst blots upon Mary' s rule and has left a lasting impression. ①

① Collier' s Encyclopedia, Volume 11, Macmillan Education Corporation, New York. Page 452.

简·格蕾（1537—1554）英格兰九日女王。1537 年 10 月生于 Bradgate，Leicestersshire。自幼天资聪慧，左右置名师教导之。Seymour of Sudeley 伯爵以简监护人之尊，意欲将来许配于年轻的国王爱德华六世。然不久，伯爵失势，简又为野心勃勃的 Northumberland 公爵利用，后者强迫简嫁给其子 Guildford Dudley 伯爵。国王爱德华于 1553 年薨逝，由于简是亨利七世之重孙女，亦有王位继承权，Northumberland 公爵为控制朝局遂宣布简为女王。然而臣民对于简和她的加尔文派信仰并不支持，简的支持者迅速转向合法继承人玛丽女王，与之达成妥协。简被投入伦敦塔天牢，诬以叛逆大罪，与其夫被定为斩立决。死刑拖至 1554 年 2 月施行，是时简家族与 Wyatt 叛乱一案牵涉甚大。1554 年 2 月 12 日，简于伦敦塔中小山坡上被砍头。此无辜十六岁少女冤死，是为玛丽女王统治期间最大冤案之一。

一年轻女子简何罪？不过生在帝王家。先王（亨利八世）薨逝，幼主（爱德华六世）以十龄童继位，十六岁便无子而逝。王位暂空，诸长公主觊觎。朝内权臣亦欲控制朝局，胁迫简以十六之年勉登王位。然形势骤变，众叛亲离。玛丽继承大统，外藩以拥立简复位为名起兵叛乱。玛丽遂杀之。

简之命运譬如五代时王淑妃与其子李从益，均为可叹。

除英国的例子外，再早些的西方历史上也同样充满血腥、阴谋、仇杀，如罗马帝国时期的皇帝们：

Commodus, utterly unlike his father and possibly mad, thought himself to be the reincarnation of Hercules, and liked to take part in gladiatorial games dressed in a lionskin and using a club. He was finally killed at the instigation of his own advisers. Pertinax(193), his successor, chosen by the Praetorian Guard, reigned only three months before being assassinated by those who had chosen him. As the sole permanent armed body in Rome, the Praetorians could overawe any civilian power, and so arrogated to themselves the prerogative of making and unmaking emperors. They now put the office of emperor up for auction to the highest bidder, and awarded it to Didius Julianus, a wealthy Senator. ①

皇帝 Commodus 与其父完全不同，他总认为自己是 Hercules（神话中的大力士）再世，可能还有点精神不正常。他最大的兴趣就是角斗狂欢。最后他的近臣们刺杀了他。Pertinax 继承了帝位，此人由御林军所立，只统治了三个月，就又被御林军所杀。御林军是当时罗马唯一的常备军，势力远大于文官力量，手中握有废立大权。由于大权在握，他们开始拍卖帝位，谁出价高，谁得之，最后一个富有的元老（现在译为参议员）Didius Julianus 得到了帝位。

北魏中期有中常侍宗爱弑帝、立帝事，晚期有军阀尔朱荣废帝、立帝事，有西魏宇文泰废立事，唐朝晚期有宦官废立皇帝事，与西方一样，均为废立。何故独厚西而薄东?

西方历史上，争夺王位的血腥，阴谋诡计的施耍，斗争的残酷比中国古代有过之而无不及。只不过，我们熟悉自己的历史，而不熟悉他人的历史，总是把自己差的一面与想象当中他人的好的一面来比较。

这与我们看待别国的历史与中国的历史是一样的。

① New Age Encyclopedia, Lexicon Publications, 1980, page 546.

第十一章　新任晋王

围攻潞州的李思安也和他的前任康怀贞一样，久攻不下，加上粮草经常供应不足，士卒疲惫不堪，许多士兵受不了这种既要作战、又要忍饥挨饿的日子，纷纷逃亡。而晋军的援兵不断骚扰、伏击梁军，让梁军日夜不安。面对这种情形，朱温已有退兵之意。及闻听李克用已死，朱温首先怀疑这是诈死之计，目的在于让梁军放松警惕，晋军好在梁军撤退时进行截杀。为保证撤退成功，朱温决定亲自至泽州接应，同时召刘知俊领兵一同前往。

朱温到泽州后，立刻撤了李思安的职，罪名是久战无功，士卒多逃亡，将校死伤数十名，虚耗粮草，有损军心；任命刘知俊为潞州行营招讨使，全权指挥前线梁军。

潞州在李嗣昭的固守下，坚守一年，城中困难极大，与外面消息断绝，虽然大家仍不乏斗志，但毕竟日子一久，军心不免有所动摇。为稳定军心，鼓舞士气，李嗣昭在城头摆酒宴请诸将，命乐队奏乐助兴，以示己方守城有余，不足担心。结果不知从哪射来一支冷箭，正好射在李嗣昭的脚上，李嗣昭忍住剧痛，一声不吭，悄悄把箭拔掉了，满座人都只顾着喝酒赏乐，居然没注意到主帅受伤。

朱温虽然恼怒于潞州久攻不下，但同时也很佩服李嗣昭的才华和坚忍。他数次派遣使者给李嗣昭带话，只要开城投降，就委以高官厚禄。每次有朱温的使者来时，李嗣昭都当众焚毁朱温的所谓“诏书”，杀掉使者，表明自己决不会向篡位的伪梁投降。

朱温在泽州待了十几天，见仍攻不下潞州，便想召还围攻潞州的梁军。但梁军前线各将领认为，李克用已死，晋军援兵行将退去，潞州孤立无援，只要再攻几天，一定能够攻下。偏在这个时候又传过来消息，刘知俊率精兵伏击晋军援兵，大获全胜。这一胜利动摇了朱温退兵的想法。朱温想了想，觉得大家说得也有道理，既然已经都围困了一年多，如果此时退兵，未免前功尽弃。于是下令，再向前线运粮，务必尽快攻下潞州。

李克用逝世时，周德威手握重兵在外征战，太原诸人都非常不安，不知周德威能否听从新晋王的指挥。李存勖遣使至前线，密告周德威老晋王李克用已经病逝的消息，并令其撤围退兵。周德威得到消息后，马上率兵返回太原。太原城中各将领见周德威大军突至，都惊恐不安，一时之间，摸不清周德威到底是何用意。

抵达太原近郊的周德威令全体军马留驻于城外，自己孤身一人徒步进入城中。一见到李克用的灵柩，周德威放声大哭，经众人劝说，方才止泪，然后恭恭敬敬拜谒新晋王李存勖。至此，周德威已经用自己的行动表明他将拥戴新晋王李存勖。晋军一方内部形势终于安定下来，新的权力中心可以正式开始运作。

潞州前线的梁兵报告晋军援兵已经撤离，朱温闻言大喜，以为潞州必然可取，便放心地返回大梁去了。而夹寨里的梁兵见晋军援兵已去，以为潞州这次指日可下，也都松了一口气，放松了警惕。

而此时，李存勖正紧锣密鼓与诸将商议如何解潞州之围，要打出继位以后第一仗的威风来。李存勖仔细分析了当时的两军形势：“潞州是河东藩篱，若无潞州，则太原危急。朱温所忌惮者，唯有先王。

如今先王已逝，我刚刚继位，他必然以为我不过是一孩童，不懂军旅之事，定有轻我之心。我若以精兵倍道兼程，出其不意，突袭潞州梁军，必可破之。取威定霸，在此一举，机不可失！”

张承业也同意李存勖的分析，力劝由他自己亲自率兵救援潞州。为确保行动万无一失，李存勖决定联络一些同盟力量一同行动，便派张承业亲自前往凤翔，请岐王李茂贞从西面同时出兵威胁朱温侧翼，但这时的李茂贞财竭兵弱，无力出兵，无法响应晋王的号召。

李存勖决定单独以河东一方之力救援潞州，遂于晋阳大阅士卒，任命丁会为都招讨使。新晋王李存勖亲率周德威等精兵猛将出发南下，救援潞州。此役是新晋王登台的亮相之战，极为重要。

晋军一路晓行夜宿，秘密行军，悄悄进抵距潞州只有四十余里的地方，驻军休息，养精蓄锐准备来日激战。

进攻当日的清晨，李存勖伏兵于三垂岗下，这里正是当年李克用带着小存勖登岗饮酒的地方。正要发动进攻时，忽然天降大雾，数十步外看不清人马，这种突如其来的大雾天气正有利于突袭。晋军遂在大雾的掩护下直抵夹寨，发动猛烈进攻，而这时的梁军还在睡梦中。

梁军本来以为大战已经基本结束，守城的晋军不会有援军，破城只是时间问题了，从主帅到士兵早都放松了警惕。结果就在最松弛的时候，突遇猛烈进攻，梁军一下子陷入大乱。

李存勖命令周德威率兵猛攻夹寨西北角，李嗣源率一部人马猛攻夹寨东北角，晋军将士内怀丧先王之痛，外负朱温篡唐之恨，无不奋勇争先，填平战壕，放火烧墙，树起云梯，鼓噪而入。

梁军受此突然猛烈攻击，上下惊慌失措，全军溃散，放弃夹寨向南逃跑，梁军招讨使符道昭想制止溃散的梁军，策马上前喝令诸军不得惊慌，但座下战马忽然倒地，把符道昭摔下马来，未及起身便被赶来的晋军所杀，梁军的败势更加无法制止，各级将领纷纷与溃兵一起逃离夹寨，寨内堆积如山的所有军械物资全部为晋军所得。

周德威破梁军夹寨后，先行进抵潞州城下，对城中大呼道：“先王已薨，新晋王亲来救援，如今梁贼夹寨已为我军所破，可开门迎接新晋王。”由于潞州与外界音信断绝，此时还不知道老晋王李克用病逝的消息。

李嗣昭闻听此言，哪里肯信，对左右说道：“周德威一定是被梁军俘虏了，来骗我们开城的。”命令准备放箭。左右劝阻道，远处梁军夹寨中杀声阵阵，火光冲天，说不定真的是晋军已经攻破了夹寨，何不先问问清楚再说。

李嗣昭在城头上俯身问周德威道：“如果新晋王真来到前线，可否一见？”

周德威立即命人快去请晋王李存勖前来。一会儿，只见新晋王率亲兵跃马而来，李嗣昭在城头上看见李存勖在盔甲外罩着白色孝袍，相信晋军确实攻破了梁军夹寨，老晋王确已病逝，不禁且喜且悲，失声痛哭，几乎伤心晕倒。满城将士百姓被困一年，终于重见到生的希望，无不悲喜交集，纷纷相拥流泪。至此紧闭了一年多的潞州城门终于缓缓打开。

李嗣昭小名进通，原来与周德威互不服气，有一定的矛盾。老晋王李克用临终前，曾对李存勖说：“进通是一忠孝之人，如今被困于重围之中，德威不能解围，是不是因为不忘旧怨啊？转谕德威，潞州之围不解，我死不瞑目！”

周德威后来听说了李克用的临终遗言后，痛哭了一场，因此，此次解围之战全力出击，一举击破梁军。入城后，与李嗣昭相见，尽释前嫌，同心同力，辅助晋王。好人与好人之间也有矛盾，也会斗争。

梁军溃散后，康怀贞收拾了一百多名骑兵，逃归大梁。朱温得到夹寨被破的消息后，大惊，既而叹道："生子当如李亚子，克用是后继有人啊！再看看我那些儿子，个个都是猪狗一样的蠢东西！"

此次夹寨之战不但打出了新晋王李存勖的名气，还与后来民间所传的"压寨夫人"或"押寨夫人"有关系。所谓"压寨夫人"现在一般都认为是专指那些占山为王的土匪头子的老婆，她们被称为"压寨夫人"。土匪的巢穴一般都是山寨，老公率土匪们外出抢劫，老婆在山寨中坐镇压寨，"压寨夫人"一词猛一听还真是那么回事。但实际上，估计以讹传讹，乃是"夹寨夫人"之口误。

梁军招讨使符道昭在前线作战时带了夫人刘氏，刘氏聪明伶俐，美丽性感，梁军溃散后，刘氏未及逃跑，为晋军所得，被献给了李存勖。李存勖非常喜欢刘氏，百般宠爱。因刘氏得自于夹寨，晋军中便之为"夹寨夫人"，后来民间误传为"压寨夫人"。那个时候的社会风气是很开放和自由的，女人的社会地位和自由度都很大，今天可以嫁这个男人，明天也可以嫁那个男人，大家也没觉得有什么不妥，更没有什么"一女不侍二夫"的观点。不似明清，尤其是清朝对妇女的管制越来越多，在许多事情上越来越僵化，僵化会导致发展缓慢甚至停滞，使本来先进的中国慢慢进入停滞状态，而西方却在此时开始逐步摆脱僵化的教条影响，慢慢地在技术上赶上和超过了中国。

因此，妇女自由不自由将会间接影响一个国家和民族的发展与繁荣，但过度自由了也会影响一个国家和民族的发展与繁荣，正应了法国大革命时期，罗兰夫人在断头台上说的话："Oh Liberty, what crimes are committed in thy name!"自由啊，多少罪恶借汝之名而行！这里英文当中的thy是中古式英语中的you，好比古代汉语称"你""汝""尔"一样。自由是个好东西，但一定是在法制之内的自由，否则它不但不会带来自由，反而会成为破坏性的力量。

潞州之胜，鼓舞了晋军的士气，更树立了新晋王李存勖的威信。李存勖仍留李嗣昭镇守潞州，自率大军返回晋阳，休兵论赏。此次破围战，周德威功劳最大，李存勖封他为振武节度使、同平章事。

虽然此战获胜，但从根本上来看，并不能扭转晋国一方的劣势。晋方的地盘主要是今天山西的一部分和周围几省的一小部分，当时也称为河东，这一带地小兵少，要想向四方发展很困难，周围都是势力强大的对手。朱温的后梁此时正如日中天，是势力最大的时候，若要与朱温抗衡，就得先打好自己的基础，就是埋头做好自己的事。李存勖采纳了张承业等人的建议，采取一系列措施打好自己的基础，全面提高己方的实力。李存勖的这些措施与后世兴盛朝代所采取的措施并无两样。

首先，大力发展农业生产，保证粮食供应。手中有粮，心中不慌，历史上许多农民起义、兵变都是因为饥饿，因为缺粮而引发的。这一点在任何时候都是确定无疑的真理。不光老百姓需要足够的粮食，军队出征作战更需要充足的粮草。一旦出现粮食危机，会直接影响政权的统治基础。因此，保证粮食安全被李存勖放在了第一位。农业永远是第一产业，是其他所有产业发展和壮大的基础，不光古代如此，未来也仍如此。

其次，命令河东境内所有州县“举贤才，黜贪残”。要想搞好自己的事业，人才是决定性的因素，需要什么样的人，用什么样的才，在不同的时候，标准有所不同，但大的原则是相同的，就是前文讲过的以德为先。这是个政治选拔标准的问题。这个时候，李存勖要求“举贤才”，注意贤才这个词语，此时对“才”的要求放在了靠前的位置，因为这时正是与敌方苦斗的时候，需要才华之士为之出力。但才华之士的“德”并不必然就高。非常时期需用非常之人，待平定天下后，国家需治以德义，同时保证又要有一定的灵活性，不能僵化。

第三，李存勖决定减轻赋税，照顾孤穷，伸张正义，禁缉奸盗。光是发展生产和用人，还不能使百姓安心，民生更为重要。这一方面的措施用今天的标准来看，都属于民生工程。只有百姓生活过得小康了、富足了、稳定了，对前途有期望了，生活和心理的压力小了，社会才会安定，才能创造出更多的财富。“饱暖思淫欲”，意思是说，人们的生活好了，要求就多了，尤其是政治要求。这里的“淫”是多的意思，不是现代意义上的淫荡之义。合理的要求多了是好事，但不合理的要求多了就是坏事了。“饱暖思淫欲”总比“饥寒生盗贼”好吧！

通过上面这些措施，晋国一方的百姓安居乐业，河东境内一片蒸蒸日上。但仅仅有这些发展经济生产和民生的措施并不能保证实力的真正强大。还需要一个保护神——军事力量。

第四，严格训练军队，尤其是骑兵，提高兵器质量。战马是骑兵的第一生命，李存勖下令，除了训练之外，不见敌人，不得骑马，最大限度地保证战马在遇敌时有最好的状态。军队一旦出征，约定了会军日期，各路人马到期必须会合，无论是谁只要迟到，一律处斩。只有军队强大了，一切发展成果才能得到保护，免于外敌的入侵。

这个教训在中国近代史上是深刻的。例如，第一次鸦片战争时，当时清朝的国民生产总值是远超英国和欧洲的，但这个总值是分散的，是无组织的。而英国的国民生产总值虽然不如清朝，但集中度很高，且集中在近现代的工业上。当时就一般百姓的生活水准来看，英国的普通百姓并不比同时代清朝的普通百姓过得更好。19 世纪晚期，在英国处于巅峰的时候，曾有英国学者感叹道：帝国的荣耀与人们的极端贫困形成了惊人的对比。

清朝失败了，其中一个重要原因是清朝的军事技术远远落后于当时以英国为首的西方。这就好比一帮身体强壮、手持利器的穷小子打败了一个富足但却身体衰弱的老人，然后这个老人的财富就逐渐被穷小子拿去，穷小子成了富人，而老富人成了穷光蛋。

只有富而强，才能保证国家和民族的繁荣昌盛。若只有富，而无先进之兵，在政治上永远都只能仰人鼻息，战战兢兢，面临着财富随时被别国抢走的危险。孙子曰“兵者，国之大事”，是从这个意义上讲的。

正因为有着安定的后方，严明的军纪，在未来的日子里，李存勖才能逐步由弱转强，实现平定河北、兼并河南的宏大计划。

张承业安定后方有功，且又是唐昭宗派来的监军，名义上还是唐朝的钦差，一心兴复唐室，在李克用活着的时候是生死之交。因此，李存勖也很信任张承业，对其如同对待自己的兄长，每次到张承业的府邸时，李存勖都以家人礼待之。张承业也因此而更加尽心辅佐李存勖。

已经称帝的王建见晋军打了胜仗，便派蜀军会同李茂贞的岐军进攻朱温的雍州。晋王也派张承业率兵南下再攻朱温。朱温任命刘知俊为西路行营招讨使，引兵西进反击李茂贞。刘知俊本是将才，而岐军将领根本不是刘知俊的对手，一仗下来，被打得大败，岐军仓皇退走。其他两路盟军见岐军失败，也都各自引兵返回。朱温依然过着小朝廷的美满日子。

受到潞州失败打击的朱温虽有刘知俊的胜利，但仍在开封生闷气。朱温本来就是一个睚眦必报的人，再加上已经步入老年，自己的皇位又是篡夺来的，每天都心中不安，便以放纵来放松自己，再加上夫人张氏已经去世，没人监督他了，放纵也有了条件。

朱温的放纵在历史上比较有特点，因为他常年征战，虽立了朝廷，但实际上只是粗备外表，内廷里没来得及安排三宫六院。但一个有势力的男人的生理和精神问题总得解决吧？在当时的情况下，又不方便广选天下美女，那怎么办呢？朱温找到了一个特别简单且有效的方式，来了个“兔子要吃窝边草”，把目标对准了他的儿媳妇和大臣家的女眷。

按理说老爸与儿子的媳妇睡觉，做儿子的当然应该气愤填膺，虽然不至于去弑父，但也应当尽量阻止此类事情的发生。但朱温的儿子们却不这样，不但不去阻止，反而大加鼓励自己的老婆去陪侍老爸，而且还以谁的老婆得到的宠爱多为荣。因为他们都号准了朱温的脉，朱温虽然凶残，但却爱听女人的话，谁的老婆获得的宠爱多，就对自己越有利。

当年朱友宁进攻青州时，被王师范所杀，后来王师范失败投降，被送到洛阳居住，朱温篡位后又封他为金吾上将军。朱友宁的妻子一直心痛朱友宁的死，早晚想着为老公报仇。于是就在一天陪侍朱温后，趁着朱温高兴的时候，忽然哭诉道：“皇上现在是化家为国了，宗族都获得了封赏。而我们家友宁却那么不幸，没能看到这一天，因王师范的缘故，死于战场。如今王师范还被陛下您封为高官，大模大样地在洛阳尽享荣华富贵，一想到友宁的仇没报，我就心痛无比！”

朱温见心爱的儿媳妇痛哭的样子，如梨花带雨，当下心生怜意，说道：“你不说的话，我几乎都把这件事给忘记了。”没过几天，朱温派使者前往洛阳诛灭王师范全族。

朱温的使者来到洛阳后，没有当即向王师范宣读朱温的旨意，而是先命人在王师范府邸旁挖了一个大坑。等大坑挖好后，使者才向王师范宣读了朱温的诏书。王师范了解朱温的为人，早知会有这一天，再看到府旁的大坑，知道这是朱温为他们全族人准备的坟墓。

所以听到此言后，毫不惊慌，便把整个家族的人都召集到一起，大摆宴席。

席间，王师范从容地对使者说道："人都会死，况且是有罪的人呢！我当年于战场上杀朱友宁，早知会有今日。虽然如此，但依然应长幼有序，酒宴之后，请由小到大，依次行刑吧！"于是，因朱友宁一人的死，王师范全族二百余人无一幸免，全被杀死于大坑中。

909年，朱温的亲信大臣邺王罗绍威得了类似中风一类的重病，一病不起，罗绍威觉得自己时日无多，为表示对朱温的忠心，便主动上了一份报告，派人送报朱温。罗绍威的报告称："我所镇守的魏博是大镇，兵精将猛，平常人难以镇服，请陛下派一名有功重臣接替我的职位，我愿归家养病。"其实这只不过是罗绍威的试探之词。

朱温见到这份报告后，当着罗绍威派来的使者面，表现得很感动，当即对使者说："你回去告诉绍威，好好保养身体，一定要正常饮食，把身体养好。如果实在有所不测，我会世世代代都让他的子孙做大官！"朱温下令让罗绍威的儿子罗周翰为魏博节度副使，代替罗绍威掌控魏博的军政大事。次年，罗绍威病死，罗周翰被朱温封为留后，准备接任节度使之职。罗绍威死时只有三十四岁，自献计灭唐后，他的身体健康状况每况愈下，最终无法可救，虽有荣华富贵，却不能享用了。

910年秋，赵王王熔的母亲病逝，朱温为安抚王熔特地派遣使者前往吊唁。王熔自从朱温立国以来，虽然没有依例按时向新梁朝廷交纳赋税，但是仍经常贡献各种珍奇礼品以讨朱温的欢心，求得一方平安。此次王熔之母病逝，不光是朱温以朝廷的名义派来了使者，附近各个藩镇也纷纷派遣使者前来吊唁，这其中就有晋王李存勖的使者。大家都在争取那些可以争取的一切力量。

各处来的使者都暂住在驿馆当中，朱温的使者免不了得知晋王使者在此的消息。吊唁结束后，梁使返回洛阳，除了汇报完成任务之外，还特别向朱温报告："王熔暗地里与李存勖交往，且王熔所管辖的镇州、定州一带一向以兵强马壮、粮草充足而著称，又是军事要地，如果与李存勖联合，对朝廷将是重大威胁。如不及时将镇、定一带控制于朝廷手中，恐怕将来必成心腹大患。"朱温听了使者的汇报，深以为然，决心找机会尽快夺占王熔的地盘。

恰逢此时，燕王刘守光（刘仁恭之子）发兵南下，驻屯在离镇、定不远的涞水，准备入侵定州。朱温暗喜，觉得一举夺取王熔地盘的机会来了。他以帮助王熔抵抗燕军进攻为名，派兵进入王熔的辖地。当梁军来到王熔的边境城池深州时，驻守深州的赵将石公立迅速向王熔报告这一紧急情况，请求关闭城门不许梁军入城。王熔听后，很是担心石公立的话被人汇报给朱温，因此不但拒绝了石公立的建议，还下令大开深州城门，迎接梁军入城。为表示自己对朱温并无二心，还将石公立赶出了深州。

石公立出城后，手指城门，痛心疾首地对周围的人说："朱氏连灭唐朝社稷这样狠毒的事情都能做出来，还有什么事不能做？即使是三岁小孩都知道朱氏是个什么样的人！我家赵王以为自己与朱温关系好，把朱温当成敦厚的长者，真是太湖涂了。如今开门迎梁兵，正是所谓开门揖盗啊！可惜，可惜，好端端 片土地即将为他人所有了，我们就都等着做俘虏吧！"

就在王熔企图以自己的真诚感动朱温而即将掉入陷阱的紧急关头，一个小事件及时地挽救了他。在梁兵进据深州后，梁军当中有人叛逃到了王熔处，把朱温要占领赵王地盘的计划全部告诉了他。王熔听后吓了一大跳，深恨朱温心黑，但是毕竟梁军势力强大，不敢公开与朝廷抗衡。想来想去，只得立即先派使者火速奔赴洛阳向朱温报告，说燕军已经退走，梁军入境后引起当地百姓的恐慌，请朝廷召回军队。

朱温听了王熔使者的报告后，觉得可能是计划泄露，为暂时安抚住王熔，朱温再派使者前往，请他不要担心，朝廷决无恶意，是不会占领他的地盘的。但此时梁军已经占领了深州，以实际行动证明了朱温的谎话。占领深州的梁军把深州城内所有赵兵全部诛杀，并关闭城门，做好了一切还击赵军的准备。在这种情况下，王熔感到朱温真是撕破脸了，下定决心与朱温绝交。一俟绝交，王熔立即采取两大措施，一是立即召回石公立，令其率赵军猛攻深州；二是马上派使者前往李存勖处、刘守光处求援。至此，王熔才算正式结束了自己墙头草的时代，加入了反对朱温的队伍。

王熔使者到达晋阳时，恰好义武节度使王处直的使者也来到晋阳，两家商议共推晋王李存勖为讨伐朱温的盟主，三家合兵攻梁。李存勖召集将佐商量如何应对两家的提议，尤其是如何应对王熔。这个时候的王熔还没有获得大家的信任，晋军将佐都认为，王熔对朱温臣服已经很久，和朱温的关系走得很近，还与朱家结有婚姻关系，双方交情好得很。如今突然派人来说要与我们联合共同讨伐朱温，这一定是王熔的诡计，万不可信。但也不一定就立即表明态度，而应该以静制动，静静观察，看他到底是何居心。

李存勖想了想，觉得表面看大家说得虽然有理，但没有看到关键，他说道："这不过是王熔认识到了利害关系才这么做的罢了。王氏一族在唐朝时还一会儿反叛，一会儿又归顺呢，他怎么会心甘情愿长期臣服朱温？唐室的寿安公主曾嫁与他们王家，朱温之女又怎能比得过寿安公主？如今王熔面临的是生死存亡问题，哪里还顾得上什么和朱温的姻亲关系！如果我们迟疑不救，那正中朱温下怀，他正希望我们不要救援王熔。我看应当立即发兵救赵，晋赵两家协力，将来一定能打败朱温！”于是李存勖立即派遣周德威率晋军东出井陉，进屯赵州救援王镕。

至此，王镕不再使用朱温的梁朝年号，重新使用唐朝的天祐年号，表明与朱温绝交的决心。

第十二章　三方大战

朱温闻听赵王王熔已经与晋军合兵一处，立即派王景仁率梁军北渡黄河，会合魏博的罗周翰所部兵马进攻王熔。这个王景仁就是前文说过的王茂章，七八年前，朱温派朱友宁攻打王师范时，王师范曾向淮南的杨行密求救，当时杨行密派王茂章前往救援。王茂章率军突袭杀死了朱友宁，还在朱温来援的大军中杀了个几进几出，朱温不禁心生爱才之意。王茂章回到淮南后，杨行密不久病逝，其子杨渥接位，杨渥原来与王茂章有矛盾，便派兵准备袭杀他。王茂章无法,只得带领少数亲兵投奔了吴越王钱镠,钱镠改其名为王景仁。朱温篡唐后，钱镠臣服了朱温，后来又派王景仁去向朱温汇报南方的形势，朱温便留王景仁在手下服务。这会子便率兵攻打王熔来了。

王熔见梁兵来势凶猛，王景仁又善于用兵，不禁焦急万分，连连向李存勖告急。李存勖得信后，决定亲率晋军主力前去救援，留蕃汉副总管李存审留守晋阳。晋军大举东下途中，王处直也派来五千人马交给李存勖指挥，两处人马合为一处，全军斗志大盛。

联军进抵赵州后，与先期抵达的周德威会合，还顺带俘获了梁军派出寻粮的二百多名士兵。李存勖亲自审问其中的为首者："你们出发时，朱温是怎么布置的？"

俘虏告诉李存勖："朱温当面告诫王景仁，'镇州这个地方反复无常，终将会成为我们的心腹之患。如今梁军全部精兵都交与你指挥，哪怕镇州再固若金汤，也一定要拿下。我们不能把这个祸害留给后代去解决。'"（镇州反覆，虽以铁为城，必为我取之，无贻子孙）

听了梁兵的回答，李存勖对众将说："看到了吧，这就是朱温，他就是这样对待那些为自己效忠的人的。来呀，把这些梁兵送到赵王处，请赵王亲自听一听朱温的计划。"

随后，晋军离开赵州继续前进。当时梁兵驻扎在赵州以南的柏乡。当晋军进抵到离柏乡三十里的地方时，李存勖命令周德威率领胡骑（即少数民族骑兵）前往梁军大营挑战，但梁兵保持沉默，不出一兵一卒应战。晋军见此情形，回报李存勖。李存勖命令晋军继续前进，进至离柏乡只有五里的地方安营扎寨，与梁军隔河而对。

次日，再派胡骑前往梁军大营挑战，这次晋军骑兵们围着梁军营寨的大门往来奔驰，掀起阵阵烟尘，不时向梁军营中射上两箭，激梁军出战。但梁军仍是不出，晋兵就开始在营门口大骂梁军。晋军的反复骚扰让梁军将士们愤怒已极，纷纷要求出战。王景仁一开始还按住不动，最后大家都来请战，王景仁也实在按不住了，只好派韩勍领步骑三万出营，分三道迎击晋军。

王景仁所帅的梁军装备很好，梁军士兵个个盔甲鲜明，光彩夺目。而晋军由于地小人少，物资不足，后勤保障较差，相比之下，晋军的装备，如盔甲等远远不如梁军，许多士兵望见梁军精神极佳、耀武扬威的样子，不禁有些泄气。人比衣装，一般情况下，人们看到别人穿的比自己好得多，通常会有泄气的感觉。在战场上也是一样。

周德威身为经验丰富的老将，马上就感觉到了己方士兵士气的异样。在战场上最怕未战时自己人先泄气。周德威深知如何调动战士们的士气，他立即与同在前线的李存璋商议："这些梁军看来志不在战，不过是想显显威风而已。如果我们不打击一下他们的气焰，恐怕我军士气要受到影响。我去鼓舞一下战士们的斗志。”

于是周德威立即向士兵们大喊道：“将士们不要被梁军的外表迷惑了。这些梁军我了解他们的底细，他们原先不过是洛阳城中的一些酒囊饭袋之辈，盔甲虽好，但不习军旅，十个梁兵也抵不上你们一个。你只要抓住一个梁兵，他的那身行头还不都是你的吗？这正是他们送上门来的好东西，大家一定要全力冲杀，打赢了，这些就都是你们的。诸君不要错失良机！”

在这番话的鼓舞之下，晋军一个个跃跃欲试，士气大涨。周德威随即先率千余名精兵冲击梁军两翼，直入梁军阵中，往来如入无人之境，一连擒获百余名梁兵。晋军突袭得手后，见梁军人多势众，便见好就收，且战且退，一直退过河去。吃了小亏的梁军纷纷追击，但追到河边后怕晋军有埋伏，便停了下来，返回了大营。

经此与梁兵的试探性接战后，周德威深知梁军实力强大且人数众多，一次突袭得手，并不能决定整个战局。回到营中，周德威急忙来见晋王：“经此一战，我发现梁军虽然远来疲惫，但其气势仍盛，实力不可小视。我们应当按兵不动，等待时机，待其气势有所衰退，再一举而击败之。”

李存勖不同意周德威的意见，他反驳道：“我们悬军千里，到此是救人之急。梁兵不过是乌合之众，不堪一击，正利于我们速战速决。何必非要按兵不动呢？”

“大王有所不知，赵王王熔的军队对于守城很擅长，但不善于短兵相接的野战。而且，我军所依仗的是我们精良的骑兵，骑兵作战需要广大的平原，往来奔突，无人可挡，但是我们距敌军太近，骑兵的这个优势难以发挥。再者，梁军人数众多，我军人数远远少于梁军，寡众不敌，但梁军并不知晓。万一梁军了解到我军虚实，全军渡河而来，则我军危矣。”周德威劝说道。

李存勖对周德威的看法不以为然，但又说不出什么道理，便很不高兴地退入后帐，躺到床上生闷气。

周德威见晋王如此，便赶快去见张承业，对张承业陈述了自己对当前形势的分析，并说道：“大王年轻气盛，上次在潞州一举击破梁军夹寨，一战而胜后不免有所轻敌，如今不量力对敌，只求速战速决，这对我们极为危险。我军离梁军只限一水之隔，此水不宽，如果梁军大造浮桥，渡河进攻，我们拿什么抵挡？打仗不是儿戏，该战则战，不该战则要等待时机。我看我们现在应当后退到高邑一带，那里适合我军作战。然后再派兵诱使梁军出营，他们一出营，我们就退走；他们一回营，我们就再去骚扰，让他们疲于奔命。同时派兵切断他们的粮草供应线，扰乱其军心，这样用不了一个月，再与梁军交战，我军方可稳操胜券。请您把这话转告大王。”

张承业也认为周德威的分析很对，便急忙来到中军大帐，直入李存勖的卧内，拍拍正躺着的年轻的晋王，劝道：“这个时候大王还能若无其事般高枕安卧吗？周德威征战多年，善于用兵，他的话，大王还是应该三思啊。”然后便把周德威的分析详细转述一遍。

李存勖刚才也仔细思索了周德威的话，气早就消了，加上张承业一劝，便顺水推舟：“是啊，周老将军所言有理，我也正在想这个问题。”

恰巧梁军当中有人跑到晋军投降，李存勖便询问王景仁有何部署？梁军降兵的回答是：“王景仁正大量建造浮桥，准备渡河一战。”果然被周德威料中了。李存勖决定立即按周德威的计策，退守高邑。

梁军主帅王景仁也搞不清楚晋军到底有多少人马，他只知道不久前新继位的晋王李存勖带领一班将领击破了梁军经营了一年多的潞州夹寨。潞州一战打出了李存勖的威名，面对这样一个强敌，王景仁自然不敢大意，对于如何用兵一直犹疑不决。

时间就这样在犹疑中进入了公元 911 年，这一年朱温改元为乾化。

梁军队伍庞大，虽然占有人数优势，但人数一多就会带来另一个必须面对的问题——粮草。梁军当前面临的最主要的问题就是大量军队每天要消耗巨额粮草。原来带来的粮草很快便不足了，梁军将领只得每天都派一部分士兵到周围去寻粮。

针对这种情况，李存勖按照周德威的建议，每天派骑兵截击这些寻粮士兵，搞得梁兵提心吊胆，没过几天便都不再出营。周德威又派胡骑冲到梁军大营附近，环营驰射，破口大骂，梁军认为这是诱敌之计，无论晋军如何挑衅，就是按兵不动。但日子一久，营中缺乏草料，梁军只好以木屑喂马，许多战马因此而死。这样一来，再加上每日里晋军不断的挑衅，梁兵的怒气也在一点点积累。

见梁军多日不出，李存勖决心再加把劲，一定逼迫梁军出动。只有引敌人出来，才有可能寻机破之。如果势力强大的敌人不动，则另一方就不太容易找到机会。李存勖再派周德威与别将史建瑭、李嗣源率精骑三千直抵梁军营寨大门前，同时令其余晋军做好战斗准备。这一次的诱敌之计果然奏效，梁军再也无法忍耐晋军如此嚣张的行为，王景仁、韩勍怒气冲冲地带领大批梁军冲出大营直击晋军骑兵。周德威等见梁军出营，便且战且退，逐渐把梁军引到高邑之南。

李存勖率领的晋、赵联军正在此等候。晋军据守于河的北岸，赵军据守河的南岸，中间有浮桥连接。追击而至的梁军首先与赵军接战。赵军多是步兵，面对人数众多的梁军，经过一番战斗，逐渐力不能支，眼看就要退过河去。

李存勖急忙对身边亲将李建及说："不可令梁军过河，一旦过河，则难以止住他们，你赶快去支援赵军。”

李建及当即挑选二百名精兵作为敢死队，猛冲入梁军阵中，一时间冲乱了梁军阵脚，遏制住了梁军的攻势。

李存勖驻马于高坡之上，仔细观察两军形势，他转过头来对周德威说：“我看目前虽然梁军人数众多，但其队伍心气浮躁，我军人数虽少，但阵势严整，我军一定会获胜。”

虽然如此，但梁军的战斗力依然是很强的，而且人数又多，晋军虽勇，一时也难以得手。双方自清晨战至中午依然未分胜负。

有点心急的李存勖不禁耐不住性子，拨马就准备往前冲，周德威急忙策马拦住，劝道：“大王不必心急，我观两军之势，交战已经半天，我们当以逸待劳，不必以力取胜。梁军目前远离自己大营，虽然他们携带了干粮，但根本没有时间去吃。现在已过中午，梁军必定又渴又饿，半天的战斗也让他们疲惫不堪，用不了多久，他们就会心生退意。到时，趁着他们退却之时，我军以精骑乘势冲击，必可大破梁军。请大王再观察一时，现在暂时不要出击。”

李存勖点了点头，又拨马回到高坡之上，继续耐心等待。

当时，梁军分为两部，一部在东，一部在西。战至下午，一直未能进食，士卒都是又饥又渴，不禁斗志全无，都想赶快退回大营，吃顿饱饭。梁军主帅王景仁在东阵中指挥，见此情形，便令暂缓攻势，准备退回。

周德威见东阵梁兵稍退的迹象一显露，立即抓住时机大呼：“梁兵逃跑了！”晋军士兵听到此言，顿时信心大增，个个奋勇争先，全力冲杀。

正在西阵梁军前的李嗣源也对着梁兵喊道：“东阵梁兵已退，你们还不赶快一起退走？”西阵梁兵也搞不清东阵怎么回事，只见到东阵梁军旗帜是在向后移动，不禁骇然，以为东阵已经溃败，西阵梁军军心登时散乱，一下子就向后退去，阵线立刻大乱。

晋将李存璋立即率领晋兵追击梁军，并展开了攻心战，令晋军大呼："梁军士兵和我们一样都是吃粮打仗的，大家只要放下兵器，一律免死。"梁军士兵本来已无斗志，闻听此言，大量士兵纷纷丢下兵器，举手投降。不愿投降的梁兵则飞速奔逃，晋军、赵军于后紧紧追赶，从河边到柏乡三十里之间，到处都是梁军的尸体。梁军中最精锐的龙骧、神捷精兵经此一役几乎损失殆尽。

王景仁、韩勍、李思安以数十骑逃离战场，连大营都来不及收拾，带领剩余梁军弃营而去。追赶至梁军大营的晋军抵达时，不费吹灰之力就获得了堆积如山的军械物资。李嗣源带领一部晋军一直追到邢州附近才罢休。

此役，梁军全军溃散，河北一带梁朝属地大为震动。占据着深州的梁军听说柏乡惨败，也连忙放弃了深州，南归洛阳。但在临走前，把全城的精壮劳力都强行编入梁军之中，一同随军南下，凡是不能参军的老弱全都就地活埋。等赵军收复深州时，几乎已经是一座空城。

朱温得到梁军大败的消息后，又气又急，急令杨师厚为北面招讨使，领兵屯守河阳一带防晋军南下，同时收集败卒，安抚军心。这次由于魏博军队也参与了进攻赵人的战斗，因此，李存勖在取得柏乡大战的胜利后，直接引兵来攻魏博的魏州，但未能攻下。周德威则领一部晋军东进，一路拿下高塘、朝城等地，转而进攻黄河岸边的黎阳，进逼卫州，做出要渡河的态势。朱温见此情形，亲率亲军进至黄河南岸以备晋军。其实，周德威只是要吓一吓梁军而已，凭当时晋军的实力，要渡河还为时过早。

柏乡大胜，不但打出了晋军的威风，也解除了赵王王熔的危难。为表示对晋军千里救援的感谢，王熔亲自来到赵州拜谒李存勖，杀牛宰羊，犒赏三军。至此，晋赵的联盟关系基本形成。王熔还特地派自己的养子王德明和其他三十七名将领归晋王调遣。王德明本名张文礼，是后来引起赵地混乱的主要人物之一。

公元 911 年，朱温虚岁六十，长年的征战使他的身体健康状况每况愈下。自从张夫人死后，没人管束，在男女关系问题上，朱温更加放开。以前有张夫人在，朱温多少还有点忌惮，现在终于获得了完全的自由，加上近来梁军连续作战失利，这种政治、军事上的压力使他更加愿意从床笫之间寻求放松。

床笫并非床第，许多人误将床笫之私念成床第之私。床笫的笫，音 zǐ，床笫通常有以下几种意思：

1. 床和垫指床上的竹席，后泛指床铺。

《周礼·天官·玉府》："掌王之燕衣服、衽席、牀笫。"

郑玄注："笫，箦也。"《后汉书·安帝纪》："帝自在邸第，数有神光照室，又有赤蛇盘於牀笫之闲。"

清朝赵翼《惊闻心馀之讣》诗："预乞碑铭如待死，久淹牀笫本长眠。"

2. 指闺房之内；枕席之间。

《左传·襄公二十七年》："牀笫之言不逾阈，况在野乎？非使人之所得闻也。"

《宋书·恩幸传论》："况世祖之泥滞鄙近，太宗之拘挛爱习，欲不纷惑牀笫，岂可得哉！"

3. 指男女房中之事。

清朝蒲松龄《聊斋志异·侠女》："向云'可一不可再'者，以相报不在牀笫也；为君贫不能婚，将为君延一线之续。"

公元 911 年的夏天，洛阳奇热无比，朱温觉得皇宫中燥热难当，令他心烦意乱。身边的内侍出主意说，洛阳尹张全义（朱温此时已令他改名为张宗奭，音：试。后梁灭亡后，又改回原名张全义）在洛阳经营多年，其府第树木繁盛，阴凉无比，比皇宫有过之而无不及，是个消暑的好地方。朱温便下令到张全义府中避暑。皇帝要来大臣府中避暑，住上几天就走本是常理之中的事，而这次朱温在张府中一住就是两个月。

张府中树木繁盛，条件和皇宫相比确实不差，因为张全义以前做河阳节度使时，就负责洛阳的事务，唐末洛阳残破，屡经兵火，是张全义想尽办法一步步恢复了洛阳的面貌。他在洛阳经营多年，其府第的条件甚至胜过皇宫。但朱温喜欢在张府住如此之久，倒不全是因为张府的硬件条件好，最为关键的是张府里有迷住朱温的软件，其条件远胜于硬件——张家的女性都是朱温喜欢的。朱温在张府居住的日子里，把张全义家年轻、美貌的女性全都临幸了一遍，有的还不止一遍。不论是张全义的侍妾，还是他的儿媳妇都要陪皇帝睡觉。

虽然在唐末五代时期，大家对男女关系看得还算比较开，不像后来那么封建，但朱温的做法已经超出了任何时代的底线。张全义虽然能忍，但是他的儿子张继祚年轻气盛，对此深以为耻。

一天深夜，张继祚来到张全义屋中，咬牙切齿地对他父亲说："父亲，皇上如此作为，您怎么就能忍下这口气？现在全洛阳城的人都知道，我家的所有女性都成了皇上的性奴了。这样的皇上自古以来真是绝无仅有，隋炀帝虽然荒淫，但也没有像他这样！能和他相比的，我看只有南朝刘宋的那个废帝刘子业了。刘子业和自己的婶母睡觉，让全皇宫中的女人都脱光了衣服表演，还强迫大臣们共同欣赏，所以后来被弑。况且刘子业是个只有十六岁的顽童，皇上可是几十岁的人了，怎能如此作为？如何为天下人充当表率？又让天下人如何看待父亲您？您能忍下这口气，我可忍不下，以后我们还有什么脸面在朝中待下去。我决心，今天晚上就杀了这个老贼。”

张全义大吃一惊，虽然他对朱温的行为也多有不满，但如果朱温死在自己府中，那接下来张家就要面临的是灭族之祸。况且张家能有今天的荣华富贵，其中也有朱温的功劳，他连忙制止儿子说：“你说得倒也没错，但是不要忘了，如果当初我们连命都没有了，还能有张家今天的荣华富贵？你还能有什么娇妻美妾？还能住在这优雅的府中消暑？继祚呀，当年我们全家在河阳城中被李罕之包围，内无粮草，外援无望。没有吃的，士兵和我们全家靠吃木屑度日，眼看就要城破，危在旦夕。最后是皇上，当时他还是宣武节度使，率兵前来击退了李罕之，救了我们全家的性命，帮助我们保住了河阳的地盘，我们才能有今天。皇上对我们家是有救命之恩的。让你把自己的命还给皇上，你愿意吗？你当然不愿意，那就贡献几个女人吧。救命之恩不可忘啊！”

张全义的一番话，打消了张继祚弑君的念头，毕竟朱温是当朝皇帝，如果真的一气之下杀了他，恐怕张家也得被灭族。朱温在张府住到心满意足之后，看看天也渐渐凉快了，再没有什么借口住下去，便顺势打道回宫。

朱温虽在张府中避暑，但军国大事还是要处理的，况且北面有势头正盛的李存勖，现在又多了个背叛自己的王镕，北方的压力仍然不小。在去张府前，朱温令杨师厚率三万精兵，前往邢州驻扎，邢州在镇州之南，对王镕是极大的威胁。

王镕对此深感不安，为进一步稳固与晋王李存勖的关系，王镕亲自前往李存勖的驻地进行会晤。李存勖见王镕亲自来到自己军中见面，非常高兴。虽然王镕的年龄比李存勖大不了多少，但王镕做节度使已经很久，与李克用辈分相当，所以李存勖对待王镕很是恭敬，称王熔为叔父。王熔也还之以情，称李存勖为“四十六舅”。两人把酒言欢，共同商议对付朱温的大计。

王熔向李存勖表示，杨师厚善于用兵，随朱温征战多年，手下精兵猛将众多，他驻扎的邢州紧临自己的镇州，如果杨师厚举兵来攻，恐怕赵军万难抵挡。

李存勖听了王熔的话，微微一笑，说道：“叔父不必担忧。朱温倾覆唐室，罪大恶极，天诛不久将至，伪梁必将灭亡。纵然朱温手下有再多的精兵猛将，也挽救不了他覆亡的命运，区区一个杨师厚，不过是飞蛾扑火。如果他真敢来进攻叔父，侄儿一定亲自率军反击，为叔父分忧。请叔父放心！”

王熔听了这话大为高兴。王熔的幼子王昭诲这次也随同父亲一起来会晋王。李存勖见王诏诲眉清目秀，甚是可爱，便当场表示，愿把自己的女儿嫁给昭诲，两家永结秦晋之好。王熔正求之不得，立刻与晋王定下婚约。这样，晋赵两家的交情算是得到了进一步的巩固。晋王多了一个共同对付朱温的有力助手，自己东南面的防务得到了缓解。

本来朱温的病没有全好，晋赵交好的消息传来，令朱温病情加剧。驻守东都大梁的博王朱友文听说朱温身体有恙，特地赶来看望，请朱温到东都大梁休养。朱温见自己生病的时候，朱友文能急忙赶来看望自己，觉得还是友文忠心可靠，不禁心生暖意，为安慰朱友文的一片好意，便强撑病体前往大梁休息。在大梁居住些日子后，朱温觉得身体有所恢复，便返回洛阳去了。此一别便成朱温与朱友文的诀别。

第十三章　血溅寝宫

历史的车轮飞快地走到了公元 912 年的春天，回到洛阳后的朱温病情日渐加重，身体一日不如一日，再也没有了当年飞扬跋扈的健康资本。除了身体上的病痛之外，更困扰他的是心病。病中的朱温常常对侍臣感叹："我苦心经营天下至今已三十年，为朱氏江山打下一片天地，没想到河东李克用的残渣余孽现在居然如此嚣张。其子李存勖久有灭我大梁之意，看来是上天不助我啊！如果我死了，我那些儿子们恐怕都不是李存勖的对手。怎么办！怎么办！"每次抱怨完，朱温都会痛哭一场，然后便昏晕过去。

可能是预感到将不久于人世，朱温打算安排后事，想把皇位传给自己中意的人。在朱温的这些儿子中，最有希望的是博王朱友文，其他还有郢王朱友珪、均王朱友贞。博王朱友文镇守东都大梁，很得朱温信任。郢王朱友珪是左右控鹤都指挥使，掌握宫廷一部分的禁军，这是个非常重要的位置，但朱温并不很信任他，因为朱友珪的老婆不如朱友文的老婆更能讨朱温的欢心。当然最主要的原因还是朱友珪为人奸诈，虽然朱温也是奸诈之人，但奸诈之人也不希望把大位传给一个与自己相似的人。

再者，朱友珪的母亲出身比较低，是原来在亳州军营中的营妓，专供军队将校放松和玩乐的，有点类似原来国民党军的军中乐园。还是在唐僖宗在位时，朱温有一次率军路过亳州，临时召了这个营妓来陪自己睡觉，后来就率军离开了。也有一种说法，说这个营妓并非普通营妓，而一直就是专供朱温取乐的，是专职偏房，相当于民国时期的姨太太。不管是专职的还是临时的，再后来，据说这个军妓怀孕了，而且生了一个儿子，她就派人告诉朱温，说这个儿子是朱温的。朱温闻讯大喜，马上派人把她们母子接到自己的军中，还给这孩子起了个小名叫遥喜，意思是从远方传来的喜讯，大名就是朱友珪。其实朱友珪到底是不是朱温的亲儿子现在已经很难搞清了，历史上有说朱友珪是朱温的假子，也有说是亲儿子。不过从朱友珪后来行事的特点来看，他还真有点类似朱温的狡黠和凶狠。

朱温的另一个儿子均王朱友贞任东都马步都指挥使，掌握东都大梁的骑兵、步兵。

朱温本来生性多疑，晚年更加暴虐，经常猜疑身边近侍和朝中大臣。唯有那些年轻貌美的儿媳妇们还能让他藉得一点安慰，因此，有些大事朱温往往会和儿媳妇们先讲，有时也直接派她们传达命令。这些儿媳妇当中尤以博王朱友文的妻子王氏最为美丽可爱，朱温最喜欢她，而且朱友文也经常表现得很忠孝。朱温虽然没有明确谁是太子人选，但大家都看得出来，朱友文最得皇上的宠信，将来皇位肯定是传给朱友文的。

这就激起了其他儿子们的不满，这些假子们平日里便经常争风吃醋，明争暗斗，矛头都对准了朱友文。其中最为不满的是郢王朱友珪，而且朱友珪很多时候还把这种不满公开不公开地表现出来，这让朱温很心烦。

凑巧朱友珪因为违反了朱温的纪律，被朱温下令狠狠鞭笞了一顿，这更让朱友珪怀恨在心。朱温的病情一天天加重，传位之事如同箭在弦上，已经到了不能耽误的地步。朱温命朱友文的老婆王氏立即前往东都大梁，召朱友文迅速来洛阳，准备传以后事。朱温一辈子算计别人，但这最后一次大事却被人算计了。

朱温秘嘱王氏的时候，朱友珪的妻子张氏也在身边侍奉，因而对朱温的安排一清二楚。张氏立即回家密告老公："皇上已经把传国御玺交给王氏送往东都朱友文那去了。他要是继承了皇位，我们两口子可就惨了！"

正所谓"君不密失其国，臣不密失其身"，一国之君如果不知道保密的重要性的话，有可能招来亡国之祸；如果身为大臣不知保密的话，则可能招来杀身之祸。古往今来，中外各国，保密始终是头等大事，凡是视保密为儿戏或不重视保密工作的，损失惨重的例子比比皆是。

朱友珪听到张氏的话后，夫妻二人相拥而泣。郢王府中的亲信见此情形，便劝朱友珪道："当前乃是危急存亡之时，何不早做打算，先下手为强。一定要抓住现在的机会，机不可失。如果博王来到洛阳，见了皇上，则事情便无可挽回。我们必须立即行动。"

左右人的劝说让朱友珪动了心，但仍未下定最后决心，因为他知道此事太过重大，且朱温的厉害大家都是知道的。

朱温毕竟经营多年，心机很深，他深知要让身在外地的博王能够安全接位，必须把在京的郢王赶出京城，清除路上的一切障碍。因此，朱温立即让敬翔传令，把朱友珪调到莱州去任刺史，立即赴任，不得停留。这一道命令，成了朱温所下的最后一道命令。

朱友珪接受旨意后，更加惊恐，近一个时期以来，朱温经常把朝中的大臣赶到外地去做官，然后再派人追上赐死。他现在把自己也调往外地，有可能成为要被赐死的前兆，而且命令下得这么急，让立刻赴任，不得停留，一点人情味都没有，分明是要对自己下手了。

况且莱州还是远在海角的偏僻之地，让自己去那里任刺史简直形同发配。反正都是个死，还不如拼死一搏，朱友珪终于下定了最后的决心，决定先动手，搞武装政变。

朱友珪虽然身为左右控鹤都指挥使，掌握京城的一部分兵力，但宫中还有龙虎军，如果龙虎军的统领不配合，事情就不太容易成功。朱友珪先做龙虎军的统领韩勍的工作，他傍晚乔装打扮，秘密来见韩勍，劝说他与自己一起行动。韩勍也觉得近来朝中的功臣旧将往往因小过被诛，他也天天担心什么时候轮到自己头上。朱友珪一来劝说，正合其意，两人遂定下密计，决定连夜行动，以免夜长梦多。朱温一辈子都算计别人，让别人到处血溅，没想到到头来，报应落到了他自己的头上，也被人来了个血溅一地。于是公元 912 年的一个晚上，又发生了一次血溅寝宫的事变。而这距朱温让唐昭宗血溅寝宫只不过八年时间，当时是唐昭宗凄苦地跑着，现在轮到朱温了。

时间：公元 912 年六月的一个晚上；

地点：朱温的皇宫外；

幕一：龙虎军等士兵上。

朱温信任的龙虎军统领韩勍以加强皇宫护卫为名，调动左龙虎军的士兵汇合朱友珪所部人马悄悄埋伏于皇宫附近，只待一声令下，就要硬闯皇宫。

待到半夜，正是人们睡意最浓，最为松懈的时候，士兵们砸开皇宫大门，直奔朱温的寝殿。

当时朱温的皇宫只是在原来节度使的官邸上改建的，规模不大，所以朱友珪的士兵们很快就冲到了寝殿大门口。

寝殿周围的侍者们忽见有大队全副武装的士兵冲来，哪里还顾得上保护皇帝，自己逃命要紧，丢下朱温，四散逃走。

幕二：朱友珪上。

率武士们一路冲到寝殿，令："大家包围寝殿，所有人不得出入。"

自己带几名亲兵冲入寝殿。

幕三：这时朱温被乱哄哄的嘈杂声惊醒，凭他多次政变的经验，心知政变轮到自己头上了。

见朱友珪带人冲进殿中，心下明白了几分，但仍强作镇定问道："谁为乱者？"（是什么人搞叛乱？）

朱友珪硬声恶气地答道："非他人也。"（不是别人，就是老子我。）

朱温惶骇起呼曰："吾固疑此贼久矣，恨不早杀之，逆贼忍杀父乎！若如此，天地鬼神岂容汝乎！"（原来是你，我早就怀疑你这个狗东西了，只恨没有早点杀了你。难道你想杀父弑君吗？若是做出这等事来，天地鬼神也不会放过你的哟。）

朱温一生残暴无比，害人无数，从来都是他把杀人当儿戏，没想到，到头来竟是自己养大的儿子来杀自己。到了这样的生死关头，朱温也害怕了，但还不忘用鬼神来吓吓朱友珪。但这时的形势对朱友珪来说，已是箭在弦上，不得不发，即使鬼神以后不会容忍朱友珪，那是以后的事，现在朱友珪若不杀了朱温，朱温马上就会杀他。

事已至此，多说无益，因此，朱友珪只答了一句话："老贼万段！"按字面的意思是说，你个老东西早该被砍成一万段了。

但毕竟名义上朱温是朱友珪的父亲，朱友珪若亲自动手杀父未免有些过分；既然下了老贼去死的命令，朱友珪的心腹冯廷谔挥刀上前，一刀就刺穿了朱温的前心后背，朱温当场气绝。朱友珪这时才亲自动手用床上的褥子把朱温的尸体随便一裹，在寝殿中迅速挖了一个坑，把尸体草草埋了，秘不发丧，暂时不让外人知晓。

朱温这个唐末、五代初最大的军阀走到了人生的尽头。当时的人们在修《五代史》等史书时，对唐朝灭亡有切肤之痛，对朱温篡唐和其建立后梁的行为深恶痛绝。在修史书时，都把朱温的后梁以伪梁来称呼，朱温生前死后的各种君号、谥号也都一并不予承认。但数十年后，北宋初年大文学家欧阳修在编写《新五代史》时，把后梁作为一个正式的政权写进了史书，当时还引起许多争议。但欧阳修有自己的看法，他认为：

"呜呼，天下之恶梁久矣！自后唐以来，皆以为伪也。至予论次五代，独不伪梁，而议者或讥予大失《春秋》之旨，以谓"梁负大恶，当加诛绝，而反进之，是奖篡也，非《春秋》之志也。"

予应之曰："是《春秋》之志尔。鲁桓公弑隐公而自立者，宣公弑子赤而自立者，郑厉公逐世子忽而自立者，卫公孙剽逐其君衎而自立者，圣人于《春秋》，皆不绝其为君。此予所以不伪梁者，用《春秋》之法也。"

"然则《春秋》亦奖篡乎？"

曰："惟不绝四者之为君，于此见《春秋》之意也。圣人之于《春秋》，用意深，故能劝戒切，为言信，然后善恶明。夫欲著其罪于后世，在乎不没其实。其实尝为君矣，书其为君。其实篡也，书其篡。各传其实，而使后世信之，则四君之罪，不可得而掩尔。使为君者不得掩其恶，然后人知恶名不可逃，则为恶者庶乎其息矣。是谓用意深而劝戒切，为言信而善恶明也。桀、纣，不待贬其王，而万世所共恶者也。《春秋》于大恶之君不诛绝之者，不害其褒善贬恶之旨也，惟不没其实以著其罪，而信乎后世，与其为君而不得掩其恶，以息人之为恶。能知《春秋》之此意，然后知与不伪梁之子也。"

欧阳修讲得很清楚，他这样写正是应了《春秋》的写法。把史实不加隐讳地写出来，正是为了让世人通过史实认清恶者之恶行，用不着后世人在写史书时有意贬低恶者之君号。褒善贬恶，才是《春秋》的真实用意；秉笔直书，才是春秋笔法的本来含义。

处理完朱温的尸体，朱友珪着手采取三大措施，以巩固政变的成果。首先，立即派使者赶紧前往东都，以朱温的名义，命令均王朱友贞处死博王朱友文，消灭这个皇位最大的竞争者。

其次，为掩人耳目，朱友珪又以朱温的口气下诏称："博王朱友文秘谋造反，派武士冲入皇宫，意欲害朕。多亏郢王朱友珪危急时刻率兵前来，及时杀退叛兵，保护了朕的安全。但是朕因受惊过度，病情加重，危在旦夕，不能处理国事，现令郢王朱友珪全权主持军国大事。"到了这个时候，朱友珪也只敢假称朱温只是病重，还没有死。

最后，他又拿出皇宫中的金银财宝分赐给诸位大臣和洛阳诸军，以收买人心。实施好这三项措施后，剩下的就等大梁方面的消息了。大梁的均王朱友贞接到使臣带来的诏书后，立即领兵杀死了朱友文。使臣见任务完成，便急忙回洛阳报告。

朱友珪得到使臣的报告后，方才对外发布朱温已死的消息，并称皇帝遗命由朱友珪继位。各路诸侯惊骇不已，朱温这样凶悍的人就这么轻易突然死了！

朱友珪虽然继了位，但面临的形势极为困难，他弑父的消息已经传遍了京城，传到外地只是一个时间问题。当时朱氏政权外部对晋作战接连不利，本已人心浮动，忽然间皇帝暴死，东都博王被杀，大家听到这一连串的消息后，有的惴惴不安，有的则蠢蠢欲动。尤其是有些藩镇的将领们早就想夺取节度使之位，只是畏于朱温的威严而未有所行动。现在朱温暴死，而且到处都有流言不断传过来，说朱温是被儿子篡弑而死的。那些本就有野心的将领们终于找到了机会和借口，既然朝廷政权都可以篡逆，地方节度使之位就更不在话下了。上既有行，下可效之。朱友珪的行为起了导向作用，梁朝属地内接连发生几起藩镇将领抢夺节度使之位的事件。

朱友珪对此毫无办法，只能承认既成事宜。所以，当领导的千万要对自己严格要求，要以身作则，否则将来下属们也会效仿自己，后悔莫及呀。

就在这时，梁朝最重要的天雄军出事了。天雄军就是原来的魏博军，节度使罗周翰继承其父罗绍威的职位，罗周翰年纪小，军府中的事情都掌握在牙内都指挥使潘晏手中。牙内都指挥使相当于朝廷的羽林军首领，负责保卫节度使的安全，指挥驻守州城的亲军，即牙军。潘晏倒不像张厚那样想立即就夺了罗周翰的节度使之位，但是最终罗氏一族还是没能保住自己的地盘。罗氏丢权不同于韩建，罗氏内部的人虽暂未夺权，但权力最终被来自外部的人夺走。夺走罗氏大权的是北面都招讨使（相当于北方军区司令）杨师厚。杨师厚当时正驻军于天雄节度辖区境内的魏州，本来是准备北上进攻赵王王熔的。

杨师厚早就对天雄军的地盘垂涎三尺，只因害怕朱温，不敢有所举动。朱温一死，杨师厚立即于自己所驻扎的铜台驿馆设宴邀请潘晏。潘晏一到，就被杨师厚的伏兵擒杀。然后，杨师厚直接领兵占据节度使府，就开始以天雄节度使的身份发布命令。朱友珪得到消息后，便顺水推舟，封杨师厚为天雄节度使，改封罗周翰为宣义节度使。至此，罗家三代占据的魏博一带落入别人手中。真是得之易时，失之易！不是自己奋斗得来，而轻易从别人手里拿来的东西，早晚是会轻易失去的。当年罗氏祖先罗弘信不费吹灰之力得到了这个地盘，如今被人拿去，尚且保全罗氏后代的性命，也算是上天待之不薄了。

大梁的均王朱友贞被朱友珪加封为东都留守、开封尹，空出来的马步都指挥使一职由霍彦威接任。朱友珪派使臣前往河中向护国节度使冀王朱友谦告以皇帝驾崩、朱友珪现在是新皇的消息。

朱友谦这时早已经知道了事情的真相，决意不服从朱友珪的命令。他直接对使臣道："先帝苦战数十年，好不容易开创此基业，现在却变乱生于宫廷内部，不幸身亡。各地谣言四起，说什么的都有，我家居然发生了这种事情，我身为朝廷大臣，深以为耻。请把我的话转达友珪。"

使臣回到洛阳后，把朱友谦的话转告给了朱友珪。朱友珪马上加封朱友谦为侍中、中书令，并再下诏书，解释事情的经过，让朱友谦赴洛阳任职。

面对着又跑一趟的使臣，朱友谦说："现在有皇帝吗？谁是皇帝？先皇不明不白就驾崩了，事情不明，我正准备率兵前往洛阳问罪，还用得着以诏书来调我进京？"

使臣把朱友谦的话再向洛阳方面汇报，朱友珪明白朱友谦肯定是不会善罢甘休了，当即令康怀贞、韩勍为西面行营招讨正副使，都督西方诸军进讨河中，打算以武力消灭朱友谦所部。

朱友谦虽也掌握着一部分人马，但与朱友珪派来的人马相比，他的兵力太单弱，不足以抵挡小朝廷的进攻。情急之下，朱友谦做出了一个令所有人都很吃惊的举动，举河中数州依附于李存勖，请李存勖派兵救援。

李存勖也听说了后梁小朝廷发生巨变的消息，此时朱友谦派来求援的人也到了。救还是不救？李存勖毫不犹豫，立即派李存审、李嗣肱等率军星夜兼程前往河中。当时的河中一镇在山西省的西南部，与晋军的地盘相邻，来援的晋军很快就抵达河中城西，并立刻投入作战。梁军一时没想到晋军援兵来得这样快。晋突击得手，暂时遏制了梁军的攻势。

但康怀贞一干梁军将领也非善辈，都是作战多年的老手了，马上调整部署，督兵再攻。梁军人多势众，战斗力很强，这次连李存审这支援军也支持不住了，不得不再向大本营的李存勖告急。接到急报后，李存勖亲率精兵由潞州一带向西急进，救援河中。

李存勖一到，战局即刻改变。在山西解县，即运城一带，晋梁两军相遇，双方大战一天，梁军大败而逃，被迫解围。

朱友谦为感谢李存勖的帮助，只带数十骑兵来到晋军中面谢李存勖。这是个很大胆的行为，因为毕竟朱家与李家血战数十年，双方之间的仇恨是无法用语言表达的。而且朱友谦是朱温的假子，一向是朱温心腹，在后梁位高权重，多次与晋军交战，现在时移势异，朱友谦竟然与仇敌晋军的李存勖成为一起战斗的同盟。但这种同盟可靠不可靠，还需双方用行动表明。因此，朱友谦才做出了只带少数人来赴会的决定。这样的行动最能表明诚意。

李存勖得知朱友谦前来的消息，心中还有些防范，为防变故，在大帐前后安排了许多卫兵。后来见朱友谦轻身而来，便命撤去卫兵，大摆酒宴，命乐队奏乐，双方把酒言欢。朱友谦喝得大醉，夜晚也不走了，就在晋王军中留宿，而且睡得很香，鼾声如雷。天亮后，继续宴请，连摆两日酒宴，朱友谦方才离去。

李存勖事后评价道："想不到梁军中也有这等汉子。"本为世仇的两家，如今突然成了好友，而且毫不怀疑来赴酒宴是很需要一番胆量的。过去很多酒宴就等于杀人宴，这等胆识不是一般人能有的。

朱温虽死，心腹还在。敬翔担任着崇政院使的职位，相当于宰相，这让朱友珪非常不放心，但又不能完全解除敬翔的职务，便让其改任中书侍郎、同平章事，由李振接任崇政院使。这等于是剥夺了敬翔的实权。敬翔见此情景，便主动称病不再干预朝政，在家休养以待时机。

杨师厚新得天雄节度使，魏博精兵尽在掌握之中，还兼着都招讨使的重任，可调动各镇兵马，而且朝廷宿卫劲兵多在其麾下，实权极大。杨师厚也以老将自居，不把朱友珪放在眼里，遇事不向朱友珪报告，往往自行决定。朱友珪对此非常不满，但又没有办法应付，便想征召杨师厚入京，然后找机会除掉他。于是下诏给杨师厚，称："近期北方有重要军情，请爱卿来京一议。"

杨师厚接到诏书后，立刻收拾行装准备入京，左右心腹连忙劝道："大人不可入京，朱友珪必有害大人之意。"

杨师厚笑道："朱友珪这个人，我非常了解。请诸位放心，即使我入京，朱友珪也不敢把我怎么样。"言罢，遂率领万余精兵南渡黄河，直奔洛阳。朱友珪得知杨师厚领兵进京的消息后反而害怕起来。从这件事上就可以看出朱友珪的胆气很小，根本不是真正能掌领天下的人。

杨师厚到洛阳后，留兵于城外，只带着十几名卫兵入城。朱友珪见魏博兵没有入城，不禁大喜，见了杨师厚不但不敢加害，而且好言抚慰，讨杨师厚的高兴，还拿出宫中大量钱帛赏赐他。过了几天，又送杨师厚回魏州。

杨师厚回到魏州后，对左右说："如何？谅区区朱友珪后辈小子，能把老夫怎样？先皇在时，我尚让他几分，如今先皇已逝，我又有何惧焉？"

朱友珪自得帝位后，不是忙着励精图治，而是一朝权在手，便把令来行，忘乎所以，开始追求女色，荒淫肆虐。虽然他为了收买人心，对各位文臣武将也是多次赐给金银财宝，以期让大家为他效忠，但毕竟朱友珪的篡位名不正、言不顺，再怎么收买，大部分将领是不会买这个账的。这些不买账的人当中就包括朱家的一些近亲，如驸马赵岩。赵岩是朱温的女婿，原唐朝陈州刺史赵犨之子。朱友珪把赵岩视作心腹，派他到大梁给朱友贞宣旨。

赵岩到大梁后，表面上宣了旨，但之后便马上与朱友贞密谋除掉朱友珪。朱友贞问赵岩有何良策，赵岩认为："此事还得依靠杨师厚。只要杨师厚给军队下令，稳住京城和外地诸军，我们的事情就能成功。均王可秘密派人与杨师厚联系，千万不要走漏风声。"

于是朱友贞便派遣心腹到魏州找杨师厚商议，请杨师厚公开讨伐朱友珪，并答应事成之后，由朱友贞拿出大批钱财犒赏杨部。

接待了朱友贞的密使后，杨师厚不禁有些犹豫，他召集左右心腹将领，把朱友贞的意思向大家做了转述，表示了自己的疑虑："当初郢王友珪弑逆的时候，我没能立即讨伐。如今君臣之分已定，我再要起兵，岂不成了反叛？诸君意下如何？"

大部将领认为："郢王不过是杀父弑君的逆贼；均王兴兵为先皇报仇，乃是正义之举。我部乃奉义讨贼，郢王窃取名号，本身是贼，哪有君臣名分？况且，若我部按兵不动，万一均王讨伐成功，登上帝位，那时天下人将如何看您？"

杨师厚惊道："幸得提醒，不然真误大事。既然如此，我当立即行动。"

杨师厚首先派人前往洛阳，找到左龙虎统军袁象先，原来的统军韩勍已经调任匡国节度使。袁象先是朱温的外甥，兼任着亲军都指挥使，洛阳城的大半精兵都在他手中，说动了袁象先，事情几乎就等于成功。袁象先见杨师厚都同意推翻朱友珪，于是也答应采取行动。

为确保万无一失，杨师厚另派手下将领率兵前往洛阳附近的滑州，作为外援，专等洛阳事起。

同时派人告诉朱友贞、赵岩已经布置妥当，一旦事成，迎立朱友贞为帝。

那边朱友贞与赵岩议定，他在大梁发动兵马西进，袁象先在洛阳一时俱起。

公元 913 年二月的一个清晨，袁象先指挥所部数千羽林军直接攻入洛阳的皇宫，一举诛杀朱友珪。朱友珪一死，洛阳各部驻军趁机洗劫京城，大肆抢劫，随便杀人，导致许多大臣被杀，就连宰相李振也被士兵打伤。

袁象先、赵岩见事变已成，立即于宫中取了后梁的传国御玺前往大梁，请均王朱友贞来洛阳继位。朱友贞认为大梁是自己的根据地，不愿去洛阳，便对来使说道："大梁本是我朝创业之地，何必洛阳？"

于是大梁在公元 913 年就成了后梁的政治中心。

第十四章　朱家乱了

当朱氏一族正忙于内乱的时候，幽州被李存勖收复。

幽州一带平定，减少了东方强敌，大大稳固了李存勖的后方。

赵王王熔听说李存勖灭燕成功，也非常高兴，不等晋军启程，王熔和王处直两家的联合特使就到了幽州，请晋军由南线返回，且王处直、赵王都要在半路迎接，为晋军接风洗尘。李存勖见两家如此热情，便率大军由南线返回。至定州，王处直迎接，与李存勖一起参拜了北岳庙。至行唐，王熔在此迎接，大摆宴席，款待晋军将士，王熔亲自为李存勖祝酒，恭贺平定幽州。

幽州既平，同盟巩固，下一步便是要向梁朝发起攻击。而就在此时，朱氏政权的重要人物杨师厚病死了。杨师厚当时为天雄节度使、兼中书令、邺王，官衔一大串，手握重兵，占据要地，资历深厚，又助朱友贞夺帝位有功，因此很不把大梁的小朝廷放在眼里。杨师厚所在的魏博是个特殊的地区，关系复杂，自安史之乱以来一直就很让朝廷头痛。朱氏政权成立后，对魏博也一直是厚加安抚，无可奈何。现在杨师厚死了，朱友贞认为机会来了。

朱友贞得到杨师厚死讯的消息后，表面很悲伤，暗地里在宫中悄悄与近臣一起庆祝。租庸使（相当于财政部长）赵岩进一步为朱权贞分析了当时的形势："魏博过去是唐朝的心腹大患，两百年来，朝廷试尽各种办法都没能解决这个问题，关键就在于魏博地方势力盘根错节，形成了气候，再加上那里地广物富，兵精马强，我朝也只能任其所为。现在杨师厚死了，正是个好机会，陛下何不趁此把魏博六州分成两镇，由两个节度使分别管辖，这样地方势力削弱，朝廷力量加强，易于控制。一旦错过这个机会，朝廷再想动就难了。"

朱友贞觉得赵岩的分析非常有理，况且他自己也早就想去除魏博这个病块了。于是朱友贞立刻下令：

1. 将魏博六州中的相州、澶州、卫州划出来，另设一个昭德军节度使的位子，管辖这几州，魏博的物资也划出一半归昭德军管辖；

2. 调任平卢节度使贺德伦为天雄节度使，统管魏博；

3. 担心魏博人不服，特命新任节度使带领亲兵上任；

4. 为了确保交接顺利，以加强北方防务为借口，令大将刘鄩领六万人马渡河北上，驻扎于魏博附近，威胁当地，给新任节度使造声势。

贺德伦率自己的五百亲军直入魏博州城魏州，接任了天雄节度使之位。同时，已经过了黄河的刘鄩也派手下猛将王彦章率五百龙骧精骑进入魏州，驻扎于金波亭，意图与贺德伦互为援手。

魏博军队基本都是父子兵、兄弟兵、亲戚兵、亲家兵，互相联姻，宗族盘节，外人难以撼动，而且他们多年驻扎在当地，根本不愿分开。魏博军队在多年的征战中早就从实践中悟出了分则弱、聚则强的道理。现在朝廷有令要把魏博军队一分为二，而且一部分将士要随军迁往外州，各营将士不禁心生怨恨，变乱的谣言四处传播。贺德伦又不住地催促应迁走的部队快些行动，就更加速了事变的爆发。

公元 915 年春天的一个傍晚，不愿被分割外迁的魏博军队爆发兵变，首先围攻金波亭，王彦章仓皇逃走。接着乱兵攻入节度使府，杀光了贺德伦所带来的亲兵，劫持了贺德伦。魏博一时没了主人，乱兵到处抢劫，城中一片混乱。

李存勖趁势接管了魏博，将战线推进到黄河。

刘鄩的大军虽然与晋军隔河对峙，但一直没有机会交战。朱友贞本身就为魏博的叛变十分后悔，如今刘鄩无功，更令他生气，多次下令让刘鄩进攻。刘鄩军旅生涯多年，早年指挥过很多次成功的战役，深知作战精要，何时进攻，何时防守，心中有数。如今晋军势头正盛，贸然进攻，断无取胜的把握，因此他一直在等待机会。这个机会果然来了，而且还差点成就了刘鄩。

李存勖年轻气盛，喜欢把太宗李世民当作自己的榜样。当年李世民作战时经常亲自侦察敌情、冲锋陷阵，面对强敌，毫无惧色。李存勖作战前也经常效仿李世民的样子亲自侦察敌情。李存勖的这个习惯早就被刘鄩掌握，他每天都派伏兵秘密隐藏在河边的密林中等待时机。梁军中有不少将领都对刘鄩的做法嗤之以鼻，他们觉得打仗就是要光明正大，不应每天偷偷摸摸地在那儿等。这些梁军将领早就等得不耐烦了，一直都要求刘鄩尽快与晋军决战，但每次都被刘鄩拒绝。

公元 915 年，一个阴暗的夏日里，李存勖又像往常一样率领一百多名精骑沿河而上，前去侦察刘鄩的军情。当他们进到黄河边的一处密林时，早已埋伏多时的梁军一拥而上，把晋王一行重重围困住了。

晋王突见伏兵，开始也是心中一惊，但他很快镇定下来，立即指挥手下骑兵东拼西杀，左右突击，力图打乱梁军队形。但梁军人数众多，晋军一时也冲不出去。李存勖手下的一员将领夏鲁奇表现出色，作战极为勇猛，一人杀死上百名梁军，自己也是全身带伤。其他晋军将士拼死保护晋王，李存勖自己也身先士卒，跃马大呼，入梁军阵中，勇猛冲杀，全无惧意。这场遭遇战从中午一直打到天色近晚，晋军李存审派遣的救兵来到，李存勖等人才冲出重围，安全脱离险境。

此仗虽险，但晋军只损失了七名骑兵。其他人虽然多数带伤，但都活着杀了出来。夏鲁奇的出色表现使李存勖非常高兴，回到营中后，李存勖赐其姓名为李绍奇，以示亲宠。

刘鄩此计不成，另寻他计。他仔细分析了各地搜集来的情报，发现晋军主力全数在此，认为既然晋军倾巢而出，其根据地晋阳（太原）必定空虚，不如秘密引兵偷袭晋阳，如果拿下晋阳，必然会给晋军心理上造成极大震慑，晋军进无所攻，退无所依，可一举打败李存勖，消灭河东劲敌。刘鄩立即率军趁着黑夜悄悄西行，进入山中偷袭晋阳去了。

刘鄩走后，梁军营寨实际已成空寨。晋军的侦察兵每日仍到梁军营寨附近侦察，只见城上梁军旗帜往来移动，人影绰绰，似乎梁军仍在城中，但是整个军营又寂静无声，非常安静，这让晋军甚觉奇怪。再派人打探，发现城中没有了烟火。

李存勖得到情报后，想了想，说道："我听说刘鄩用兵，擅长偷袭，每走一步之前，都要仔细计划。如今梁营中一定是人去营空。"

果然晋军一攻，发现是空城一座，城中还有些留下的老人等，一问方知，刘鄩已引军走了两天了，但不知道去了什么地方。至于那些往来移动的梁军旗帜，不过是刘鄩在一些驴子身上绑上旗帜，让这些驴子在营中随便走动罢了。

李存勖大急，不用问，刘鄩一定是获知晋阳空虚的情报，引兵偷袭晋阳去了。李存勖一算，梁军已走了两天，刘鄩所部以步兵为主，为保密，一定走的是山中小道，路险难行，行军速度必定缓慢，晋军若以骑兵走大道急速返回晋阳，可望赶在刘鄩之前到达。于是李存勖马上抽出一部分骑兵令李嗣源率领，走大路星夜兼程返晋阳，同时另派一支人马追赶梁军。

刘鄩领着梁军在山中艰难前行，本来山路就不好走，结果偏偏又赶上连日下雨，道路更加泥泞不堪，许多地方根本就无法通过，有些险要的地方还得攀藤爬葛才能过去。时值夏日，梁军携带的干粮很快都腐烂了，又无法就地补给，许多梁军士兵不停地拉肚子，再加上连日在泥泞中行军，有些士兵的脚都泡烂了，还有不少从山上掉下来摔死了。艰苦的行军让梁军怨气冲天，都埋怨刘鄩放着好好的仗不打，非要千里迢迢偷袭晋阳。更糟的是，晋将李嗣源已经率骑兵抢先返回晋阳，发出预警，组织人马守城，并派兵截击梁军。

好不容易出了群山的梁军筋疲力尽，本想好好休整一下，结果还没喘口气，就得到情报说晋军已在前方布下伏击圈，后面的晋军追兵也即将赶到。听到这些糟糕的消息，梁军军心大乱，众无战心，不知如何是好。刘鄩见此情形，只得全力激励大家，否则不等作战开始，全军就会溃散。刘鄩的话给梁军指明了他们所处的形势："我们如今离家千里，是在敌人腹地，前有堵截，后有追兵，周围地形险恶，如果我们不团结一致，拼死一战，只会死在此地。大家一定要抱定死战的决心，才有机会活着出去。"

刘鄩的话果然起到了鼓舞人心的作用，本要溃散的军心重新收拢起来，梁军在刘鄩的带领下安全跳出了晋军的包围。此次远程偷袭，不但劳而无功，还损失了许多士兵，战马也死了一多半，令梁军军力大损。

刘鄩只得向南退保临近黄河的莘县。经过几番折腾，梁军的粮草也几尽吃光，需要朝廷增加粮草供应。为保证粮道的畅通，刘鄩命人从河边修筑甬道直达莘县。晋王李存勖也率军进抵莘县西三十里的地方，每日派人前来挑战，但刘鄩坚守不战，让晋军无可奈何。

除了刘鄩率领的这支梁军外，各地还有许多梁军，梁军的总兵力仍大大超过晋军。刘鄩毕竟用兵多年，深知兵法，晋军目前势头正盛，士气很旺，如果贸然出战，万一失败，对梁军士气会有很大冲击。所以任凭晋军怎么挑战，刘鄩就是不许部下出战，他打算等晋军粮草耗尽，士气衰竭时，再择机反攻。

但是朝廷却认为刘鄩出师日久，按兵不战，每天要消耗大量粮草，还损兵折将，连失土地，这让朱友贞非常生气。朱友贞派钦差来到前线刘鄩营中斥责刘鄩为何不速战速决，反而一再贻误战机。

刘鄩在给朱友贞的奏章中解释道："臣并非不想速战速决，本来臣是想率一支奇兵偷袭其根据地晋阳，然后再取镇州、定州，平定河朔地区，保卫国家安全。但不料在我们前往晋阳时，阴雨不断，粮草枯竭，无法前行，而且晋军又得到消息，有了准备，我军才不得不返回。我本想回占临清，夺取晋军的后勤补给基地，但谁知周德威率骑兵突然抢占了临清，令我军措手不及。所以臣才退保莘县，以待时机。现在看来，晋军兵强马壮，士气正旺，暂时难以力取。我们只有静观其变，抓住时机再以智取。"

朱友贞见了刘鄩的奏章很不满意，认为不过是些推托之辞，又派人询问可有具体的破敌之策。刘鄩的回答让朱友贞更加生气，"臣如今也没什么太好的计策，请陛下保证前线有充足的粮草供应，将来或许可有机会破敌。"

朱友贞再派人斥责刘鄩："将军蓄米，欲破贼邪，欲疗饥邪？"由此，刘鄩得了个"蓄米将军"的称号。

刘鄩长叹道："主暗臣谀，将骄卒惰，吾未知死所矣。"

硬拼不行，刘鄩就搞暗杀，他的暗杀不是用刀，而是下毒。他选了几名胆大心细的可靠之人，让他们悄悄带着许多钱财前往晋军诈降，取得晋军的信任后，用这些钱财贿赂晋王李存勖的厨师，想在晋王的饭菜中下毒，来个擒贼先擒王，先毒死李存勖，让晋军群龙无首，陷入混乱，再乘机打败晋军。但事机不密，被李存勖发现，一举破获了下毒案。刘鄩的暗杀计划失败。

在刘鄩心中，李存勖是唯一可怕的人，只要李存勖一死，其他的事情都好办了。但暗杀计划失败，刘鄩也无可奈何，只得继续坚壁不战。但大梁的朱友贞迫切希望一决胜负，不断派使者催促刘鄩出战。这时李存勖为了吸引刘鄩出战，也采取了引蛇出洞之计。既然刘鄩这么怕自己，干脆就遂了他的愿。李存勖宣称，前线战事久拖不决，他要到贝州一带去慰问军队，然后就回晋阳根据地去探望王太妃。消息传出后，李存勖留下李存审守营，自率一部精兵往贝州方向前进。

刘鄩得到这个消息后，立即向朱友贞报告，并请求趁李存勖不在，立即出兵偷袭魏州，夺回被晋军占领的战略要地。朱友贞见机会来了，也十分高兴，尽遣精兵归刘鄩指挥，希望一举翻盘。他在给刘鄩的圣旨中说："今扫境内以属将军，社稷存亡，在此一举！"

刘鄩派大将领万余人为前锋，夜袭魏州，自率大军紧随其后。镇守魏州的晋将是李嗣源，李嗣源早就做了准备。见梁军来袭，李嗣源以攻为守，予以迎头痛击。梁军前锋本来是准备打晋军一个措手不及的，但没想到却被晋军打了个措手不及，一下子全军溃乱，向后退却。半途正遇到随之而来的刘鄩大军，两下合兵一处，准备再袭魏州。刘鄩的算盘是，魏州的晋军必定因胜而骄，放松警惕，此时再袭定能一举成功。

但刘鄩不知道的是，他正中了晋军的计。早在他离开莘县大营时，李存审就已悄悄率晋军尾随而至；而去贝州的李存勖也已率兵进抵魏州与李嗣源所部会合。刘鄩面临着被两面夹击的危险。李存勖的到来和形势的骤然变化令刘鄩惊慌不已，但好在他征战多年，在梁军腹背受敌处境极为不利的情况下，依然在匆忙中迅速令梁军摆下阵势，抵抗晋军。晋军遂四面合围，全线出击。双方都是百战之师，会战尤为惨烈。但晋军毕竟势头正盛，合战良久后，梁军先败。刘鄩见大势已去，只得带领数十心腹突围而走。剩下的七万梁军被晋军紧紧围住剿杀，几乎全军覆没。失利的消息传来，朱友贞长叹一声："大势去矣！"朱友贞的最后一线希望也破灭了。

刘鄩所部一败再败的消息不断传到大梁，朱氏下属的整个河南一带人心浮动。赵岩认为，刘鄩是故意不尽心作战，一再失利，影响梁军士气，目前已不适宜再指挥前线军队，应将其召回大梁，另派大将代替刘鄩统率梁军，重振士气，再寻机与晋军决战。朱友贞遂决定召刘鄩回大梁。朱友贞召刘鄩回来还有一个意思，就是想当面听听刘鄩对于下一步形势的发展到底有何建议。朝廷的命令传到刘鄩处后，刘鄩以前线军情紧急为由不应召。朱友贞连发几道诏令，都没能召动刘鄩。最后只得让刘鄩转任宣义节度使，带兵防守黄河边的黎阳。

后梁小朝廷内部有变乱，前线失利不断。除了刘鄩据守的黎阳外，河北各地全都被晋军占领。

然而谁都知道，平定河北意义重大。这里所说的河北并不完全等同于今天的河北省，而是泛指山西以东，黄河以北，长城以南的地区。而且这个河北又不同于唐朝最盛时期的河北道，唐朝最盛时期的河北道是指从幽州东北到外兴安岭，包括现在整个的东三省、内蒙古的一部分，直到大海的广大地区。自晚唐以来，这个山西以东，黄河以北、长城以南的河北各地一直为各个节度使所分据，自立为许多割据政权，他们枝连同气，共同联合起来对抗唐朝朝廷，共同抗命、抗税、抗租、抗捐、抗贡。老的节度使死了，军中就拥立他的儿子、近亲，或军中大将接任，继续维护地方小集团的利益。

每当朝廷要治理这些藩镇，或者朝廷不同意他们的方案时，他们就联兵作乱，互相支援。这种局面实际自安史之乱结束后，就已经存在，而且还相当严重，这些地区等于由一个个的独立王国组成，整个国家处于实际上的分裂状态。唐朝中期以后的近十代皇帝，费尽力气，用尽办法，派尽军队，用了一百多年的时间都未能彻底平定这一地区。当地战乱不断，生灵涂炭，社会生产力受到很大打击。

由于朝廷的军力、财力、物力要被用来征讨这些地方，对边疆地区的控制力就下降了。

在西北方面，原本控制着巴尔喀什池以南、以东大片地区的北庭都护府名存实亡。唐朝失去了对西北、西南大片土地的直接控制力，这些地区被兴盛起来的吐蕃、南诏占领，当然，从历史的角度来分析，吐蕃、南诏占领地也还是在我们中国人的手中。因为朝廷的虚弱，吐蕃在安史之乱后不久，还一度攻占长安，在城中大掠十二天后，才弃城而去。之所以在那种情况下，这些地区还能在中国人手中，是因为当时没有像现在这样强大的其他外部国家；若是有，只怕人家早利用你的内乱和分歧把这些地方分裂出去了。

在南方，自西汉以来一直是中国领土的交趾郡地区（大致相当于今天越南的北半部）在唐朝晚期从中国分离了出去。从西汉时期的公元前 2 世纪到唐朝晚期的公元 9 世纪，整整一千多年间，这一地区一直是中国的国土。其间即使是在大动乱的三国、两晋、南北朝时期，交趾郡一直都在中国各级政府的有效管理之下，然而唐朝晚期的内乱却使中国丧失了这些国土，此后那里的历史便由人书写，时至今日又已一千年矣！近代以来，南海风云四起，南沙等处列国纷据，孽根在千年前就已种下。

总之，每当内部出问题，朝廷实力虚弱、藩镇势力强大、各自为政之日，就是国家贫弱、兵祸联结的时候，就是百姓遭受极大痛苦的时候。中外历史一再证明，团结、统一才能带来繁荣富足，内斗、分裂只会导致衰败贫困。在泰西诸国虎狼环伺的现代国际社会中，唯有保持国家繁荣强盛，才能保护人民的幸福富足。国家好，个人好，是千古不变的道理。

自李存勖继位以来，各种大小战斗、战役他经常亲自指挥，而且还一马当先常率众冲入敌阵。由于他常年在外，后方根据地就需要一位既可靠忠心，又有经国安邦之才的人来镇守。晋阳是李家起事的根据地，替李存勖镇守晋阳根据地的是原来唐昭宗派来的太监——张承业。一提起太监，人们通常最先想到的是赵高、张让、李辅国、鱼朝恩、仇士良、魏忠贤等这些为非作歹、祸国殃民的大太监，一般较少会想到那些做了好事的、忠良的太监，如造纸的蔡伦，七下西洋的郑和等。可能是干坏事的太监自古以来太多了，坏太监的知名度也就比较高吧。

在唐末五代的历史上，还有张承业这个知名度不高的杰出太监，他的名字应当被人们记住。张承业应属历史上不可多得的、忠心耿耿、有经略之才、能干事的忠臣，他不是普通的太监。

张承业的角色就如同刘邦的萧何。刘邦之所以最终能战胜项羽，除了有用兵如神、能征惯战的韩信、彭越、英布、曹参等大量武臣外，最重要的就是有萧何这个后勤总管为他镇守后方。自古以来，战争既打的是力量、智谋，也打的是后勤，古语云：兵马未动，粮草先行，说的就是这个道理。如果没有足够的粮草，再有百万大军也是无用。当年诸葛亮六出祁山最终无功而返，其中几次都是因为粮草问题。打仗是要死人的，兵员减少了，后方得有人给你训练好新兵，不断向前线输送；粮食告急了，后方得有人给你及时筹措好并送到前线。

总之，没有一个好的后勤总管来安定整个大后方，前线的胜利很难持久。

张承业是一个真正杰出的监军。晋王李存勖连年出征作战，需要源源不断的兵源、粮草和安定的后方。所以张承业的位置和作用特别重要。

张承业采取了一系列措施，竭尽全力做好一切安定后方的事宜，例如，鼓励老百姓好好从事农业生产，活跃各地的商业市场，公平交易，积蓄大量的钱财，以备日后作战之需。他还经常派人到边境上与契丹进行贸易，主要是购买马匹，训练后装备骑兵。

在搞好经济基础的同时，张承业深知社会规范的重要性。在一个社会中，自由固然很重要，但历来的自由都是建立在一定社会规范的基础之上的，这一点古今中外概莫能外。张承业在晋阳主要推行“王子犯法与庶民同罪”的政策，对待晋王家族的亲贵一视同仁，无论谁违反了法令，都一概按律治罪，绝无宽恕。首先从约束领导干部及其亲属做起。有了领导的以身作则，下面人才好说话。由于张承业的铁面无私，严厉打击，晋王家人和亲属基本都老老实实，没有敢不守法令、为所欲为的。正因为有了张承业的尽心尽力，全力辅佐，李存勖才能率军东征西讨，连打胜仗。

不久之后，晋王下令，承制授封张承业开府仪同三司、左卫上将军、燕国公。之所以说是承制，因为李存勖封给张承业的这三个官职、封号，严格来说只有皇帝本人才能下令封赐。唐朝皇帝已被朱温杀害，唐朝事实上已经灭亡，但在晋王这里一直沿用唐朝年号，一直打着恢复唐室、剿灭伪梁的大旗，以示忠心不改。因此，晋王特别强调自己是承制授封别人。开府仪同三司是一种荣誉封号，可以自制官属；左卫上将军相当于负责京城安全的司令之一。因为还有右卫上将军，各朝设置不一，大致如此。

但张承业表示自己永远是唐臣，不敢接受晋王的授封，即使是承制也不行。就这样，一直到张承业去世，始终只让人以当年唐朝皇帝封给他的“河东监军使”这个唯一的官号称呼他。

公元917年年底,山东一带的黄河传来好消息,因天气极度寒冷，黄河结冰了。李存勖闻讯大喜：“用兵数年，多次欲攻过黄河，只限于滔滔河水，我军难以渡河。如今黄河自动结冰，此乃天意！传令，即日起兵，进攻杨刘。”

杨刘是黄河岸边当时的一处重要战略据点，得杨刘者即占据主动，历年来是双方争夺的焦点。当年十二月，李存勖率兵来到黄河边，果然黄河已结冰多日，河冰日坚。李存勖当即率骑兵由冰上直接过河。梁军已派了数千士兵防守杨刘，为巩固杨刘，沿黄河南岸到处设置防御工事,但工事一长,必有薄弱之处。李存勖率精锐猛攻，一路把杨刘周围的工事大部分攻占。杨刘外围已失，孤城难立，晋军携胜利余威，四面围攻，一日之内就将杨刘攻下，梁军主将被俘。消息传到洛阳，朱友贞大惊。

朱友贞在李存勖进攻杨刘之前，就以郊祀为名离开大梁，来到洛阳。朱友贞登位以来，疏远老臣，亲近周围小人。如户部尚书赵岩就是年轻新贵的代表。在郊祀的问题上，新贵和老臣发生了争论。赵岩力劝朱友贞到洛阳去一趟，履行郊祀的仪式，并说如果不举行这个仪式就会被各地的藩镇看轻,因为过去的皇帝上台后,总要郊祀，算是祭告上天自己当了皇帝了。况且洛阳是西都，还有些皇室宫阙，也应当到那里去看一看。

老臣敬翔表示反对，他劝朱友贞：“自刘鄩失利以来，我方公私困竭，人心动荡。如今若是西行郊祀，必要对大臣有所赏赐，现在的情况下，财物不足，赏赐只会增加朝廷的负担，实是图虚名。况且晋军就在黄河北岸，离大梁不远，皇上为国家根本，岂宜轻易离开根本之地？待重振实力，平定北方之后，再行郊祀也不晚。”

敬翔之言有理，但朱友贞禁不住赵岩一班人天天的劝说，决意赴洛阳郊祀。就在郊祀进行当中，传来晋王李存勖攻破杨刘的消息。因杨刘离大梁不远，一马平川，到处传言说晋军已运用闪电战，骑兵已入大梁，并且派兵西行，封锁了大梁与洛阳之间的汜水。这次，不光是朱友贞慌了，连那些跟他一起来洛阳的侍从、官员也都慌了，他们这些人首先想到的不是小朝廷的安危，而是自己在大梁的家产怎么办，一个个都愁眉苦脸，相对而泣。朱友贞连忙派人打听到底大梁是否失守。派去的人很快回来报告，晋军并没有离开杨刘，大梁安然。朱友贞这才放心，但郊祀是没有心情再继续下去了，连忙起驾东归大梁，留下张宗奭（就是张全义）为西都留守镇守洛阳。

后梁政权在风雪凄惶中度过了公元 917 年。

公元 918 年元旦后（当时的元旦即今日之春节，袁世凯时才将元旦改为今天的公历新年第一天），朱友贞回到大梁。敬翔早就对这些新贵不满，于是再给朱友贞进谏："国家连年兵败，不断失地，疆土日少。陛下居于深宫之中，与您一起参谋国家大事的都是您左右侍从之人，这些人久居京城，从未上过疆场，如何料敌制胜？先帝在时，为争河北，御驾北征，亲自统率麾下精兵猛将，尚且不能全胜而返。如今敌军已过黄河，进逼郓州，陛下还不警醒？臣闻李亚子（指李存勖，因李存勖排行老二，称为亚子）继位以来，于今十年，身先士卒，攻城野战，无不亲当矢石。近期进攻杨刘，听说李亚子亲赴一线，激励士兵，即使杨刘防守如此险固，也被一战而下。反观陛下，儒雅有余，填词作诗，不以战事为意。外派将领也非其人，何能指望退敌？唯今之计，应尽快复用有忠心的老臣，才有可能缓解危机。要不然，只怕国家危亡不远。臣虽老，愿亲赴前线，为国退敌。”

敬翔的这道奏折上呈后，赵岩等人得知了奏折的内容，就在朱友贞面前告敬翔“对不受新皇重用，心怀不满，因此才要求皇上重用老臣，实际是为他自己打算”。朱友贞本是耳根子软的人，便对敬翔的意见置之不理。

杨刘在晋军手里对后梁是巨大的威胁，朱友贞当然知道厉害，很快派河阳节度使、北面行营排陈使谢彦章率数万人马反攻杨刘城。李存勖闻听梁兵大举而来，也亲自率兵来到黄河边，进攻谢彦章，以解杨刘之围。李存勖的威名早已震动梁军。谢彦章知道李存勖善用骑兵，骑兵利于平原，他急令梁军筑起营垒，阻挡晋军骑兵进攻。为了保险起见，谢彦章还下令挖开黄河一小段河堤，放出部分河水阻挡晋兵前进。河水战法果然暂时起到了作用，晋兵限于河水，不得进，只好停驻下来。看来谢彦章的这个河水战法在一千多年后还有影响，抗日战争初期，国民党也曾放过黄河水想阻挡日军前进。

原先驻守杨刘的梁兵在杨刘被攻破后，有许多散兵逃到了周围的山上，聚集起来也是一支不小的势力。那时士兵作战，谁给饭吃，谁的待遇好，就给谁干。今日是梁兵，明日就可能是晋兵。这些聚集在周围山上的梁兵也在观察梁晋两国的势力大小，发展如何。现在晋军暂时停驻在附近，李存勖认为正是用人之际，便派人进山寨招抚，大部分有眼光的梁兵都归顺了晋军。

时间过得很快，转眼便到了公元 918 年夏日旧历八月底。待泛出的洪水退去，李存勖率兵来到黄河北对岸，准备渡河。李存勖亲自坐着小船驶入黄河，测量水深。其实所谓测量水深很简单，就是把自己打仗时用的长枪插入水中，看看水能没到哪，根据水线的高度，就知道水有多深，能不能渡河。那天李存勖亲自测量的结果是，水深没长枪，不能涉水过河。

作战士气最重要，对岸杨刘被围攻，情况危急，但数万梁军仍在耀武扬威。若对方因水深不能过河，时间一久，士气会有很大削弱。李存勖便对诸将说："梁军人数众多，兵强马壮，但却不渡河攻我，说明他们并无战意，只想凭借着河水阻挡我军，由此可见梁军士气并不高。我军当涉水过河，强攻梁军。"

测量完水深的第三天，李存勖率军渡河。为给全军树立个榜样，他率领自己的亲军先行下水，诸军随之，全军穿甲横枪，结陈而进。军队过河非常不易，尤其是作战部队过河，不是空着手过，而是要穿着自己的盔甲，携带兵器等各种装备，比较繁重。如果水深及胸，人在水中很难站稳，水流轻轻一冲就会把人冲走。所以军队过河要结陈而进，就是大家手拉手，或相互拉着对方的兵器，集体过河。过河时还很有可能要作战，非常不易。

正当李存勖率亲军先行下水后，令人惊讶的事发生了：黄河水位开始缓缓下降了。原本没顶的水位，一会就落到了膝盖处。

古人本就相信天命，原来晋王决定下达涉水过河的命令时，许多人不以为然，认为在汛期过那么深的黄河，纯粹是鲁莽，是让士兵白白送死，但军令如山，大家不敢不从。如今晋王下水不久，水位竟然下降了，这不是天命是什么？晋军登时勇气倍增。当然，依据科学理论，可以用巧合来解释一切偶然发生的现象，只不过处在汛期的黄河水位下降，似乎有点过于反常，过于巧合了。

晋军渡河之战获胜，军心大振，李存勖决心对后梁发动更大规模的进攻。公元 918 年旧历八月，李存勖调动全军会攻梁军，令：

周德威率幽州步骑三万；

李存审率沧州步骑一万；

李嗣源率邢州步骑一万，南下会合；

义武节度使王处直也派遣将领率易州步骑一万会合晋军；

其余北方各镇节度使、镇守使等皆派兵助战；

契丹、室韦、吐谷（音：欲）浑等部落也派军来援；

各路人马于魏博会师。

李存勖在魏博大阅诸军，誓师讨伐后梁。

各路晋军自魏州前进至杨刘，沿河而上，再次寻找梁军主力决战。朱友贞收到晋军大举来伐的战报，急忙派贺环、谢彦章率梁军北上与晋军对决。

李存勖此次大会诸军，本意是直攻大梁，但梁军重兵挡在前面，就是坚壁不战。双方对峙百余日，就这样一直对峙到了冬天。这时，梁军内部发生了变故。

梁军主将是贺环和谢彦章，贺环是北面行营招讨使，谢彦章是排陈使。北面行营用今天的话来说就是北方军区或战区，招讨使大致相当于军区或战区司令，排陈使相当于副司令，但是并没有明确的隶属关系。这样的安排会带来麻烦。贺环善于指挥步兵，谢彦章善于指挥骑兵，两人都是梁军中的重要将领，但贺环心胸并不宽广，讨厌谢彦章与自己威名并列，总想机会整治、打击他。

晋梁两军对峙中的某一天，贺环与谢彦章一同到营外巡视战地情况，到了一处小山坡附近，贺环随口说道："这个地方可以建一处营垒，要是被晋军占去，对我军不利。"凑巧的是，第二天，偏偏晋军就真的在这个地方建立了一处营垒。贺环本来就对谢彦章有所怀疑，他昨天才说过的话，这么快就应验了，认为是谢彦章把消息透露给了晋军。

贺环与谢彦章在作战问题上本就已产生了不同看法，已经产生了矛盾。贺环的意见是尽快与晋军决战，不可以拖延时日。而谢彦章则不这么认为，他觉得晋军大举而来，利在速战，气势正盛，若贸然决战败给了晋军，则大梁就无险可恃，整个后梁小朝廷就会瞬间倾覆。谢彦章坚决不同意出战。贺环早就对谢彦章的坚壁不战有看法，他曾对谢说："皇上以倾国之兵授予我们，朝廷安危系于你我。如今强敌深入我境，直压国门，我们却逗留不战，犹豫徘徊，这是长敌人志气，灭我军威风。应当尽速决战，打败晋军，解国家之危。"

谢彦章的观点与贺环完全不同，他劝贺环道："强敌深入我境，正求速战。正因我军深沟高垒，据守要津，晋军才不敢绕过我军，直击大梁。若我军轻易出战，万一失利，则大事不妙。不如坚壁不战，消耗敌军，再寻机破之。"

谢彦章的话不但没有说动贺环，反而使贺环更加坚信他与晋军通谋，意欲打击梁军士气。因为梁军虽然历经失败，但基本战斗力仍在，仍是很能打的部队，所以贺环相信自己是能打过晋军的。对于谢彦章的行为，贺环派人秘密回到大梁向朱友贞作了汇报，并决意除掉谢彦章。同时贺环把自己的怀疑与行营马步都虞候、曹州刺史朱珪做了沟通。

二人密议之后，决定以犒劳将士、准备出战为名，大摆酒宴，在宴席上斩杀谢彦章，连同其心腹将领一同在酒宴上处死。

酒宴过程如贺环安排的那样，很顺利，也是老一套，先在帐后埋伏下武士，热情邀请谢彦章等人进入大帐，其卫士都被请到另一个营帐，说那里有更好的东西在等着他们，而卫士们也就高高兴兴地去了。这样留在大帐中的除了贺环、朱珪、杀手，其余的就只是谢彦章和他的几个将领了。过程就是，在酒热之际，大家都比较放松之时，突然令武士冲出，不必搭话，立即将早就瞄准的几个目标直接杀死。

要杀人的酒宴通常和电视剧或戏剧中的场景不太一样。电影电视中往往比较复杂，通常是：

武士冲出擒住目标人物，目标人物挣扎。

主谋者冷笑，然后宣布：你等谋反通敌，我奉皇上密诏，将你及一干人等就地正法。

目标人物大叫：我等无罪，你假传圣旨，滥杀忠臣，必遭报应。

然后，主谋者下令将其杀死。

现实中要是这样做，是非常危险的，有可能功败垂成。因为目标人物本身也都是武将，如果不一下将其杀死，而是先擒住，再说几句废话的话，说不定就会有人挣脱，跑到帐外，局势立马就会逆转。

所以历来要在酒宴上杀人，一般都是直接杀死，不会有那么多的话，还等对方申辩完了再杀。对方如果口若悬河，具有煽动性，说不定会连那些参与阴谋的人都动摇，这对主谋是非常不利的。

由此也可见，有些酒宴不是那么好去赴的，说不定就成了有去无回。

在这次酒宴上，谢彦章与其心腹将领一同被杀，而他们这几个人都是非常善于指挥骑兵作战的。他们的死，使梁军骑兵战斗力大为削弱。

梁军内斗、谢彦章被杀的消息很快传到了晋王李存勖那里。李存勖大喜："梁人将帅自相残杀，内乱渐成，灭亡不远了。贺环为人残暴，不懂如何驾驭骑兵，必不得骑兵之心。我若率军直捣大梁，贺环岂能坚壁不动？若其出战，我军必胜。"李存勖分析了形势后，想自己亲率万名精锐骑兵飞速前进，直捣大梁。

但老将军周德威认为这样做十分冒险，他认为："贺环虽杀谢彦章，但梁军整体的战斗力并未受损伤，战斗力不可小视。我若悬军远袭，万一不成，大王的处境可就危险了。"

李存勖对于抓住机会攻打大梁早就等得着急万分了，如今有这样的机会，哪里肯放过。周德威的劝阻也没有起到作用。

几天后，李存勖下令，军中老弱归魏州，精锐留下，号称十万，毁营而进，直指大梁。颇有当年项羽破釜沉舟的决心。

贺环探得晋军已向西南的大梁方向前进，也弃营尾追而来。

大战即将爆发！

这次晋王打算用闪击战直袭大梁，保持军队战斗力就非常重要，所以他在毁营而进之前，从魏州当地征发了三万名白丁随军，以供营栅之役。就是这些没有战争经验的白丁几乎毁了李存勖的大计。

晋军出发的第三天，至胡柳陂宿营。

第四天，有候骑来报，梁军从后大至。候骑就是侦察骑兵，也称斥候。李存勖欲战，周德威认为不可："敌军倍道而来，未有所居，而我军营垒已成，守备有余。我既深入敌境，应当小心谨慎，若战需有必胜把握，不可轻发。况且，此去大梁极近，梁兵家属均在大梁，怀顾家之念，必然拼死作战，不可小视。大王应率主力驻守营垒，坚壁不战。我率部分骑兵分道出击，骚扰梁军，使其不得休息，营垒难以建立。待梁军疲惫不堪时，大王出击，可一举破之。"按理说这是周德威出的稳妥万全之计，毕竟周德威是非常有经验的老将军。

但这时的李存勖求战心切，听不进去周德威的计策："我军与梁军相持百余日，一直求战不得。现在梁军送到门口，还等什么？将军为何如此胆怯？"

周德威献上好计，反被讽为胆怯，不等他回话，李存勖已开始布置作战了，他命令李存审："辎重先行，我亲自率军殿后，待击破贺环军后，即向大梁。"

布置完毕，李存勖即率亲军出动了。周德威不得已，也只好率其所部幽州兵马跟随出战。临行前，他对随他一同出征的儿子说了一句马上就会应验的话："吾不知死在何地了。"

由于李存勖令辎重先走，因此晋军的辎重部队正在向西行进。西面是后梁占据的濮阳，西南方向是大梁。这时晋军主力和梁军都在辎重部队的东面。晋军一出动，贺环的大军也到了。因这一带都是平原，所以贺环在行军途中便以作战队形开进，梁军横亘数十里，杀声震天。李存勖对此毫无惧意，率他的亲军也是最精锐的骑兵，号称“银枪都”直冲入梁军阵中，东突西杀，往返十余里，把梁军阵形搅乱了。

梁军的猛将左厢行营马军都指挥使、郑州防御使王彦章所部骑兵先败，离开梁军大阵，向西奔去。那个时代似乎彦章是个流行的名字，叫彦章的人很多，有谢彦章、王彦章、安彦章等。按说梁军阵势已乱，而且败的又是极具战斗力的骑兵，形势应是对晋军非常有利。但王彦章的这一败却给了梁军以扭转的机会。

晋军辎重部队正在西面，离战场不远，但置身于作战之外。忽见一片烟尘中梁军旗帜向这里快速移动，辎重部队顿时惊慌失措。辎重部队本身大部分是由前面所说的白丁组成，呐喊助阵尚可，基本是没有受过作战训练的平民，所以根本没有战斗力，也没有作战经验，远远望见敌人大队骑兵过来，早就慌了神。

四顾周围，离自己最近的是周德威所率的幽州军，那里肯定安全。辎重部队的人便一窝蜂地涌向了幽州军阵，想寻求保护。结果幽州军一下子被自己人冲乱了。梁军也紧跟着冲了过来，幽州军阵形大乱，自相踩踏，梁军趁势一阵砍杀。周德威父子都在混乱中战死，不幸真的应了出发前他才刚刚说过的话。

本来对晋军有利的形势被一群寻求保护的白丁改变了。晋军布置好的作战计划和阵形都被这一意料之外的事情而打乱，而梁兵却重新聚拢，兵势再盛。

晋军大部分将领认为，此时对方兵力分散，且天色渐晚，不若收兵回营，待诸军汇集后，第二天再与梁军决战。这意见一听，似乎是老成持重之意，至为稳妥。但战场形势瞬息万变，本来稳重为好的情况，随时就可能改变。若是只有这一种意见，说不定李存勖就收兵还营了，因为不听周德威的稳妥意见，果然导致了作战的不利。现在又有似乎稳妥的意见出来，这时往往就会听从。

幸而还有另一种观点。天平节度使、东南面招讨使阎宝认为：“王彦章骑兵已西入濮阳，山下梁军只剩步兵。两军大战近一天，天色将晚，梁军已有归意。我军若乘高而下，急击之，必破梁军。此时万不能退。我军刚深入敌境，只因小有不利就撤退，必被敌军趁势追杀。诸军未集者闻梁军再克我军，必不战自溃。战场形势变幻多端，需视当时情形而定，这种形势，何可犹豫？大王成败在此一举。若不尽力决战，即使能收余众北归，只恐怕河朔非大王所有了。”

昭义节度使李嗣昭也持同样的观点：“贼无营垒，日晚思归，我军以精骑扰之，使之不得起灶做饭。待其引退时，追击可破。我若收兵还营，梁军整众来袭，胜负不可知也。”

李建及也纵马来到李存勖身边劝道：“贼大将已逃，而我军骑兵全都在此。以我之精锐骑兵击贼之疲乏之众，定能大败敌军。”李建及说着就把手中大槊一横，“大王不需亲自动手，请观建及为大王破贼。”

李存勖本来想收兵还营，听了几位将领的话，回过味来：“要不是你们这样分析，我几乎就要作出错误的决定了（非公等言，吾几误计）。”

于是李嗣昭、李建及等率骑兵纵马下山，大呼杀敌，冲入梁军阵中。晋军诸将随后而来，梁兵激战一天，本来整众布阵是准备退回营中，被晋军全力一冲，登时散乱，纷纷退走。武器装备、辎重散落满战场。

此日一战，晋军、梁军士卒各散失大半，都暂时无力再战。

晋军收兵回营后，李存勖才知道周德威父子已经战死，不禁痛哭道：“损失大将，是我之过。”当即下令封周德威的另一个儿子周光辅为刺史。这一次的战役两军都没有得到什么胜利，反而各自损失不小。

在此次作战过程中，晋军因被冲散，各部各自为战，李嗣源与李从珂失散。李嗣源见晋军一时战败，找不到晋王的踪迹，不知所向。混乱中听人说，晋王因暂时失利，已经过黄河返回了。于是李嗣源也即率所部人马踏冰过河而去。李嗣源这次的误判后来被视为胆小怯战。等李嗣源探知晋王所在，便又过河前来相见，李存勖就不太高兴地说道："以为我战死了吗？为何渡河而去？"

李嗣源知辩解无益，只得顿首谢罪。李存勖也不是真要处罚李嗣源，便令其喝大杯酒补过。

第十五章　黄河边的鏖战

胡柳之战后，为加强对黄河战略要点的固守和争夺，李存审在黄河边上增筑德胜南北二城，夹河而起，扼守要道，进可以攻，退可以守，是晋军的前进基地，对后梁腹地形成巨大威胁。这样的地方，梁军当然不会让它保留在晋军手里。很快，贺环便率梁军来了。

贺环见德胜南北二城夹河而立，便制定了“拦腰斩断，断其一首”的战法，即先打断南北二城之间的联系，阻断救兵来路，集中兵力攻打南城。梁军开来大型战船十余艘，船上建有城堡，蒙以牛皮，内设弩手、战士，用大竹杠将战船联在一起，形如浮动堡垒，开到河中间，阻断晋军渡河救援。同时，梁军展开对南城的攻击，百道俱进，对南城形成极大威胁。

李存勖率军来救援，被梁军战船阻于北岸不得南渡。这时，河冰已化，无法直接渡河了。南城近在对岸，晋军却不能过河，令李存勖心急如焚。

最后还是李存勖的亲将李建及出来请战，他向李存勖进言道：“贺环率众而来，希望一举成功；我军若不渡河，则示之以弱。今日之事，请选敢死士，由建及率领，以死决之，必能破敌。”

李存勖大喜，令李建及即刻布置。有勇气是好的，但绝不是蛮勇，若是一味地使蛮力，多半不能成功。李建及就是有勇气又加上进行了充分的准备。

他首先挑选精锐敢死之士，给其装备重铠大斧，防护性能远胜于普通铠甲。重铠，顾名思义，确实也很重，所以要选精锐之士，穿上重铠后，还要能挥动大斧，这不是一般战士能做得到的。这样的精锐挑选了三百人。

其次，命人在上游准备好一些大木瓮，木瓮里面放上木柴和燃油，待进攻时点燃投入河中。

最后，配上晋军的战船翼而随之。

一切准备停当，李建及立即率敢死队乘小舟进攻。快要到梁军的浮动堡垒时，堡垒中箭如雨下，敢死队多亏了有重铠，虽有受伤但仍坚持冲到梁军的战船下面，敢死队战士挥动大斧，猛砍梁军用来连接战船的大竹杠。

与此同时，上游燃烧的木瓮也顺流而至，晋军战士用长钩钩住，将其推到竹杠下面焚烧。后面跟随的晋军战船也一同进攻。

利斧、烈火、敢死队，很快梁军的战船便被拆散，不少还着起火来。一时梁军大乱，晋军加紧攻击，终于破了梁军的浮动堡垒，南北晋军的联系打通。贺环见势，遂解围而去。德胜南城之围至此解开。梁军主帅贺环多次与晋军交战，虽全力应战，主动进攻，但基本是屡战屡败，由此忧愤成疾，数月后死去。

梁军失去一个旧人，晋军有新人登场。

公元 919 年春天，中门使孟知祥向晋王李存勖推荐了一个名叫郭崇韬的人。郭崇韬当时任晋军中的教练使，这个教练使不是教授体育，也不是争取金牌的，而是一级官职，主要职能是掌习士兵、教以兵法。唐时，中门使相当于秘书长，是参与核心机密的重要官职，因而中门使推荐的人通常会引起上面的重视。

教练使郭崇韬相貌英俊、风流倜傥，然而却绝非绣花枕头。他在孟知祥手下做了很长一段时间，孟知祥发现他智略双全、临事敢决，有着常人所不具备的战略眼光，不只是一个能写得一手好文章、好诗词的才华之士。郭崇韬也的确如孟知祥所观察的那样，在李存勖灭（后）梁的战役中起到了关键性作用。作为领导的孟知祥在一个合适的时机向李存勖推荐了郭崇韬，从这件事情上看，孟知祥不是那种嫉贤妒能，害怕下属比自己优秀超过自己的领导。当然，小心眼的人也可以说孟知祥是想在领导身边安排自己人，这种事情的确有，但不是发生在孟知祥身上。要不然，孟知祥后来也不会在后唐的天下大乱之后，只身前往四川，安定蜀中，成为（后）蜀的开国之主。

晋王李存勖一见郭崇韬，也很欣赏，便让他担任中门副使，从此郭崇韬开始了参与和决策“誓灭伪梁，兴复唐朝”战略的生涯。

时间走到了公元920年的夏天，后梁的冀王、河中节度使朱友谦几经权衡，最终公开选择投奔了李存勖。朱友谦叛梁令后梁震惊。朱友谦是朱温的假子，朱温活着的时候，对朱友谦很重用，如今连他都叛了后梁，对后梁朝廷的震动不可谓不大。河中是当时后梁小朝廷所掌握的藩镇中重要的一个，但河中兵素来作战不勇敢，而且不够忠心，谁的势力大就跟谁，这是河中的传统。梁军的其他部队历来都瞧不起河中兵。但这一次不同，朱友谦突然派部队攻占了同州，赶走了驻扎在同州的忠武节度使程全晖，让自己的儿子在同州做忠武留后，也就是候任节度使。程全晖自然不甘心，跑到大梁向朱友贞告状。朱友贞很生气，但也不能把朱有谦怎么样。但他又怕朱友谦不高兴，犹豫再三，只好任命朱友谦本人做忠武节度使。不过，朱友贞的命令还未到河中，朱友谦就已经派人到晋王李存勖处，向晋王请求要忠武节度使的位置了。李存勖马上下令朱友谦为忠武节度使。

朱友谦与后梁这次翻脸是最终的翻脸。

朱友贞见朱友谦彻底叛梁，便派刘鄩为河东道招讨使率军来攻同州。

朱友谦立刻派人向李存勖求救。

李存勖再派李存审、李嗣昭等急速前往救援。

当时，各军都聚集在同州外，粮食供应立显危机，同州城内粮食严重不足，人心浮动。朱友谦的几个儿子都建议，不如暂时还归顺后梁，让后梁退兵，这样可以缓解粮食危机。但朱友谦不同意，他教导几个儿子说："当年梁军围困我们，危在旦夕，是晋王千里来援，秉烛夜战，与梁军大战多日方才解我危急。我岂能做反复小人？今后切勿再提归梁之事。"这样同州的军心才算安稳下来。

然而，就在形势开始向着有利于晋军好转的时候，意想不到的事情发生了。

长期镇抚成德（并非今天的河北省承德市，成德指唐朝后期成德节度使的封地，在今天河北中部、南部一带）一方的赵王王熔遇害了！

他是被身边信任的人所杀！

王熔之死表面原因是谣言造成的，深层次原因是他虽领导赵地多年，但却一直没能建立一个有效且良好的领导机制。

王熔自幼袭父爵，其家族多年镇抚成德，在唐末五代的兵荒马乱中，成德总体还是比较安定的，虽然战争有时难以避免，但百姓的日子多少也能过得去。王熔也没有过度的横征暴敛的行为，赵地的情况通常比较平稳。能在战乱的大时代当中，维持住这样一个局面，已经非常不容易了。这一点赵地老百姓也看得很清楚，因此王熔在当地即使不是多么被老百姓爱戴，也还是比较得人心的。

王熔自小生长于富贵之中，吃穿用度很讲究，费了不少财力把自己所居住的府第园林修得很好。他有一个特点，就是不恋权势，政事都推给了左右，自己常年拜佛。这样成德一地的权力实际上由王熔身边的人掌握。左右人争权本来不失为王熔平衡和制约下属的好办法，但问题也就出在这里。平衡权力是个极其复杂的问题，是中外高级领导人物所必需的能力，领导是一门艺术，既能把一碗水端平，又要有不怒而威的魅力。如果平衡不好，不但起不到相互制约、相互促进的作用，说不定还会倾覆整个大厦。王熔恰恰犯了这样的错误。

争权的人互相在王熔面前说对方的坏话，王熔长年不问政事，也分不清哪些是真哪些是假，一怒之下便处死了亲军当中的一些人。这种简单的处理方式正好给有野心的人以可乘之机，很快引起了祸乱。由于一些人被处死，导致了其他人的不满和亲军的恐慌。有人便利用亲军的这种心理，散布谣言，说赵王已经不相信亲军了，马上要大开杀戒，对亲军进行清洗。亲军中的人就更坐不住了，亲军将领张文礼首先挑起了乱阶。

公元 921 年春季的一天，正是春暖初生炽热的时候，也是人心容易躁动的时刻。赵王亲军中的几个士兵聚在一起喝酒，议论着前几天亲军将领张文礼对大家说的一番话。过去张文礼是幽州的一个牙将，因在幽州作乱不成才投奔到赵王王熔那里。张文礼很会吹牛，自称如何会用兵，王熔见他相貌堂堂、口若悬河，便有了好印象，没看出这个人心存不轨，便将他收为义子，赐其姓王，名德明，对他一直很好。但张文礼有强烈的权力欲望，想自己掌大权，现在终于等到这个机会了。

这个机会就是利用谣言。

张文礼见亲军人心浮动，便找了个机会给谣言火上浇油。一天，他故意对亲军的士兵说："大王因你等要作乱，命我将你等全部诛杀。但我念在大家一同出生入死多年，而且你们又确实无罪。我实在不忍心看你们被冤杀，但不杀你们又有违王命，怎么办？"

怎么办？张文礼没给答案，却扭头走了，这正是张文礼的叵测之处。何去何从要留给亲军自己去思考了。现在，几个亲军士兵正在酒馆中议论并思考着张文礼的话，并得出了结论，那就是，"大家要活命，唯有杀了赵王，拥立张文礼为主。"

在酒精的刺激下，两名亲军说干就干，便起身离席，趁夜色直奔赵王府而去。亲军本身就是守卫赵王府的部队，大家互相之间都很熟悉，进入王府不成问题，也不会引起怀疑，这两个杀手也知道每天这个时候赵王在什么地方。

这时的赵王王熔正在烧香，身边无任何警卫。

两名亲军直接来到无任何警卫的王熔身后，举刀将王熔杀死。

一代赵王就这样轻易地死在了身边的人手里。

王熔一死，群龙无首，亲军便真的作乱了，大家都拥到张文礼的府上，请他出来做主。张文礼做的第一件事就是下令将王氏全族都杀光，全不念当年王氏收留他并赐予他荣华富贵的恩情。张文礼紧接着派人前往李存勖处，报告说赵地内乱，赵王为乱兵所害，现在是他在镇抚赵地，请求晋王给他一个正式的官号。

李存勖正设宴与众将领饮酒作乐，突然听到赵王王熔遇害的消息，却不禁悲从中来，投杯落泪，当场就要发兵讨伐张文礼。但又想到成德历来是军事重地，是梁晋争夺多年的地方。现在赵王死了，由张文礼掌权，若是张文礼投向后梁，则晋军等于是变生肘腋，腹背受敌，形势会非常不利。李存勖不得已，只好强压心中的悲伤和怒火，表面暂时答应封张文礼为成德留后，并派专人前往安抚。

张文礼虽然得到了晋王赐封，但他也知道这肯定是李存勖的缓兵之计，日后还是会找他算账的。张文礼为求自保，派出两批使者，一部向北，一部向南。向北的使者去找契丹求援，请契丹立即发兵南下。向南的使者去了大梁，向朱友贞表示归顺之意，请后梁出兵北上，与契丹合势，三方会攻晋军。张文礼觉得此计若得施，他在赵地的统治就会稳定。契丹贪于中原的财富，真就出兵了。但后梁朱友贞却没有直接发兵来援，因为梁军也正在与晋军大战，一时分不出兵来。

张文礼公然叛乱，晋军不得不直接出兵弹压。李存勖派阎宝为北面行营招讨使前往赵地平叛。张文礼闻听晋军前来，契丹救兵未至，后梁未见一兵一卒，忧惧发疾，一病不起，很快病死了。按说主谋一死，变乱之人因群龙无首，很快就会作鸟兽散，容易被平定。但这一次却出人意料，张文礼的儿子张处瑾稳住了局面。张文礼一死，张处瑾立即封锁消息，秘不发丧，并招集心腹会商，决意与晋军决战到底。正是这个年轻的张处瑾给晋军造成了重大损失，险些让李存勖兴复大业的努力付之东流。为压制这场变乱，李存勖先后换了四个招讨使，历时近两年才将其平定，同时因为后梁的进攻还丢失了大片的城池土地，使得后梁由被动应战转为主动进攻，晋军好不容易打出来的优势几乎丧失殆尽。晋军前去平乱的这四位招讨使都是当世名将，其中战死两人，另一人因兵败悲愤发病而死，最后一名招讨使才将张处瑾打败，而这又多半是因为城中有人内应。变生肘腋、骄兵轻敌的事情给人们的教训是非常深刻的。

第一位招讨使阎宝率军前来平乱。阎宝来到后，筑长围困住镇州。镇州是当时成德这一大片辖地的治所所在地，相当于首府。而且阎宝还引来附近的河水绕城一周，水陆两方面都把镇州与外界的一切联系给切断了。这样的防卫不可谓不严，战法不可谓不精，应该说阎宝是很懂得如何作战的。在这样的围困下，时间只要一久，镇州内粮草断绝，外无救兵，晋军只需坐等都能拿下镇州，生擒张处瑾一干叛乱人等。但天有不测风云，晋军竟然被打败了，其实也不是天有不测风云，而是因为轻敌了。

长围筑成没多久，镇州城内的粮草就不够了。一天，张处瑾派了五百余人出城求食，求食就是找东西吃。古代打围困战时经常有这种情况，围困的一方有时会允许被围的一方中的老百姓等非军事人员到外面解决一下饥饿问题。当然，让城中的人出来不是个小事，围城的一方通常会做好战斗准备，以防出城的人突然发难。现在出镇州的这群人蓬头垢面、面黄肌瘦、衣衫褴褛，看似都已经没什么战斗力，但阎宝当然知道这里面肯定有诈。所以当张处瑾派人来要求阎宝允许一些老百姓出城找东西吃时，阎宝的本意是想将计就计，先让这些人出来，如果发现是士兵，那就半道截击，刚好可以消灭张处瑾的一些有生力量。于是阎宝就同意了放这五百人出城。镇州关闭多日的城门打开了，五百余人出了城门。

但这五百人根本没有去找食，而是直奔晋军长围。阎宝一看，只有区区五百人，又没什么进攻的装备，就没当回事，没有立即下令晋军向敌人进攻的方向集中。晋军也很轻敌，以为这些人被困多日，早饿得没有作战的力气了，也没有做防备。令晋军没料到的是，突然后面又冲来张处瑾的大队人马，加入了攻击长围的队伍，形势骤变。围城的部队通常是沿线布守，虽然重要地点上多布一些士兵，但也只是相对多一些。因此，当敌人来攻时，应迅速判断敌人的主攻方向，马上调动兵力向敌人的主攻方向集中。

进攻都是攻其一点，只要突破一点，整个防线就会瓦解。攻防作战和“千里之堤，溃于蚁穴”的道理是一样的。

叛军突然猛攻，晋军防备不足，长围被攻破了一个点，以此点为依托，张处瑾的人马终于冲出长围。出围后他们并没有停下来，而是接着进攻阎宝的大营。当时晋军分散在四围，兵力总数虽然多于叛军，但在具体的一点上却是处于劣势。诸军来不及相救，大营就被叛军攻克，阎宝力不能支，只好退到赵州固守。大营中有晋军贮存的大量粮草和各种军需物资，都来不及收拾，全留给了叛军。

阎宝兵败，李存勖立即任命李嗣昭为北面行营招讨使替代阎宝，也没有给阎宝什么处分，毕竟胜败是兵家常事。李嗣昭星夜兼程来到前线，准备一举荡平叛军。李嗣昭是名将，既小心谨慎，又勇猛无比。他深知成德兵的战斗力，再加上晋军新败，更是不敢小觑这批叛军。因此，李嗣昭的作战思路是设伏以待。这也是一个非常正确的作战思路，而且有了阎宝轻敌的教训，李嗣昭更加小心。但真的天有不测风云，李嗣昭战死了，而且是死在无名小卒手中。

李嗣昭来到前线勘察地形后，决定在被叛军破坏的、原来晋军的大营中设伏，这也不失为一条妙计。

李嗣昭算准叛军还会派兵出城。

果然，在晋军设伏后不久，叛军一部出城了，要路经晋军大营前往他处。李嗣昭亲自带领伏兵截击叛军，在大营的废墟中展开激战。这次晋军有备而战，而叛军却是仓促应战，几乎被一举歼灭。

但事件的转折就在这个“几乎”上，如果是被全歼，则李嗣昭就不会死。

在战斗将近尾声时，剩下五个叛军士兵退到了一处废墟的后面负隅顽抗。李嗣昭一直冲在最前面，便弯弓搭箭向他们射击，射倒了几名，但最后一名叛军士兵反手回击了一箭，就是这一箭射入了李嗣昭的头部。李嗣昭不愧是大将，虽受重伤，但仍不顾伤痛，伸手取箭袋中的箭，准备消灭剩下的最后一名叛军。但居然就有这么凑巧的事情，他的箭袋空了，一支箭都没有了。因李嗣昭冲得快，晋军士兵还没有跟上来，周围没有其他人。李嗣昭一咬牙拔出了扎在自己头上的那支箭，射向了叛军，一发而中。

当时天色将晚，李嗣昭强忍伤痛，硬撑着回到营中。由于伤口过深，伤及脑部，又血流不止，当天晚上便死在营中了。

李嗣昭战死沙场的消息传来，给李存勖以沉重打击。史载，为此李存勖“不食酒肉累日”，多天都没有饮酒、吃肉，以示哀悼。阎宝这时也因兵败惭愤成疾，发病而死。

第三位招讨使是李存进，也是晋军中的猛将。李存进受命后，率军前进至镇州附近，因过去的大营和长围都被毁，他便在河上夹岸为营，中间筑桥相接，这种安排进可攻、退可守，是很有利的阵形。吸取前面阎宝、李嗣昭的教训，李存进在排兵布阵时，刻意要避免重蹈覆辙。前面两个失败的原因，一是阎宝因为轻敌，没有集中兵力导致失败；二是李嗣昭因身先士卒，作为主帅冲在第一线结果阵亡。

因此李存进的安排是集中优势兵力与敌寻机决战，但自己不亲自冲到一线，而是坐镇大营调度指挥。这样的安排可谓万无一失。但这次李存进也同样犯了一个错误，就是仍然小看了叛军，他没有想到经过几番征伐的叛军竟然敢远道来袭。

时间到了公元922年旧历的九月，按照既定计划，李存进尽遣骑兵和主力步兵前往镇州寻机袭战，自己坐镇营中，只留下很少的留守部队，静待捷音。在晋军作进攻安排的同时，张处瑾也没闲着，他也一直在琢磨如何击败晋军。张处瑾分析晋军远来，应趁其立足未稳之际，主动进行突然打击。为达到进攻的突然性，张处瑾悄悄地派遣了七千人马绕道袭击晋军大营。巧的是，晋军大队人马都派往了镇州，而叛军正在另一道上向晋军大营急进。

正在营中的李存进突然得到消息，大批叛军正向大营袭来。营中晋军几乎都派出去了，李存进身边只剩很少的作战部队。他立即下令，一面差人召大军火速回援，一面亲率全部剩下的人去守桥头，只要扼守住桥头，叛军就不能得逞。在双方力量极为悬殊的情况下，守桥头占据有利地形应战不失为最佳选择。要是放到开阔的场地上对攻，少量部队很快就会被淹没在敌军的人海中。

李存进身边当时只有十几名晋军，他们就在桥头与叛军展开苦战。晋军人数虽少，但面临生死危机，个个都分外勇猛，桥头场地狭小，叛军虽多但难以施展，一时攻不下桥头。这时后方又传来消息，前线的晋军大队骑兵正在兼程返回。叛军不敢久留，仓皇退却，正遇上回援的晋军，经过一番激战，这批偷袭的叛军被尽数消灭。可是在这次战斗中，李存进却战死了。就这样，晋军又失去了一位猛将。

至此，李存勖不得不派第四位招讨使了。很快李存审上任了，成为第四位北面招讨使，李存勖严令这次一定平定成德。李存审得令后，立即掩兵急进，倍道兼程，直抵镇州城下。这时的张处瑾真正是到了内忧外患的境地，虽然前几次都打败了来伐的晋军，但自己损失也很大，粮草吃光了，部队也快要打光了，史载“兵疲食尽”。而晋军虽然一败再败，但每次都卷土重来，如同海水一波一波不断涌来。

这就是为什么自古以来叛乱或起义通常很难成功的重要原因之一，因为叛军或义军一般是孤立无援的，即使有人响应，在总的形势上与朝廷相比，也是处于劣势。你一次打败官兵，还会有第二波；你二次打败官兵，还会有第三波、第四波、第五波。可能会有人辩驳说，历史上很多朝代不就是被叛乱或起义推翻的吗？是的，的确没错，很多朝代的确是被起义或叛乱推翻的，但请不要忘记，在那些成功的叛乱或起义之前，还曾经有过无数次失败的先例，谁能担保自己这次起义或叛乱一定就会是最后成功的那次呢？

在李存审率军到镇州之前，张处瑾已经知道自己是不可能再抵抗下去了，便派人前往李存勖处请降。

李存勖没作任何回应。事情是明摆着的，这个时候，已经不可能接受叛军的投降了。

紧接着，李存审就到了城下，这一次晋军根本不用进攻了。镇州将李再丰已经悄悄与李存审取得联系，他联络了一些赵军将士为内应，“纳晋军入城”。纳即接纳，不是大开城门接入，而是秘密地接入。过去打坚守战，有时为保住城门，会用土囊（装满土的袋子）塞住城门里面，把城门死死堵住。不是电影里经常看到的那样，城门上用一个大铁门栓来做防护。这样的铁门栓看似很粗很大，好像很结实、牢不可破，但攻城部队只要推着撞车几下就能把城门撞开。

古代作战，守城的人不会这样傻，只用一个大铁栓固定城门，那是平时为了方便天天开启城门，同时又便于防卫一般的不法分子用的。真正是敌军来攻了，一个大铁栓形同虚设，基本起不到应有的防卫作用。所以在作战时，守城部队基本是用土囊把城门塞住，要想大开城门迎接敌方入城几乎很难办到。当然，少数情况下，也有不用土囊封门的，但即使那种情况下有了内应，也很难做到大开城门。因为给敌军当内应是非常凶险的事情，稍有不慎就会被杀，并连累全家受害。而且内应要接敌军入城也不是一个人就能做得了的，他还需要联络一批人，但又不敢联系太多，人越多越容易泄露机密，万一泄露，只要将为首的揪住，其余的人通常就作鸟兽散了。再说守城门的那支部队不一定就会和有意内应的人同一条心，即使没有土囊堵门，要想开城门也得先过守门部队这一关。所以内应大开城门多是影视剧的烘托，现实中很少有大开城门接敌人入城的事情。

这次李再丰当内应，用绳子缒个筐下去，把城外的人吊上来，趁着黑夜来办，不容易被别人发现。先吊几个晋兵上来，再投下去更多的绳子，晋军趁夜就登了城，到天亮时基本悄悄搞定。于是后来的事便顺理成章，张处瑾被抓住，与其死党一起被送往李存勖处。这时已经不用李存勖来杀他了，许多赵人对张处瑾一伙早就恨之入骨。赵地的人受赵王统治多年，成德一镇少有战乱，下辖的几个州基本是“州泰民安”，即使有战争，也都是派将带兵外出随晋王征战，在外打仗，战火较少烧到成德境内。在五代那个战火纷飞的年代，与其他经常受战争蹂躏的地方相比，成德的老百姓基本还是能过上安稳日子，虽不能说大家都能丰衣足食，但能有个平静的日子过就很不容易了。在赵王王熔被害前，赵将符习带领一批赵军在晋王左右随同作战。王熔遇害后，符习等这批随晋军作战的赵将马上找到李存勖，发誓要为赵王报仇。

张处瑾等一伙被送到李存勖处后，赵人的请愿书也送到了。赵人在请愿书里说得很明白：百姓受赵王恩惠多年，赵王收留张文礼、张处瑾父子，赐以官职，委以重任，亲信无比，而张氏父子不思报恩，反而谣言惑众，挑动作乱，南引伪梁，北联契丹，战火绵延，至成德生灵涂炭。赵地之人对张处瑾一伙乱党恨不能食其肉，寝其皮，请晋王一定将张处瑾一伙交还赵人处置。

史载“赵人请食之”，所以张处瑾一伙的下场可想而知。现代有的人可能觉得赵人“请食之”太残酷，不人道，由此又会延伸到对中国文化的批评上，批评中国文化是食人的，是封建专制的，是残忍的。其实大可不必。因为评论一件事情或人时，人们的心里一定是有个参照系的，拿什么做参照系？人们的参照系往往是欧洲，经常以欧洲现代某个特定场景下的文明做法参照比较中国更久远的过去的事情，这种参照标准的选取本身就有误。如果要比较，也应当用同一或相近年代作为参照。

请参照一下与五代（907–960）同时代以及后来相当长一个时间段内的欧洲的文明程度。到 19 世纪以前时代的欧洲“请食之”“请烧之”“请裂之”“请锯之”“请什么什么之”的事情数不胜数，甚至更残酷，更普遍。所以当比较一件事情或人的时候，请选准参照系。

请看一看欧洲人自己记录的欧洲中世纪经常使用的酷刑。

除了这些酷刑之外，欧洲还发生过长期、大规模的滥捕滥杀事件："In the sixteen and seventeenth centuries,……about 110,000 individuals underwent trial as witches, and about 60,000 of them died either by hanging or by burning at the stakes. Most of the victims——perhaps 95 percent——were poor, old and single, or widowed women." ①

（大意：16、17世纪在欧洲约有11万人因巫婆、神汉的罪名受审，其中约6万人被绞死或烧死，这其中95%都是孤苦伶仃的老妇人。）

这种现象说明了什么？同一时期的中国是明朝和清朝前期，是否出现过如此大规模因迷信而乱杀之现象呢？人们不必妄自菲薄，东西方各有各的缺点，也各有各的优点。欧洲的文明和进步分几个层次，科技层面、社会层面、政治层面、军事层面，这几个层面有的在最近几百年的确有所进步，但有的层面则没有进步。可能会有人反驳，指出中国同一时代，以至到了近代，愚昧的现象也很多，以此说明西方还是比中国先进和文明的。的确，中国到了近代甚至现代时，也还有不少愚昧和不文明的现象，但这与欧洲这种现象有本质不同。欧洲这种现象是大规模的行为，甚至是政府、教会行为，持续时间长，影响范围大，对于欧洲当今社会仍有一些影响痕迹残留。反观中国则不然，这种大规模的迫害且持续时间如此之久的政府行为，在中国的历史上非常少见。秦始皇“焚书坑儒”、北魏短期的灭佛、唐武宗的灭佛、清朝的文字狱等虽然惨烈，但持续时间很短，

① 参见英文网站http://www.toptenz.net/top-10-worst-ways-to-be-tortured-in-medieval-times.php

且受迫害的人数与欧洲被迫害的相比，真是小巫见大巫了。

欧洲并不总是那么文明、宽容的。现代美国学者 Van Loon（房龙）在 20 世纪 30 年代说得好，宽容在欧洲只是非常最近才有的事。

成德终于被平定了，但晋梁两军的胶着形势依旧，晋军在一些地方还处于劣势。在对成德作战的一年多中，晋军失去了在黄河中下游以北一些城池、土地、人口。梁军渡河北上，反攻得手，在河南北部、河北南部、山东西南部一带占据了主动，形势向着有利于后梁的方向好转。晋军之所以会在这些地区陷入被动，与李存勖用人不当有很大关系。

李存勖这个人作战勇猛、有勇有谋，有时能听从别人的正确意见，但也经常听信身边小人和枕边风的谗言。李存勖爱听戏、爱唱戏，他爱亲自扮演剧中人在古代是出了名的。由于他有这个爱好，身边养了一批伶人，他对这些伶人特别喜爱。喜爱也不是什么坏事，喜爱听伶人唱戏，高兴了，赏赐一些钱物，倒也不算什么。但在李存勖这里，就不只是赏赐钱物的事了，还有些出格了。由于晋军打下了很多州县，地盘越来越多，慢慢扭转了自唐朝灭亡以后，晋军一直处于的劣势，所以年轻气盛的李存勖有时会有一些骄傲思想，觉得自己有了些本钱，有了点财大气粗的感觉。既然财大气粗，后来李存勖给伶人的赏赐就不只是钱物了，还包括官职和地盘。晋军打下州、县后，经常会需要委派新的州官、县官，五代时主管一州军政大权的长官通称为刺史，大约相当于现在的市委书记或市长，可能还要大一些。

李存勖手下的伶人中有一个叫杨婆儿的，虽名婆儿，但实际是个男的，因为表演得好，常年跟在李存勖身边。这个杨婆儿还不只会表演，还颇有些膂力，估计相当于现在京剧里的武生，要不怎么会有膂力？这个人很得李存勖的喜爱，竟然赐了他新的姓名：李存儒。

更过分的是，当时卫州正好需要一名刺史，而李存勖居然委任杨婆儿，也就是李存儒去卫州当刺史。这就开了一个很不好的口子，影响极坏。也正是这个李存儒，使晋军陷入了被动。

李存儒上任后，终于可以扬眉吐气了，试想在那个时代伶人当上了刺史，这是多大的荣耀，即使在现代这也是挺光荣的。不是说伶人不能当刺史，Ronald Reagan 千年以后还能当总统呢，只要你有那个道德水准，有那个才能，有那个机会，都可以当刺史，当总统。问题是刺史主管一州军政，怎么也要任得其人。李存儒估计过去是穷怕了，上任之后所做的最多的事就是聚敛钱财，向全州百姓征收重税。可能他觉得征来的钱物还不够多，还不满意，就开始打起守卫卫州的城防部队的主意，他下令，城防部队不是野战部队，也要一体交税，让这些士兵回家去想办法完成自己应交的份额。这道命令一下，尽失人心。城防部队都回家想办法找钱交税去了，卫州成为一坐不设防的城市。

真是难以理解这个李存儒是怎么想的，爱财爱到了这种地步。像李存儒这样因穷怕了而爱财不择手段的人不在少数，前赴后继，古代有，当代也不少。现代在爱财上，能和杨婆儿有一拼的就是那个数典忘祖的陈水扁，几亿的“金改”大钱也都拿了，还不满足，据说连家里买奶粉、日用品的小票也要拿去报销，真是杨婆儿转世。怪不得中国台湾的大师李敖骂陈水扁是前世穷怕了，现在一点点的小钱都不想放过，太没风度。人们应当打听一下，陈水扁在家里的小名是不是也叫——婆儿，还是他姓陈，名水扁，字存儒？

卫州的情形很快传到了后梁那里。

后梁北面招讨使戴思远、庄宅使段凝于深夜率兵掩至卫州，连夜登城，活捉了李存儒，卫州陷落。

随即，戴思远和段凝又挥军四出，连续攻陷新乡等地。晋军在这些地方存有大批粮草，都被梁军获得，给晋军后勤造成很大困难。现代打仗号称打钢铁，古代打仗主要是打粮草，粮草不足，再精锐的部队也会丧失战斗力。因为李存儒的贪婪，晋军储备的粮草、辎重损失了约有三分之一。

用人不当的祸害真是不小！选人用人慎之又慎！

第十六章　传国宝重现

晋军与后梁交战多年，从老晋王李克用与朱温交恶算起，到李存勖这时已经三十多年了。现在让我们来梳理一下这三十多年间世事变幻的主线。这三十多年间，天下大乱，群雄并起，登台亮相的一个接一个，然后一个接一个地杀人或被杀，或壮志未酬地死去。

唐昭宗先是被朱温从李茂贞手中抢出来，才出狼群又入虎口，又被从长安挟持到洛阳，紧接着被朱温派人杀害。

唐朝最后一个小皇帝唐昭宣帝，被朱温先废后暗杀。然后朱温亲手结束了三百年大唐基业，建立了自己的梁朝（史书后来一般都称其为后梁，历史上叫梁的还有好几个）。

李克用一心要兴复唐朝，反而被朱温打得几无还手之力，只能被迫收缩在以晋阳（太原）为中心的狭小根据地里。

朱温灭唐的第二年，也就是公元 908 年，老晋王李克用在晋阳悲愤交加地死去，而仅仅四年后，穷奢极欲、荒淫无比的朱温被自己的儿子杀死在寝宫之中。曾几何时，朱温这个名字是令唐朝最后两个皇帝听起来都不寒而栗的，却最终也死在了刀剑之下，尸体被匆匆用毡子裹上悄悄地藏在了寝宫中。

唐朝末年、五代之初最大的两个军事集团的首脑都死去了，这时就凸显出继承人的重要性。

李存勖继承了父亲的遗志，继位以来，东征西讨，身先士卒，亲历矢石，联络四方，共商复唐大业，晋军的势力一天天壮大。

而朱温的几个儿子，包括假子，能干的不是战死，就是不被重用，有野心的却又没能力，所以朱温在死前看到李存勖节节胜利的势头时，就已经预见到了将来朱氏政权会被李氏灭掉的结果。

因此，他才会说出“生子当如李亚子，吾子如豚犬耳”，“不意太原余孽复炽昌如此……我死，吾儿非其敌也，吾无葬地矣”的话来。

李存勖本来有个哥哥，在战斗中被朱温捉住杀了。李存勖身负国仇家恨，作战怎能不勇猛？朱温明白，和李存勖相比，自己的那些儿子不过是猪狗一般的蠢货而已，但他没想到蠢货有时也会干出惊人的事来，自己就竟让这些蠢货中的一个给杀了。

自 908 年李存勖继位以来到公元 921 年，已经十三年了，十三年的奋斗是艰苦的，同时又是辉煌的，也是胜利在望的。但胜利稍有不慎就会从手中溜走，变成敌人手中的利器，这是后话。虽然奋斗得很辛苦，虽然伪梁这座大厦看起来那么经不起一推，但真要推倒它却也不是一朝一夕的事。

当时的形势，从表面上看后梁仍占据着优势，地盘大，兵多将广，名义上臣服于梁的藩镇还很多，而且梁毕竟已经有朱温正式称过皇帝，朱友贞继承的也算是帝位（史书中称朱友贞统治时期为后梁均王时期）。

做事讲究名正言顺，两帮藩镇各随一方打了十几年，大家到底是为什么。后梁一方虽被另一方视为篡逆，但人家毕竟也称皇称帝了，而且看起来好像还挺稳固地占据着中原地区，大家跟着后梁干，能封王封侯，也有个奔头。

晋军一方虽然打着兴复唐室的旗号，但这个唐室在哪里？唐朝宗室大多被朱温等各路军阀杀的差不多了，剩下的也都散落民间，不知去向。大家跟着晋王干，虽名义上有兴复的激励，但总得有个兴复的明确偶像，现在打了几十年，大家要兴复的这个偶像还是虚的。时间一久，热情会下降，而兴复这样的大事不能只凭一时热情。所以要给唐室立一个明确的偶像，这个偶像便是皇帝，在那个时代，有了皇帝，大家便有了奔头，便有了明确的目标。在当时的形势下，谁来坐这个帝位自然是不言而喻的，只有李存勖。不同的形势，需要不同的战略，有的时候需要“高筑墙，广积粮，缓称王”，有的时候，时机一到，需断然行动。

晋军一方的藩镇、将帅们就开始有不少人劝李存勖称帝。

李存勖从小受父亲和身边人的教导，要以兴复唐室为根本任务。他一时还不愿称帝，李存勖说：“诸王当年亦曾致先王书，劝以唐室已亡，宜自帝一方。先王语余云，‘昔天子幸石门，吾发兵诛贼臣，当是之时，威震天下。若吾挟天子据关中，自做九锡禅文，谁能禁我？只不过吾家世代忠孝，立功帝室，誓死不为耳！汝他日当务以复唐社稷为心，慎勿效此曹所为！’言犹在耳，此议非敢所闻尔！”说完，泪如雨下。

在这段话中，李克用当年说得很明白，要是自己想称帝，早就可以称帝了，过去唐昭宗在位的时候，为避一些藩镇的威逼，被迫带领数万百姓离开长安，到附近小镇石门躲避。当时唐昭宗急召李克用前来护驾，李克用率蕃汉各族兵马，由晋阳出发，星夜兼程，千里赴援，直击关中，打退了作乱的藩镇，保护唐昭宗返回长安。当时李克用的势力和威名都达到了最大，形势非常有利，关中和长安完全在李克用的兵力控制之下，唐昭宗就在手中，若是李克用自己想做皇帝，完全可以占据关中，逼唐昭宗退位，当时就把帝位从皇帝手里抢过来，何必等到今天？但是他没有这么做，而是把长安的大权又交还给了唐昭宗，还让当时年纪很小的李存勖前往长安觐见唐昭宗。当时唐昭宗曾抚摸着李存勖的头说，这孩子相貌非常，他日必成大器，要忠于朝廷，为重振帝室而尽力。

这些景象都深深地印在李存勖的脑海里。所以当诸王派使者来推戴李存勖称帝登基时，他一开始并没有同意。

但形势不由人！形势逼人！形势比人强！

形势使然，李存勖不得不考虑称帝的事了。但称帝并不是一下子就能立即付诸实施的事，需要事前做好多准备。譬如，一般人家办喜事还要置办一些物品，何况是称帝这样的大事。李存勖便命人开始采办各类有关事物，为称帝做准备。就在这个准备的过程中，不知是天意还是巧合，一件消失多年的重要物品出现了。

如果是巧合，为什么消失了近四十年都不见踪影，早不出现，晚不出现，偏偏在李存勖快要称帝的时候出现？

这件东西非同一般，而是作为皇帝权力的凭证——传国玉玺。

关于传国玉（御）玺，有段很长、很长的历史，据考证，传国玉玺为秦以后历代帝王相传之印玺，乃奉秦始皇之命所镌。玉玺方圆四寸，上纽交五龙，正面刻有李斯所书“受命于天，既寿永昌”八个篆字，作为“皇权神授、正统合法”之信物。历代帝王皆以得此玺为符应，奉若奇珍，国之重器。得之则象征其“受命于天”，失之则“气数已尽”。凡登大位而无此玺者，被讥为“白版皇帝”。传国玉玺自秦亡后屡易其主，辗转两千余年，多次消失，又多次出现，到了后来终于销声匿迹，至今杳无踪影。

传国玉玺就材于和氏璧。秦统一天下，始皇帝命李斯篆书“受命于天，既寿永昌”八字，咸阳玉工王孙寿将和氏璧精研细磨，雕琢为玺。公元前 207 年，沛公刘邦入关，秦王子婴跪捧玉玺献于咸阳道旁，传国玺归汉。西汉末年，外戚王莽上台，玉玺藏于太后（即王莽之姑王政君）处。王莽遣其弟王舜来索，太后怒掷玺于地，破其一角。王莽令工匠以黄金补之。及王莽兵败被杀，传国玺归于东汉。至东汉末年，宦官专权，袁绍入宫诛杀宦官，帝出逃，玉玺失踪。

至献帝时，董卓作乱，诸侯联军进攻洛阳，孙坚所部先入洛阳。某日辰时，兵士见城南甄宫的一井中有五彩云气，遂使人入井，见投井自尽之宫女颈上系一小匣，匣内所藏正是传国玉玺。孙坚如获至宝，将其秘藏，后为袁术所得。袁术死，玉玺为曹操所得，曹操正挟天子而令诸侯，传国玺算是重归汉室。

公元 220 年，献帝被迫禅让，曹丕建魏，传国玺归于曹魏。公元 265 年，司马炎依样而行，称晋武帝，改元泰始，传国玺归晋。公元 311 年，中原大乱，刘聪俘晋怀帝司马炽，玺归刘聪。晋室南迁。十九年后，后赵石勒灭前赵，得玺，又二十年，再传养子石闵。石闵复姓冉氏，尽灭石氏，求东晋救援，传国玉玺为东晋将领带走，由数百精骑连夜送至建康（今南京），由此，传国玺乃重归司马氏。

南北分裂，传国玺在南朝历经宋、齐、梁、陈四代。隋一统天下，灭陈，将传国玺收入隋宫。大业十四年（公元 618 年）三月，隋炀帝被害于江都（今扬州），炀帝萧皇后携传国玉玺被人送至漠北突厥。

唐初，太宗李世民因无传国玉玺，乃刻数方“受命宝”“定命宝”等玉玺。贞观四年（公元 630 年），李靖率军讨伐突厥，数千里奇袭，生擒凶狡无比的颉利可汗，一举荡平漠北，解决了北部千年之患。

同年，萧皇后返归中原，唐太宗举行仪式迎接萧皇后归来，传国玺归于李唐。

唐末，天下大乱，四方血战。唐天祐四年（公元 907 年），朱全忠废唐哀帝（即昭宣帝），夺传国玺，建后梁。十六年后，李存勖灭后梁，建后唐，传国玺转归后唐。又十三年后，石敬瑭引契丹军至洛阳，末帝李从珂怀抱传国玺登玄武楼自焚，传国玺失踪。

北宋哲宗时，有农夫于耕田时发现传国玺，送至朝廷。经十三位大学士依据前朝记载多方考证，认定乃始皇帝所制传国玺。而朝野有识之士多疑其伪。至北宋末年，徽宗好风雅，增刻印玺十方，时人有画蛇添足之讥，其实徽宗似有淡化传国玉玺地位之深意在其中也。

宋靖康元年（公元 1126 年），金兵破汴梁，徽钦二帝被掠，传国玉玺被金国掠走，其后便销声匿迹。也有人说传国玺没被金兵掠走，而是传给了南宋，到了南宋末年，1279 年，元兵追至南海之上，南宋最后一个小皇帝由陆秀夫抱着，投海殉国，当时他的脖子上就挂着传国玺。另有一种说法，元朝至元三十一年（公元 1294 年），世祖忽必烈崩。传国玉玺忽现于大都，叫卖于市，为权相伯颜命人购得。伯颜曾将元朝收缴各国之历代印玺统统磨平，分发给王公大臣刻制私人印章。传国玉玺亦恐在其中而遭不测。

元至正二十八年（公元 1368 年），朱元璋在建康称帝，号大明，改元洪武。继而北伐，元朝廷弃中原而走漠北，继续驰骋于万里北疆。明初，太祖遣徐达入漠北，穷追猛打远遁之残元势力，其主要目的便是索取传国玉玺，然最终还是无功而返，至今仍无下文。

以上是关于传国玉玺的记载，但是旧唐书中在唐亡时关于传国玉玺的下落有不同说法。唐亡时，传国玉玺并没有被朱温所得，而是在黄巢攻入长安的时候就失踪了。

黄巢进了长安，但一直没有得到传国玉玺，虽然他成功地赶走了皇帝，自己也称帝登基，建立大齐政权，占据长安达两年之久，但终于还是被赶走，落得兵败身死，为亲信所杀的下场。

据说是因为没有得到传国玉玺，因此黄巢不是真命天子，早晚会失败。

传国玉玺虽然从那时起就消失了，但并不是说就没有人认得它，也许它在等待自己真正的主人。

数十年过去了，这个真正的主人可能马上就要出现了，但这一次的这个主人会长期拥有它吗?

在李存勖统治下的魏州有一个僧人名叫传真。史载传真的师傅在黄巢破长安时,得到了传国玉玺,后来交于传真,他们师徒二人“藏之四十年”。但是传真本人并不知道他手中的这个玉器便是传国玉玺,还以为是个普通的印而已。到了这个时候，可能是战乱年代僧人的日子也不好过，传真准备把传国玉玺拿去卖掉，以维持生活。

就在魏州的集市上，当传真守着镇国重器准备卖掉的时候，有人认出了他手中的无价之宝。识货的人并没有借机以低价将传国玉玺买进，再去卖个高价钱，盗亦有道，况其他人乎？若是放在现在，求富的强烈愿望说不定就会让识货者做出低买高卖的事来。

识货者告诉传真：“此传国宝也。”

传真便将其献给了正在魏州的李存勖。

事情就是这样简单：消失多年的传国宝出现了，拥有它的人不知道这是个宝贝，有人告诉了他，于是就献了。这就是整个过程。

不管怎么说，传真这个法名真是起得好，早就暗示了一种寓意，这个僧人承担着“传承真物”的责任。真是巧合太多了！

晋王要称帝了，连传国玉玺都自动现身，对当时晋军一方的人来说是一个巨大的鼓舞，似有天意注定唐朝要复兴。

就在大家都纷纷向晋王祝贺传国玉玺现身的时候，有一个人站出来反对晋王称帝，这个人就是张承业。

李存勖由于作战的需要常驻魏州，并在魏州设立了行台，相当于战时总部。晋阳属于大后方，那里的事情一直都由张承业掌管。当从魏州传来李存勖有意称帝的消息后，张承业坐不住了。这时的张承业已经76岁了，在那个时代已是高寿老人，支撑他奋斗下去的是兴复唐朝、剿灭伪梁的信念，常年的辛苦工作使他的身体已经大不如前。但他一听到这个消息，不顾年老体弱，让人抬着自己，长途奔波，赶赴魏州，他不能眼看着心中坚守多年的信念在最后时刻熄灭。

在魏州，这个一辈子都效忠于唐朝和新老晋王的老太监拼尽生命最后的力气劝说李存勖不要称帝。虽然明知大势不可违，但无论如何，张承业都要试一试。

公元921年初的魏州，拨开云雾，恍惚中穿过千年前魏州的街道，来到晋王驻扎于此的行台，迈过一层层门槛，来到晋王的大殿中。

依稀看到殿中有几个人，或坐或立，有老有少，那个白发苍苍的老人不是张承业吗？

他刚从晋阳赶到，推开搀扶他的仆从，他正颤巍巍地，甚至是跌跌撞撞地走到李存勖面前，带着毕生的愿望和最后的信念，这些愿望和信念都集中在眼前这个正当盛年的晋王身上，想对晋王进行最后的劝阻。

对话非常简短，但当永为后世忠贞之人牢记。

张承业说："吾王世世忠于唐室，救其患难，所以老奴三十余年为王捃拾财赋，召补兵马，誓灭逆贼，复本朝宗社耳。今河北甫定，朱氏尚存，而王遽即大位，殊非从来征伐之意，天下其谁不解体乎！

"王何不先灭朱氏，复列圣之深雠，然后求唐后而立之，南取吴，西取蜀，汛扫宇内，合为一家。当是之时，虽使高祖、太宗复生，谁敢居王上者？让之愈久则得之愈坚矣。老奴之志无他，但以受先王大恩，欲为王立万年之基耳。"

晋王曰："此非余所愿，奈群下意何。"

承业知不可止，恸哭曰："诸侯血战，本为唐家，今王自取之，误老奴矣，误老奴矣！”

即归晋阳，成疾，不复起。

张承业失魂落魄地回到了晋阳，哪里是他的家？长安、洛阳还是晋阳？他为复兴唐朝已经付出了太多太多，即将走到人生的尽头。他是多么希望能活着看到李存勖率领晋军早日打入大梁，消灭篡夺唐朝的朱氏政权，重新让大唐的旗号飞扬在寰宇之中，重振大唐国威。然而这一天他还能等到吗？回到晋阳后，张承业就不再吃任何东西。

既要称帝，便需准备仪式，设立百官。寻访原先在前朝做过官或在宫廷中做过事的人是必不可少的，因为战乱多年，朝廷正规的礼仪、程序许多人根本就不会，可能连听都没有听说过，这时就需要召唤这些人归来，毕竟唐朝灭亡也只是十几年前的事。这样的人到哪里去找？朱友谦那里有。晋王要称帝的消息传到了朱友谦那里，朱友谦便将住在自己领地内的苏循找到了。我们可能还记得，苏循是唐朝礼部尚书，相当于现在政府几个部的联合部长。当年朱温篡位时，苏循是作为唐昭宣帝的使节带着劝进信前往大梁劝朱温登帝位的人。不管怎么说前朝的重要大臣还在，这在名义上也可以了。

朱友谦派苏循来见李存勖。我们无从猜测苏循当时的心情，可能他的心情是激动的，不管是真激动还是假激动，是为自己十余年后能够重新出山做官而激动，还是为唐朝的复兴而激动。苏循到了魏州后，一进入内城，刚刚看到晋王的府第，就开始在大街上向着晋王府第叩拜，并向周围的人说，这叫拜殿。

等进入府第见到李存勖时，苏循口呼万岁，拜服在地，流着眼泪，称：“臣得见今日，终了却夙愿。”

第二天，苏循又呈上特地准备好的大笔三十枚，称为“画日笔”。顾名思义，何人能画日？自然只有万民之首的皇帝。李存勖非常高兴，当即封苏循为河东节度副使。

晋阳传来了张承业去世的消息。虽然早有心理准备，但李存勖依然非常难过，好多天吃不下饭。自李存勖继位以来，跟随他南征北战的辅臣、老将一个接一个死去，周德威父子、李嗣昭、李存进等，如今他最为倚重的张承业也离他而去了，功臣宿将几乎凋零殆尽，现在可以倚重的只剩下李嗣源、郭崇韬等为数不多的一些人。

在李存勖还小的时候，就经常见到张承业，那时的张承业正是壮年，奉唐昭宗之命，常常奔波于长安与晋阳之间，与李克用相交甚深。虽然李存勖一直称张承业为七哥，但从年龄上来讲，张承业和李克用是同一代人，李存勖在内心深处既把张承业看作自己的长辈，看作自己父亲一样的人物，更看作是唐朝皇帝派来的监军，只要代表唐朝的张承业在，就表明唐朝还没有完全灭亡。

张承业临终前一再叮嘱，虽然他为晋王——即将登基的新皇帝——服务了一辈子，但在他的墓碑上只能刻一个官号——河东监军使，这是当年唐朝皇帝封给他的，不要用任何晋王封给他的公侯等封号。

李存勖的母亲曹太夫人闻听张承业去世，如丧考妣，痛哭失声。曹太夫人亲自来到张承业的府上，为之披麻戴孝，以晚辈之礼行孝。

前来张承业府上吊孝的人络绎不绝，人们来吊孝不是因为看到曹太夫人亲自守丧就故意要前来表现自己，以便日后好获得领导的高看。当时的人们敬重张承业是因为他的忠心，无论遇到多少艰难险阻都不变的忠心，是因为他多少年如一日，鞠躬尽瘁、死而后已地辛苦工作，无论这个人是太监还是普通人。

正直、忠诚是永远的价值！

后世史家在评价张承业时都认为，李存勖之所以能北击契丹、东灭燕、南灭梁、西并蜀，威震天下，根本原因在于“成就霸业者，承业之力也”。

张承业终于没有亲眼看到新皇帝是如何攻入大梁的，没能亲眼得见他最痛恨的朱氏政权的覆灭。

但这一天正在到来！

晋王李存勖于923年旧历四月在魏州正式祭告上天，登基称帝，国号大唐，大赦天下。

这就是历史上的后唐，李存勖就是唐庄宗。

这时的后唐境内共有十三节度、五十州，占据了以中原、河北为主的一片江山，同时还有和蜀王、岐王、吴王等各个或明或暗的联盟，对朱氏政权形成了较大压力。

通常新皇帝必须要做的一件事是追尊祖先，庄宗追封皇曾祖朱邪执宜为懿祖昭烈皇帝，祖父李国昌为献祖文皇帝，父亲李克用为太祖武皇帝。立宗庙于晋阳，以唐高祖、太宗、懿宗、昭宗、懿祖、献祖、武皇为七室。这样就等于认唐朝的皇帝为自己的祖先，李存勖的李氏归入了皇家李氏这一脉，这样兴复唐朝也算是名正言顺。

从表面上看朱氏的后梁政权面临着来自后唐的巨大压力，李存勖几乎是战无不胜。但实际上后唐形势并不乐观，到这时仍潜伏着许多危机，甚至是生存危机，鹿死谁手还不一定。后梁面临的威胁主要是来自北方的后唐，在其他战略方向上，大都是平静状态，如东南、西方、西南，不少藩镇是臣服后梁的。这样后梁只需专心对付后唐即可。

但后唐的形势就不一样了，后唐最大的敌人除了后梁外，还有一个就是契丹。很多时候契丹给后唐造成的危机甚至比后梁还要大。李存勖刚刚称帝，又传来契丹南下的消息，先侵略幽州，再南下至易州、定州一带。以上是北方的威胁，后唐自己的地盘中也出了问题，河南东北部的卫州（非魏州）被后梁攻取，山西东南部的潞州忽然背叛了后唐。这两个地方都是通往后唐腹地的咽喉，是卫护后唐前方和后方总部的要地。先来看卫州和魏州的关系，卫州在河南的东北，而魏州当时的辖境包括了河北南部、河南东北和山东西部的一些地方，卫州离魏州很近，中间既无山险，又无大河，骑兵快速可至。魏州自被李存勖占领后，一直是他的南下基地，是前进司令部，刚刚又被升格为兴唐府，意思是要兴复唐朝的地方。但现在门户大开，直接处在后梁军队的威胁之下，人心浮动。

再说潞州，潞州治所在今天的山西长治，一向是后唐和后梁争夺的要地，二者在此多次反复争夺。如果是后唐占领了潞州，进可以渡过黄河，直击洛阳、郑州，退可以据守坚城，挡住敌人北上的道路，为晋阳之屏障。反过来一样，若是潞州落到了后梁的手里，则可以直接北上威胁晋阳，退只要守住潞州，后唐军队就不能轻易南下渡河作战。对双方来说这个地方都具有非常重要的战略意义。

现在这两个地方都落到了后梁的手里，几乎抵消了李存勖苦战那么多年的胜利果实。因此，形势很明显，在大部分人看来想消灭后梁还是很遥远的事，甚至后唐的自保都成了问题。李存勖为此感到有些沮丧。

不过，人们可能忽略了一个要点，那就是这两个地方的位置都在黄河以北。这就是说，这对后唐的前后方总部的威胁的确很大。但要是换位思考一下呢？同样，要是后唐能进占黄河以南的城池，同样会对后梁的根据地大梁形成重大威胁。这是维持在后唐与后梁之间的脆弱平衡，这种平衡很容易被打破，关键就看谁能占据先机。但是先机有时并不是很明显，有时甚至还有点冒险。如果是连傻子都能看出来的机会，那还叫什么先机。先机有的时候需要高度的判断力，但即使有高度、精密判断力的人也不一定总是能抓住先机。

现在这里马上就有一个先机摆在后唐面前。

就在李存勖一筹莫展、后唐人心浮动的时候，后梁在郓州的主要守将之一卢顺密忽然跑来投降了后唐。郓州在黄河南岸，沿黄河南岸一线的几个地方都是当时郓州所属。沿着这一线向西南方向便可直击后梁的首都大梁，从郓州到大梁的距离不到一千里，重要的是这里一马平川，非常适合骑兵快速机动作战。若过了黄河，得了南岸的郓州，便可使大梁暴露在后唐的威胁之下。郓州对后梁的意义就如同潞州、卫州对后唐的意义。

梁军在这一带的布防由其天平节度使戴思远负责，戴思远自率军驻屯在杨村，令卢顺密与巡检使刘遂严等人守郓州。但卢顺密在这个时候悄悄地跑来归顺了后唐，卢顺密的归顺使形势发生了变化。这倒不在于卢顺密是一员多么能干的猛将，而在于通过他能够了解郓州一线梁军的情况。自古以来，打仗就是打情报，谁了解了敌情，胜利就到手了一半。现在卢顺密向李存勖透露了一个重要情况："梁军郓州守兵不满千人，守将带兵不得法，尽失人心。若以劲兵进袭，郓州可一战而下。"

发兵袭取郓州当然是后唐早就想做的事情，但能不能成功？形势很不乐观，如果袭击不成功，只会令后唐的形势雪上加霜。李存勖不能凭卢顺密一席话就随便派兵去袭取郓州，假如郓州守军坚决固守，唐军一时半会打不下来怎么办？梁军援军再来，前后夹击，那派去的人马岂不是白白葬送？但他又特别希望能打下郓州，扭转这种不利的形势。其实主帅也有犹豫的时候，在这个时候，他需要的是鼓励。

李存勖召郭崇韬等人商议。郭崇韬在这个问题上表现得有些保守，他认为："孤军深入，四处无援，万一不利，虚弃数千人，顺密之言不可从。"李存勖听了之后很失望。虽然郭崇韬这一次分析得很保守，但是不久他将很快在灭梁的分析大计上，展示出惊人的判断力。

然后李存勖又密召李嗣源于大帐中，只有他们两人分析目前的形势。李存勖认为："梁人志在泽潞，不备东方，若得郓州，则溃其心腹。但郓州可取乎？"

李存勖的这个分析是有道理的，他敏锐地看出了后梁的作战重点，后梁希望打下潞州和旁边的泽州，打通北上晋阳的路，直接拿下后唐的大本营，这的确是一个不错的战略选择。梁军的重点都放到了黄河以北和西北方向，采取了主动出击的姿态。在郓州这一线则主要是以防守为主，兼以辅攻，以牵制后唐军队主力的调动。如果后梁占了先机，拿下了晋阳，对后唐的打击是致命的。同样，如果后唐占了先机，拿下了郓州，则可以调动梁军回援，牵制西线梁军的攻势，缓解晋阳方向的压力。

李嗣源对李存勖的疑问给出了肯定的回答，他也分析了两国对垒的总体形势："今用兵岁久，生民疲弊，若非出奇取胜，大功何由可成！臣愿独当此役，必取郓州。"李嗣源这样分析自有他的道理，总体形势上来看，的确是这样，打了这么久的仗，胜利似乎还是很遥远的事情。战争何时是个头？如果总僵持不下的话，士兵会有厌战情绪，老百姓更不得安生，经济形势也不允许双方再争斗下去。必须出奇制胜，尽快决出胜负。

同时，李嗣源因为上次在胡柳有渡河之惭，这件事总好像一块大石头压在心头。他自幼就跟随李克用打仗，向来都是冲锋在前，从不怕死，但就因为一个胡柳渡河事件，背负上胆小鬼的名声，让别人在背后议论纷纷，大半辈子的英名几乎给毁了。要想改变人们的印象，唯有立下大功，而且要是那种几乎不可能完成的奇功才行。所以，他常常想找机会立大功、奇功以补过。这个机会现在卢顺密给李嗣源送来了。李嗣源明确告诉李存勖，自己愿意只率本部人马进攻郓州，不需要另派部队。

李存勖听了李嗣源的分析和请战要求后，非常高兴，当即同意作战布置，秘密派遣李嗣源将所部精兵五千立即自德胜取郓州。

德胜至郓州可朝发夕至。唐军出发的时候是早上，下午时下起雨来；到傍晚时，雨还是下个不停，道路泥泞不堪，四处黑压压一片，将士皆不欲进。如果就此停下来，这么一支人马必然会被梁军发现，第二天再去攻，梁军会有防备，就失去了奇袭的意义。但众心难违，如果硬强迫大家行军，说不定士兵会有怨气，到时不好好作战，甚至激起兵变也不是没有可能。这种时候怎么办？这就看领兵的将领如何激励大家了。

李嗣源的部将高行周见如此情况，如此激励大家："此上天助我，阴雨道黑，梁兵一定疏于防备，想不到我军会远道来袭。"众军一听，挺有道理，于是就连续行军，终于在半夜到来郓州城下。

郓州守军果然没有防备。李从珂率先登城，杀守卒，开城门，唐军一拥而入拿下外城。随后又进攻牙城，也就是内城，城中大乱。第二天清晨，唐兵尽入，攻取了牙城。梁军守将刘遂严等逃奔大梁。

李嗣源这一次突袭成功再一次说明天黑阴雨，包括各种不好的天气总是突袭的好时机。历史也都不断重复证明着这一点，远者如大家都在中学课本里学过的《李愬雪夜入蔡州》，近者如诺曼底登陆。当年李愬也是选择一个天黑风怒，大雪纷飞之时，带领朝廷军队一举拿下了三十年都未曾踏足的蔡州城，结束了吴少诚、吴元济父子两代人的叛乱。二战中，英美诸军在诺曼底的大规模登陆也是在风雨交加的夜晚进行的，德军名将，有"沙漠之狐"之称的隆美尔以为在这样一个恶劣天气中，盟军不可能跨海来犯，便回后方给妻子过生日去了。可见恶劣天气总是能助一方成功，当然也会导致另一方失败。如果隆美尔读过《李愬雪夜入蔡州》，或者知道李嗣源雨夜袭郓州的事迹，或许就不会如此大意，那样二战的结局可能还会有变数。

李嗣源只一天的功夫就占领郓州的消息飞快传到李存勖处，李存勖大喜赞道：“总管真奇才，大业成功在望。”

李存勖当即派专使前去，委任李嗣源为天平节度使，天平节度的地界就是郓州这一带。当年黄巢起义的时候，黄巢就曾要求朝廷封他为天平节度使，朝廷没有答应，因为这一带是战略要地，轻易不会封给一个朝廷信不过的人。

郓州失守对后梁来说是一个重大打击。朱友贞接到郓州失守的报告，大惧，马上将刚刚逃回大梁的刘遂严等郓州守将处死，以儆效尤。郓州失守连戴思远也受到牵连，被朱友贞免去了招讨使的职位，降为宣化留后，就是宣化这个藩镇的候任节度使，等于连降二级。如果拿现在的职位比，招讨使好比是战争中的战区司令，现在被降成了副军长。当然，副军长也已经是很高级的职位，但相对于原来的司令一职还是要低许多。朱友贞同时立刻派使者北上，传令斥责北面诸将段凝、王彦章等，趣（音：促，催促的意思）令进战。

朱友贞还抱着一线希望，只要黄河以北诸将能率各路人马进攻魏州和晋阳，就一定会调动唐军回援。按说朱友贞也不是傻瓜，这个围魏救赵的计策安排得还是很好的，兵力布局也很好。梁军在总兵力来说，仍大大多于唐军，机动兵力占优势，可用的将领也不少，但朱友贞所犯的最大错误，是经常用人不当，偶尔一次用得当了，也挽救不了大局。朱氏老臣敬翔早就知道会有这个局面，虽多次劝说朱友贞都不为所用，如今郓州失守对后梁的震动实在太大，已到了十万火急的时刻，敬翔明白梁室离灭亡之日不远了，但他还是要作最后的尝试，再为朱家尽一次忠心。

郓州失守的当天，敬翔就再次进宫来劝朱友贞，这一次他决定采取行为主义的方式来劝说这个后梁的末帝。

敬翔进宫时将一条上吊绳放在自己的靴子中，然后来见朱友贞，说道："当年先帝取天下时，东征西讨，对臣所出的计谋言听计从。如今敌方势力日益壮大，但陛下反而不用老臣的计策了，留着我也没什么用了，干脆就让我死在陛下面前算了。"

说罢就拿出绳子要在朱友贞面前上吊。朱友贞怎么可能会让大臣在自己面前上吊自杀，马上令人拉住敬翔，不许他死。敬翔挣扎几下，表示一定要死，用那一带的方言来形容就是敬翔还要"拿劲"。

朱友贞亲自来劝他："哎呀，老爱卿啊，有什么话，你好好说嘛。现在这个形势，你是我家老臣，总得出个主意。你说什么我都答应。"

敬翔要的就是朱友贞的这句话，马上就不挣扎了，也不要去死了，当即给出了想说的话："事情十万火急，非用王彦章为大将，否则形势不可挽回。"

朱友贞这一次听从了他的建议，马上任命王彦章为北面招讨使，仍以段凝为副。王彦章终于当上了北方战区司令，可以一展抱负了。

王彦章是后梁猛将，人所共知，戏曲里还把他评为五代第一猛将。他作战勇猛，曾给唐军造成不少麻烦。

按理说前线换将本是机密大事，又是在涉及两国存亡的重要时刻，更要保守机密，给敌军以突然打击，才有机会取得一线生机。但这边朱友贞换将，那边李存勖就得知了这个消息。不知是因为后梁之人不会保密，还是没把这个机密当回事，抑或是李存勖早在后梁皇宫中安插有间谍。

李存勖获悉王彦章出任北方战区司令，马上亲自率军进至黄河以北的澶州，派蕃汉马步都虞候朱守殷守德胜，并一再告诫他："王彦章善用双枪，人称王铁枪，如今梁兵屡败，所谓哀兵可用，他一定会乘愤激之气，对你突然袭击。一定要当心这一点！"但朱守殷把皇帝的告诫当成了耳旁风，他认为现在唐军已占领了郓州，声势正盛，梁军逃跑还来不及，哪里会来突袭。

就在李存勖告诫朱守殷的同时，朱友贞也在惴惴不安地问王彦章何日可以破敌。王彦章的回答令朱友贞吃了一惊，王彦章回答："三天。"

不光是朱友贞吃惊于这样的回答，连朱友贞左右的侍从们都笑出声来，大家根本不相信王彦章在三天之内可以打败唐军。大家都觉得这个王彦章太可笑了，这时他人还在大梁，即开封。从开封出来北渡黄河，再到北方战区的卫州、相州、滑州一带，路上就得两天，再布置军队，协调各方也需要几天时间，哪能三天就出战果？说给谁听，谁都会认为这个王彦章是在吹牛，不过是在宽慰朱友贞罢了。然而所谓胸有成竹，我们一同穿越时空，从空中俯瞰王彦章出征，看看他为何敢于回答三天。

这边辞别朱友贞，王彦章连家都没回，立即离开大梁北上，倍道兼程，两天时间就到了滑州。

在抵达滑州的当天，当地驻军大摆酒宴，欢迎新任司令到来。新官上任庆贺一下，人之常情，理所当然。而且王彦章还特地大张旗鼓地庆祝，生怕大家不知道梁军正在大开宴席。前线到处是间谍，王彦章的所作所为，马上就有人传给了唐军的朱守殷。这正是王彦章所想要的。

表面上大摆庆祝宴的同时，王彦章已悄悄派人在旁边的杨村准备好战船，就等天黑了。梁军的庆祝宴席一直在持续，天已经黑了下来，远远可听到梁军营中仍在猜拳行令，吆喝之声此起彼伏。

这时王彦章早就安排下的六百甲士，皆持巨斧悄悄登船，船上还搭载了火炉、炭石，于夜色中无声顺流而下，指向德胜。

王彦章看看时候差不多了，便起身说要去上个洗手间撒个尿，转身出了大帐。

梁军后营中也早已备好了精兵数千，王彦章直接提枪上马，悄悄率军沿黄河南岸直扑德胜。

当时天正下着小雨，道路不好走，而且又是晚上，朱守殷根本没有防备，正犯了和前几天梁军郓州守将一样的错误。

暗夜中，梁军的战船和陆军同时到达德胜南城。

德胜分为南北两城，分于黄河两岸，中间用铁链、大木等器物结成浮桥，连接南北两岸，若南岸遭攻击，则北城军队可迅速通过浮桥救援南城。浮桥建设得很牢靠，敌军即使有战船来攻，一时之间也不易攻破。

但任何堡垒都是有弱点的，王彦章早了解到了这一点。他在战船中配上火炉、炭石，又给战士们配备了巨斧，为的就是破解浮桥，中间拦腰截断唐军。

梁军战船先举火熔烧铁链，一会儿的工夫就将铁链烧软，这时再用巨斧砍之便容易得多，浮桥很快就被砍断。南北两城被断绝。王彦章引兵急攻南城，一鼓而下，南城落入梁军手中。这一招也是前不久唐军曾经用过的。

到这时受命出征正好三天。

随即王彦章挥军连攻南岸唐军各寨，全被拿下，梁军士气高涨，声势大振。

这一回轮到李存勖一方着急了，德胜南城已失，北城形势孤立，难以固守。此时首要的是先守好下一个要点，不能引起连锁反应。李存勖急派人前往杨刘，令镇守使李周无论如何要守住杨柳，不能再有闪失。同时急令朱守殷放弃德胜北城，撤屋为筏，载兵械顺流东下，助杨刘守备。

德胜北城中贮存了大批辎重粮草，这些东西可不能落入梁军手中，李存勖下令将北城的辎重粮草立刻起运澶州。唐军的这些安排非常及时，因为就在同一时刻，王彦章几乎也在下达着同样的命令，他的下一个目标已经锁定杨刘，梁军也正在拆除南城中的房屋，把木料收集起来，做成木筏，运载士兵武器东下，准备会攻杨刘。

唐梁两军在黄河两岸，夹岸而行，双方的步兵、骑兵沿河前进，水军浮水而下，距离之近互相都可以清楚看到对方的表情。沿途每遇湾曲，辄于中流交斗，飞矢雨集，或全舟覆没，一日百战，互有胜负。足见双方边打边行军之激烈状况。大家都在抢时间、赶速度，等两军终于抵达杨刘时，由于沿途的战斗激烈，双方的士卒都已经损失过半。

第十七章　千年之前的闪电战

梁军到达杨刘时，军力占优，王彦章、段凝以十万之众猛攻杨刘，水陆并发，百道俱进，昼夜不息。王彦章专门布置了巨型战舰九艘，以铁链锁在一起，横亘于河津阻击唐军援兵。杨刘危在旦夕，好几次都差点被梁军攻陷，幸亏镇守使李周指挥有方，与士卒同甘苦，并力拒守，才算把杨刘守住。

王彦章率十万梁军携刚刚占领德胜南城的胜利之威，闪击杨刘，本以为可以一鼓作气拿下，却不料这个地方全不似德胜南城，李周也不是那个朱守殷。猛攻多日，毫无进展，梁军损失不小，王彦章只得下令梁军退屯城南，扎下重重连营困住杨刘。

李周派人向李存勖告急，杨刘旦夕不保，唯有日行百里来救，或许有成功的希望。李存勖决定亲自率兵赴援，但他没有像李周要求的那样日行百里来援，而是轻轻松松地日行六十里，行军途中还不忘打猎，并且还对周围的人说："杨刘有李周镇守，有何可忧！"不知他这话是有意宽慰人心呢，还是真的一点都不担忧。总之，由于行军速度缓慢，等唐兵援军抵达杨刘时，王彦章早就在杨刘城外挖好、建好无数道堑垒壕沟，援军难以突破，人家早就防着唐军来援呢。所以说兵贵神速，做什么事情最好不要耽误，你一耽误，情况就会有变化，多半会朝着不利的方向变化。若是李存勖快速来援，王彦章的防卫工事就来不及搞得这样严整，援军就容易突破。目前的状况就得费大力了。因此打仗与做事一样，都要又快又好，凡事赶在前面，但又不是鲁莽地、贸然行事。

李存勖一看这个局面，也无计可施，只得问计于郭崇韬。从当时的形势来看，硬要攻梁军连营，当然可以，但只恐会损失不小，还不一定能攻得下来，杨刘也救不成。到时杨刘失守，援军受损，这会对唐军士气和实力造成重大打击。

郭崇韬从全局为李存勖分析了当时的形势。杨刘、德胜，这两个地方都是很好的渡口，占领这两个渡口，可进可退，便于兵力调动，对敌方腹地形成很大威胁。双方的大本营都在离这几个渡口不远的地方。

军队渡河是武装渡河，尤其在这种敌军就在眼前的情况下，形势要复杂得多。战争状态下，军队渡河需要找一个地理位置条件优越，适合大规模行动的地方。几个条件一综合起来，符合条件的地方就不多了，所以梁军和唐军必然在这几个渡口反复进行争夺。

德胜和杨刘两个渡口之外就是郓州，郓州是唐军在黄河以南打下的重要城池，直接威胁后梁的大本营，对双方士气有很大影响，保住郓州非常重要。杨刘、德胜、郓州之间牵一发而动全身，所以唐梁两军在这一带反复进行拉锯战，互有胜负。

如今杨刘危急，郭崇韬给李存勖分析了具体形势："王彦章据守津要，困住杨刘，形势对梁军有利，而郓州也是孤城一座，意谓可以坐而取之。若梁军兵锋指向郓州，我军很难守住。不如趁王彦章尚未派兵攻击郓州，我率部分人马先渡河，筑垒于郓州、杨刘之间的黄河东岸以固河津，如此一来，既得以接应郓州，又可以诱使梁军分兵来攻。但前提是我们必须在王彦章探知我军用意之前，抢先修好新城，否则梁军径来攻我，只恐新城难以完成。为保新城的修建，陛下您需在此处天天派兵挑战梁军，吸引其注意力，只要能保证梁军十天之内不来骚扰，我必能修好新城。”

碰巧的是，就像是专门为了给郭崇韬的计策做注解，促使李存勖下决心接受这条计策一样，梁军那里有人派遣密使找到驻守郓州的李嗣源表示愿意带一部分人归顺唐军。或者不叫归顺，而叫回归，因这个人原本是唐军中的人物——胡人康延孝。

也就是说，后梁右先锋指挥使康延孝在这个时刻秘密请降于李嗣源。康延孝原来是太原的胡人，曾因犯下罪过，怕受到处罚，就跑到后梁那边去了，朱友贞见对方有能打仗的人来降，就任命他为右先锋指挥使，归属段凝指挥。段凝无德无才，本不是带兵打仗之人，只不过因为和朱友贞的宠臣赵岩等人关系好，通过赵岩的推荐和保举，才坐上了招讨副使的高位，这是很多功臣宿将盼望多年都未能获得的职位，而段凝一个后辈，也没什么资历和战功，却很快把这个重要的职位抢到手，当然会引起众人的不服。康延孝就是在分析了唐、梁两派的政治形势后，认为后梁虽然表面仍然比较强大，但实际政治混乱，用人不公，内部不和，败亡之日不远了。所以他才会在唐军处于被动的时刻，主动联系坐守孤城的李嗣源。

李嗣源得到康延孝的请降信后立即派范延光持信急送李存勖。

范延光见李存勖后也分析了当时的形势：“杨刘控扼已固，梁人必不能取，请筑垒东岸以通郓州之路。”

这恰与郭崇韬的计策不谋而合，李存勖便连夜派郭崇韬率万人出发，倍道趋博州，至马家口渡河，筑城昼夜不息。李存勖本人则在杨刘与梁军昼夜苦战，吸引梁军的注意力。但上万唐军突然离开，且在不远的地方修筑大型工事的消息是瞒不住的，在郭崇韬筑新城第六天的时候，这个消息被王彦章侦悉，马上亲自将数万兵马急驰而至，猛攻新城，连结巨舰十余艘于中流以绝援路。

当时新城城基只完成了大半，城墙犹低，土质疏松，还没来得及修堞楼、城垛、箭眼等。数万梁军由王彦章亲自带领来攻，按理说这样的工事很难挡得住，但郭崇韬偏偏就挡住了。秘密就在于领导要以身作则。

梁军忽然来犯，作为这一阵地一号领导的郭崇韬很勇敢，有智谋、有亲和力，他马上激励士卒，亲自到第一线指挥部队，气闲若定，四面拒战，同时派人向李存勖告急。李存勖得信后，马上自杨刘引大军救之，陈于新城西岸，给城中鼓气，城中望之果然士气提升，拼死抵抗；西岸唐军也做出渡河状，威胁梁军。

王彦章被迫解围而去。

郓州奏报始通。

王彦章攻击新城失败，又调头回来重围杨刘。梁军几次在有利的情况下出击都失败而归，士气低落，军队对唐军的战斗力心生恐惧。而唐军则相反，几次都抗住了困难的形势，士气大涨。现在梁军虽然仍围困着杨刘，但已转入守势，而唐军则主动出击。

不久，李存勖遣骑兵将领李绍荣直抵梁营，擒其侦察兵。侦察兵都是军中精华，在自己的营门口被唐军活捉，给梁军越发造成心理冲击。

王彦章不得不解杨刘之围，焚其舰船，退保杨村。

唐军引兵追击，复占德胜南城。力量对比的天平开始向后唐一方倾斜。

这次王彦章虽然先胜，但后面的作战行动均不利，而且梁军损失很大，前后急攻诸城，总伤亡达万人之多，丧失的资粮、武器装备、辎重，难以计数。不过杨刘的形势也很不乐观，若不是梁军解围，可能还真要落入梁军手中，因为到解围之时，城中断粮已经三天了。

所以这又再一次证明了一个道理，谁坚持到最后，谁就是胜者。断粮三天，士兵肯定都饿得不行了，但还能再坚持一下，如果梁军再围困两天，估计不用打，杨刘就得自动丧失防守之力，梁军可轻而易举进占杨刘。那样一来，梁军士气就会上升，王彦章不用两面作战，可发动反击，唐、梁的胶着局面可能还会持续下去。坏就坏在王彦章没有多坚持两天，否则整个形势就逆转了。有时历史真的是充满了偶然，而这种偶然中似乎又有必然。

王彦章这次作战先胜后败，正好给了本来就对他不满的朝臣们以攻击他的口实。王彦章是个武将，说话一向大胆，他早就讨厌赵岩等人专权乱政，认为这帮人不过是仗着和朱友贞关系好，才能控制朝政，他早想整治赵岩等人了。前一阵，朱友贞封他为招讨使之后，王彦章就曾对身边人说："待我成功还，当尽诛奸臣以谢天下！"

这些话不知怎么就传到了赵岩等人那里，赵岩他们私相谓曰："我辈宁死于沙陀，不可为彦章所杀。"沙陀就是指李存勖他们，前文已讲过，李克用、李存勖祖先是胡人，具体来说是沙陀人，沙陀人是中华民族形成过程中的重要组成部分。李克用、李存勖等沙陀人对唐朝朝廷的忠心令许多人汗颜。

王彦章的话，更导致赵岩等人要团结起来对付王彦章，而且他们还联合了段凝一起说王彦章的坏话。段凝一向妒忌王彦章，也主动谄附赵岩，在军中时，每次王彦章发布命令，段凝就总要搞不团结，百般阻挠，唯恐其成功。这还不算，段凝暗地里还要找王彦章的一些过失或者编造一些瞎话，秘密报告朱友贞。王彦章每次打了胜仗，捷报总是先报到赵岩等人那里，他们就报告领导朱友贞说这是段凝的功劳，你看人家段凝多会打仗啊。这样也可以堵住其他人的嘴，说明赵岩有知人之能，推荐的人没有错。这一下搞的王彦章什么功劳都没有，他自己还被蒙在鼓里。

赵岩还对朱友贞说，王彦章这个人不可靠，不是和我们一条心的，如果他打了胜仗，反而对我们不利，只怕功高盖主，军队都听他的，那您不就危险了吗。文臣杀人真是不用刀，很文明，比武将文明多了。等王彦章退保杨村后，朱友贞就把他调离了东北前线，征还大梁。其实到了最后的危机时刻，朱友贞还是得起用王彦章，只不过真到了大厦将倾的时候，别说一个王彦章，就是十个王彦章也无力回天了。

黄河下游东岸战略要点失守，对后梁来说，是全面失败的征兆。但朱友贞反应也很快，他下令让人在滑州一带挖开黄河大堤，企图让洪水挡住唐军的前进道路。看来在危机时刻，总会有人想起用黄河水来抵挡敌军，远有朱友贞，近有蒋介石。至于水是不是能挡得住敌人，历史已经给出了答案。

东北前线的失利，使后梁小朝廷再次就用人问题发生激烈争执。当初，朱友贞听了赵岩等人的话，派遣段凝为副招讨使，督率大军于河上。朱氏老臣敬翔、李振多次找朱友贞，说这个段凝不行，让他带兵肯定要出事，一定要把他换掉。

但朱友贞不听，反而说：“段凝这不是做得挺好的嘛，还没有什么差错啊。”

李振马上反驳说：“带兵作战这样的大事，非同儿戏，还能等到段凝有了差错以后再改正吗？要是等段凝有了过错再说，那江山社稷就不保了。”

任你敬翔、李振如何劝说，朱友贞就是听不进去。不但听不进去，他还给段凝提了一级，正式任命为北面招讨使，成了正式的北方战区司令。朱友贞还希望段凝能临危勇决，扭转当前不利的战事。

命令下达以后，敬翔、李振一班老臣非常失望，武臣宿将尤其愤怒，士兵群体也滋生不满。以前让段凝做副招讨使，就已经让大家很生气了，毕竟有王彦章做正职，真正指挥打仗是王彦章在做主，虽然段凝老是在中间搞鬼，但还不是段凝直接指挥部队。现在形势不同了，段凝任了正职，北方战区的部队就都得听他调遣，士兵还好说一点，不服归不服，直接与段凝接触的机会是很少的，见不着那么大的官。但其他武将就不同了，都是有战功的，打了多年的仗，拼了多年的命，现在让一个后起之“猪”成为战区司令，这班武将岂能不气？但没办法，人家段凝就是和皇上的宠臣关系好，而且皇上也觉得段凝不像大家说的那么不堪。

看到朱友贞继续延着错误的道路走下去，形势愈发危急，朱氏的另一个重臣也不得不站出来说话了，他就是天下兵马副元帅张宗奭。张宗奭就是张全义，过去朱温活着的时候，非要赐给张全义的新名字。张宗奭好久都没露面了，他这个人一向低调，只管做事，不爱抛头露面，宣扬自己，现在面对危急也不得不出来说话。

张宗奭说："臣为副元帅，虽衰朽，犹足为陛下捍御北方。段凝晚进，功名未能服人，恐贻国家深忧。"他讲得很明白，我虽然老了，但作为副元帅，还能为你老朱家守住北方的大门，他段凝是后来之辈，凭什么坐这样重要的位置？关键是没有功劳，也没本事立功，大家都不服，让他镇守北方，只会给国家带来危险。张宗奭说得还是很客气的，用了“恐贻国家深忧”这样委婉的话。

朱友贞虽然没有听从这些老臣的意见，但还是有决心再做一搏的。他做了两个安排：

第一，令段凝率领五万军队从高陵津渡过黄河，一路扫荡澶州各县，最后到达顿丘，驻扎下来，威胁唐军的前进基地——兴唐府。

第二，又重新启用王彦章，命其率禁军步骑兵共约一万人，进驻兖州、郓州境内，寻机复取郓州。不过，朱友贞还是对王彦章不太放心，让自己的亲信张汉杰到其军中任监军。

公元 923 年旧历八月底，早就准备回归唐军的康延孝真就带了一百多名骑兵跑到李存勖的大营里来了。李存勖非常高兴，马上接见康延孝，并且脱下自己身上所穿的锦袍玉带赏赐给他，任命其为南面招讨都指挥使，兼博州刺史。李存勖请康延孝讲一讲后梁的情况，以便了解对方虚实，这对于下一步的决策极为重要。两军胶着时刻，需要马上得知对方内幕，立即作出调整。李存勖也很慎重，与康延孝谈话时，把周围无关人员都赶了出去，只留下几个心腹重臣。

康延孝全面分析了后梁的情况："梁朝地不为狭，兵不为少；然迹其行事，终必败亡。何也？伪主暗懦，赵（岩）、张（汉杰、汉伦）兄弟擅权，内结宫掖，外纳货赂，官之高下唯视赂之多少，不择才德，不校勋劳。段凝智勇俱无，一旦居王彦章之右，自将兵以来，专敛行伍以奉权贵。每出一军，不能专任将帅，常以近臣监之，进止可否动为所制。近又闻欲数道出兵，令董璋引陕虢、泽潞之兵自石会关趣太原，霍彦威以汝、洛之兵自相卫、邢寇镇定，王彦章、张汉杰以禁军攻郓州，段凝以大军当陛下，决以十月大举。臣窃观梁兵聚则不少，分则不多。愿陛下养勇蓄力以待其分兵，帅精骑五千自郓州直抵大梁，擒其伪主，旬月之间，天下定矣。"

史载，"帝闻言大悦"，就是李存勖听了康延孝对当前局势的分析后很高兴。

康延孝这段话非常精到地分析了后梁内部的形势和战略动向。从后来事态的发展来看，如果唐军行动缓慢一些，灭亡的可能就不是后梁，而是后唐了。康延孝从政治、军事两方面进行了分析。

从政治上看，后梁的兵力并不少，但一定会灭亡，原因何在？后梁的这个最高领导朱友贞为人不明，不知如何用人，只会听身边亲信的话，权臣专权，公然收受贿赂，买官卖官，谁贿赂的钱多，谁就能得到更高的官位，全然不考虑该人是否有功劳，是否有这个资历。这种用人法，只会导致政治极其败坏，人心尽失。比如这个段凝，根本不是将才，完全是靠着贿赂权臣换来的官职，自上任以来，专事搜括财物巴结上级，对属下一点都不体恤。

从军事上看，朱友贞在派将出征时，总要派上一个太监来做监军，主帅要做个部署都得听从这些监军的意见，还要上报朝廷，打仗是兵贵神速的事，哪能等千里来报？

梁军将在军事上采取重大行动，这对后唐来说是生死攸关的大事，这也是康延孝透露的最重要的情报。当年十月，梁兵准备兵分四路，发动全面反击。

第一路，由董璋率领，自泽州、潞州北上，进攻太原。

第二路，由霍彦威率领洛阳、汝州兵马北上，进攻定州、镇州。

第三路，由王彦章、张汉杰率大梁的禁军精兵，进攻郓州。

第四路，由段凝率领，在此牵制唐军主力，也就是李存勖所率的这支兵马。

朱友贞的这个部署一旦发动，李存勖的处境将极其危险，后唐刚刚建立的政权可能也将不存。但现在这个部署已被李存勖所知，所以他才会在听了康延孝的分析后大悦。但大悦之后，便是大忧，因为这时后唐虽然打了几个胜仗，但大局依然未定，处境非常困难。

唐军自德胜失利以来，丧失大批粮草。军队招兵买马、行军打仗得依靠粮草，没办法，租庸副使只得多收租税以供军。租庸副使大概相当于现在的税收总局副局长，不过权力和管辖的事务比现在搞税收的副局长要多得多。租税一多收，老百姓就生存不下去，许多人就开始流亡，流亡的人多了，交租税的人就更少了。当时唐军各种粮草储备加起来只能维持不到半年。

公元 923 年，时局到了秋天仍不明朗，后唐和后梁的形势都很危险。后唐的形势似乎比后梁还要困难一些，泽州、潞州背叛后，到现在也没收复，时刻会成为梁军北上的前进基地。

契丹大军多次在汉人的引导下，侵扰后唐的北方地界，令后唐北方时刻受到强大的压力，不仅如此，契丹还扬言要等入冬后，大举南下。

梁军将要兵分数道，对后唐进行致命打击的消息更令后唐上下不安。后唐仍然难以摆脱四面受敌的境地。李存勖深以为忧，召集诸将开会，分析时局，商讨应对之策。

会上，以李绍宏等为首的大部分将领的意见是，“应当暂时与梁讲和。”李绍宏分析了两国之间的形势，唐军渡河占领了郓州，郓州是座孤城，城门之外都是梁军地盘，中间隔着黄河，孤远难守，耗费很多人力物力还不一定能长期守住。现在梁军占领了黄河北面的卫州及黎阳等地，双方手中都有牌可打，还不如与梁军讲和，把郓州拿来与卫州、黎阳交换，双方以黄河为境，休兵息民，恢复一下人力，等力量重振后，再寻机破梁。

李绍宏等人的分析听起来很到位，似乎认识到自己一方的弱点，避免与优势敌人硬拼，实力不足，困难很多，应收缩力量，养精蓄锐，待力量强大之后，再与敌决战。稳妥其实没什么不好，尤其是作战这样的大事。猛一听来，李绍宏等大部分将领的意见好像是稳妥之计。

但李存勖听了这个意见后，非常不高兴，说了句：“如此吾无葬地矣。”

李存勖挥手让诸将都离开，单独留下了郭崇韬。他要单独与郭崇韬对话。郭崇韬的一席话，如同点醒梦中人。他已经就当前的形势想了好久，早就胸有成竹。正是这番分析显示了一般武将与战略家的区别，也正是这番分析，坚定了李存勖出奇兵的决心。

郭崇韬说：“陛下不休沐，不解甲，十五余年，其志欲以雪家国之耻也。今已正尊号，河北士庶日望升平，始得郓州尺寸之地，不能守而弃之，安能尽有中原乎！臣恐将士解体，将来食尽众散，虽画河为境，谁为陛下守之！”

这第一段话，郭崇韬首先点出了李存勖一方作战的目的和形势，正中李存勖心中隐痛。是啊，从李克用那一代人起，到现在三十多年，连续两代人与朱氏父子苦战不休，为的是什么？不就是为了剿灭伪梁，兴复唐朝，一雪唐室被朱温残灭和李克用壮志未酬身先死的耻辱吗？晋军——现在的唐军，奋斗这么多年，好不容易才拿下了黄河南岸的郓州，本是振奋人心的一件大事。如今有人却认为守不住，要和对方做交换。一个郓州都守不住，还谈什么夺取整个中原！若真是交换的话对唐军士气会产生什么样的影响？岂不是让大家泄气吗？

军队最重士气，现在的团队也一样，没有士气，没有人心，什么工作啊、事业啊，都不会成功。再说，唐军的粮草只能维持几个月，军粮不足是兵家大忌，况且唐军虽然打了几次胜仗，但总体上仍处于劣势，如果不能尽快打开局面，将来军粮用尽，军心必然散乱，到时即使唐军想以黄河为分界线，与后梁划河对峙，恐怕也难以防守。这正是李存勖最为担心的情况，他心里很清楚大家之所以聚集在自己麾下跟着战斗，凭的就是一鼓子气，首先不能失了士气和人心。

郭崇韬又说出了第二段话，这段话是对敌人情况的分析：“臣尝细询康延孝以河南之事，度己料彼，日夜思之，成败之机决在今岁。梁今悉以精兵授段凝，据我南鄙，又决河自固，谓我猝不能渡，恃此不复为备。使王彦章侵逼郓州，其意冀有奸人动摇，变生于内耳。段凝本非将材，不能临机决策，无足可畏。”

敌人的战略意图在这里分析得十分清楚了，郭崇韬明确指出，双方命运就在今年决定。后梁的主力在段凝麾下，进占唐军南境，但却并不向唐军发动进攻，反而利用黄河决口，希望借河水阻挡唐军。这说明梁军实际上对唐军是非常忌惮的。此外，梁军决了黄河水，以为唐军不可能突然渡河，防守松弛，这等于给唐军一次突袭的好机会。段凝本来就不适合统领军队，不过是因为会拍马屁而得此高位，重要关头，他不具备那种当机立断的才能。另外一条战线的王彦章不断向郓州发动进攻，希望郓州内部人心不安，最好有人叛变，这样郓州一举可平。因此郓州的形势最危险，拖不得，时间越久，内部生变的可能性就越大。堡垒总是从内部被攻破。

面对这样的形势，李存勖该如何决策？

郭崇韬又进行了第三段分析："降者皆言大梁无兵，陛下若留兵守魏，固保杨刘，自以精兵与郓州合势，长驱入汴，彼城中既空虚，必望风自溃。若伪主授首，则诸将自降矣。不然，今秋谷不登，军粮将尽，若非陛下决志，大功何由可成！帝王应运，必有天命，在陛下勿疑耳。"

知己知彼非常重要，无论在何时都是不可或缺的。郭崇韬仔细查问了梁军的降兵，他们都承认大梁空虚，无兵防守。这是个非常重要的战略情报，但问题在于，降兵的话可不可信？是真降还是诈降？郭崇韬反复思考后，认为这些人是真降，他先后对几批降兵分别单独做了询问，得到的回答都大致相同，再加上对战场双方形势的分析和思考，他才敢对李存勖做出这样的建议。

这样问题就简化了，实际就是一个敢不敢冒险奇袭的问题。现在唐军距后梁的老巢——大梁，距离只有七百余里，步兵每日若以七八十里的速度前进，十日之内就可进抵大梁。以主力与郓州李嗣源所部人马合兵一处，选精骑先发，大军随后，长驱直向大梁，梁人震骇，必不战自溃。俗话说，擒贼先擒王，只要擒住后梁小朝廷的总头目朱友贞，对方群龙无首，后续问题就好解决了。若不冒险一击，哪里能成就一番事业！

再说了，当时的人们还是很信命运的，郭崇韬认为李存勖就是真命天子，此行必定成功。

这一番分析，大大坚定了李存勖的决心。李存勖当场表态："此正合朕志。丈夫得则为王，失则为虏，吾行决矣！"

从这一刻开始，那个位于大梁的朱氏政权在这个世界上存在的时间便进入了倒计时，灭梁闪电战由此开始，中国历史上一幕千里奇袭的精彩战斗即将上演。

先让我们调整一下时光隧道入口处的定时器、定点器，把时间定在公元923年旧历九月二十七日。

地点在今山东汶上县境内，汶上县是当时后梁的中都。

李存勖的唐军在兴复唐室的旗号下，在十二天之内扭转乾坤一举灭梁。

第一天，九月二十七日。透过清晨初秋的雾霾，在汶上的一条道路上，重新出山的王彦章正率领着大梁的禁军一万多人向东北方向前进，目标——郓州。王彦章深知郓州是战略重点，谁得郓州谁就掌握了一半的主动，上次没能攻下郓州，一直让他心中憋着一股气，这次配属给他的实际上是大梁驻军中最后的兵马了。朱友贞也是孤注一掷，多个战略方向同时准备出击，所有能调动的兵马都派走了，大梁只留下几千人的卫戍部队。

王彦章这次率兵出征，与上次很大的不同是军队人数大大少于上次任北方战区司令时所能指挥的部队，上次是十余万部队，这次只有一万余人，而且是守卫大梁的禁军。禁军名字听起来很吓人，但实际上禁军擅长的不是野战，只擅长在京城里巡逻、警卫，有时还担负一些治安任务，平时耍耍威风还行，要是离了京城这个特定的环境，到了真正的战场，禁军的战斗力是很弱的。当然，各个时期的禁军不太一样，有些朝代建朝初期的禁军战斗力是很强的，但一般到了后期禁军基本就是摆设了，记得三十多年前黄巢进犯潼关时，唐帝无兵可调，只好派守卫京城的禁军——神策军前往潼关增援。这些神策军哪有战斗力，到了潼关不但没帮上忙，反而降了前线将士的士气，一见义军打来带头就逃跑，搞得原本还有些战斗力的前线将士也都泄气了，撒开腿向后逃去。

现在的这些禁军比那时的神策军好不到哪里去，而且这支部队不是王彦章本人长期指挥的，王彦章对他们很不熟悉，他们也对王彦章很不熟悉。王彦章虽是主将，但还有个朱友贞最宠信的张汉杰跟着来做监军，禁军士兵是否能听王彦章的指挥还是个很大的问号。所以这次王彦章出征伊始就已经埋下了失败的伏笔，打仗从来都是团队作战，主将再勇，如果大家都不配合，很难打胜仗，就更不用说在生死存亡的关头了。

但生死存亡对不同的人来说，意义是不同的。对朱友贞等人来说，如果士兵不拼命作战而失利，朱友贞一干人真的就是有死无生；对士兵来说，拼了自己的命获得胜利，就给了朱友贞等人以有生无死的机会，但许多士兵就有死无生。过去的军队与我们现在的军队不同，过去很多军队流行的观念是当兵吃粮打仗，跟谁干都一样，谁给饭吃就跟谁干，谁的好处多就跟谁干，利益就是价值观。这种现象一直延续到民国初年，是千百年来形成的习气，所以历史上各朝各代经常发生军队为了利益而叛乱的事情。

价值观决定战斗力，有什么样的价值观就会有什么样的战斗力。决定战争胜负的不是一两件新式武器，而是人。王彦章这次所带领的人很快就决定了战争的胜负。

九月二十七日，王彦章的梁军正在向郓州推进的路上。这个情报已被镇守郓州的李嗣源获得。李嗣源决定冒险一搏，以快打快，主动出击，马上令爱子李从珂率骑兵迎击。结果是，本想打唐军一个措手不及的梁军还没到郓州反而被如暴风一般而至的李从珂骑兵打了个措手不及，梁军前锋一败涂地，扰动了士气。王彦章见禁军是这个战斗力，只得下令后退，退保中都，打算先稳住军心，再寻机进攻。但历史已经不会给他这个机会了。

李从珂大败王彦章部的消息当天立刻就被报给了正在黄河西岸的唐帝李存勖。李存勖十分高兴，他决心把与郭崇韬议定的进军方案马上施行。因为郓州方面告捷对全军士气影响很大，要趋势而行，一鼓作气，不能等，一等，士气很快就会散了。

第二天，九月二十八日。李存勖发布了灭梁的第一道命令：将士把家属全都送回兴唐府。这个命令意味着唐军即将采取重大军事行动，要拼死一搏了。唐军家属立即收拾行装准备返回后方。

第三天，九月二十九日。唐军上下全体动员，磨亮兵器，备足粮草，喂饱战马，上自李存勖，下至普通一兵，斗志勃发。

马上要出发了，将士和家属告别，家属离去。

第四天，十月初一，突发日食。古人很看重天象，日食就是重大的天象。在这即将发生的重大军事行动之前，突然出现了日食，对人们的心理会产生很大的影响。日食预示着什么呢？

是后梁的即将灭亡吗？

还是上天警示唐军不要出兵？

不管预示着什么，已是箭在弦上，不得不发了。就在发生日食的这一天，李存勖下了第二道命令，这道命令不是针对别人，而针对自己的家属——令一直随军的刘夫人和最宠爱的皇子李继岌返回兴唐府。

意识到此行非同一般，临别前，李存勖郑重叮嘱刘夫人："国家兴败，在此一举。若我军不济，当聚吾家于魏宫而焚之！"这充分说明李存勖已经明白，此去大梁，若胜利当化家为国，一定天下；若失败，只怕全军覆没，复唐的使命就此完结，后唐历史到此也就走到了尽头。

李存勖投下了最后的赌注。

第五天，十月初二。唐帝李存勖下达第三道命令，全体唐军立即开拔。

命令一下，大军立即行动，李存勖亲自率领大军南下先奔郓州，准备与那里的李嗣源部会合。

这时，一旦唐军主力开始行动，就已经没有什么能够阻挡他们前进的脚步了。

第六天，十月初三。白天唐军进至郓州，与李嗣源所部合兵一处。稍事休息后，李存勖下达第四道命令，以李嗣源所部精锐骑兵为前锋立即出发，后续大军当天开拔，不得停留。

闪电战进入正式实施。

唐军星夜兼程，急速进军，目标——后梁中都，山东汶上县。

李嗣源率其所部精锐骑兵，快速攻击前进。

第七天，十月初四。这一天是灭梁战役最关键的一天，发生了很多事情，唐军的几个重大行动和部署都是在这一天做出的。

凌晨，正在前进的李嗣源部路遇梁兵，一战败之，遂追至中都，围其城。中都号称梁的都城之一，多年不受战争的威胁，一直不重视军事防御设施的修建，城防工事做得很差，根本无法防守。后梁大将王彦章也没想到唐军来得这样快。历代名将一再强调兵贵神速，是有深刻的含义的，兵贵神速可以打敌军一个措手不及，在关键时期，就有可能成为决定双方命运的决战。王彦章本是进攻一方，但还没来得及离开这个并不适宜防守的中都，发挥进攻优势，就已经成了防守一方，而守又守不住。

首先，城防设施几乎没有；其次，后梁的禁军经此突然打击，士气全失。在这样的情况下，要防守中都基本是不可能的。但王彦章不愧是老将，军事经验丰富，他见唐军来势凶猛，便决定趁唐军初至，立足未稳之际，包围圈还不牢靠的时候，及时突围。留得青山在，不怕没柴烧，只要脱离唐军的包围，日后就有翻本的机会。

唐军开始围城时，天还没亮。王彦章就选择这个时候来突出包围，这时仍是夜色朦胧，人影绰绰，不利于追击作战，很难分清哪些是敌军，哪些是自己人，但李嗣源还是马上下达追击令。

后梁禁军一跑出包围圈便溃散不可止，王彦章见此情景，也顾不得那些禁军了，只得呼叫自己的亲军骑兵向自己身边汇合，准备急速向西南方向逃走，只要亲军精锐在，将来就有再战的资本。但正是他的呼叫，让自己走到了军事生涯的尽头。

王彦章的亲军骑兵熟悉他的声音，纷纷向他身边疾驰而来，但令王彦章没想到的是唐军中有一位将领同样熟悉他的声音——龙武大将军李绍奇。李绍奇为何会熟悉王彦章的声音？这要从李绍奇的经历讲起，李绍奇原来叫夏鲁奇，最早的时候，他也不是唐军将领，而是梁军将领。夏鲁奇早先在梁军中时，就与王彦章认识，对他比较熟悉。后来夏鲁奇因为与梁军志不同、道不合，便脱离了后梁，投奔了后唐的李存勖。

夏鲁奇加入唐军后，作战勇猛，多次立下战功，还救过李存勖的命。最经典的就是上一次李存勖只带少数骑兵冒险侦察刘鄩的大营，被刘鄩的几千伏兵围住，危急时分，夏鲁奇跃马而来，东挡西杀，掩护李存勖杀出重围，而自己因此负伤上百处。此后，李存勖特别信任夏鲁奇，并赐他姓名李绍奇，一直把他带在身边。

这次李绍奇又要立下大功了——生擒后梁第一猛将王彦章。

黑暗中到处是喊杀声，一片混乱，李绍奇突然听到附近有一个熟悉的声音，正在呼叫梁军向西南撤退。李绍奇当即断定，“此王铁枪也”，此人一定是王彦章，电光火石，刻不容缓，混乱之中不可让王彦章走脱。李绍奇马上拨马向声音传来的方向冲去，于黑暗之中向着正在呼叫的人一枪刺去，手起枪落，对方应声落马，唐军士兵赶来，举火一照，果然是受了伤的王彦章。

五代第一猛将就这样在混乱中成了唐军的俘虏。

可能有人会质疑，以王彦章之勇猛（戏曲中评其为五代第一猛将）何以会被李绍奇一枪刺于马下？李绍奇虽然也是一员猛将，但功力并不在王彦章之上，不应如此简单地就结束了战斗。

答案很简单，当时的具体环境。具体环境促成最后的结果如此简单，又如此出人意料。王彦章正在呼唤自己的亲军骑兵一起突围，暗夜之中，四处都是人马乱奔的影子，哪里分得清自己人和敌人？这边刚刚呼叫自己人，那边就见一个模糊的身影乘马驰至，还以为是自己的骑兵，等对方近前，突然举枪，再想躲闪，已然不及。这就是在黑暗环境中突袭的效果。若是放在大白天，四处一片明亮，王彦章早就会有防备，李绍奇只怕不会有突袭成功的机会。

此战唐军不但生擒王彦章，还一举擒获了朱友贞派来的监军张汉杰等梁军将校两百余人，消灭梁军数千人。剩余的跑出包围圈的梁军在重大打击下，已经不具备什么战斗力，他们所能做的只是跑回大梁，向末帝朱友贞报告，唐军大胜，即将大举而来。

这是灭梁战役的第七天，战争进程过半。

后梁第一猛将王彦章被擒后，被急速送见唐帝李存勖。

这时是公元923年旧历十月初四的清晨，太阳刚从东方升起照亮了中都周围的田野，一场意料之中，又在意料之外的大战已经结束。这一天中，还要许多事情即将发生。

第十八章　终于进了大梁

李存勖、王彦章见面了。

一个是年轻的猛将皇帝，一个是年长的猛将俘虏。

身为俘虏并不一定就卑微。

王彦章以前自恃勇猛，曾这样评价年轻的李存勖："李亚子斗鸡小儿，何足畏！"俗语云"将门出虎子"，这只是指一般现象，因为将门出败子的事情也不少，寒门出英才的例子也一样多。贵族子弟不全都是酒囊饭袋，其中也有很多优秀人物；穷人家的孩子也不全都是"穷人的孩子早当家"，也有不少不成器的榆木。当判断一个群体的时候，评论者言，现在的某某（群体）没一个好东西。这话未免就太过极端了，诸君可以观察一下周围，爱说极端话的人，多半都不会是成功之士。平和、不极端是人生的重要内涵之一。

李存勖问王彦章："你以前常常称我为斗鸡小儿，今日服未？"

王彦章不答。

又问："你号称名将，何不守兖州？兖州城池高深，易守难攻；中都无壁垒，何以自固？"

王彦章回答道："天命已去，无足言者。"

当前乱世，正是用人之际，若能收服王彦章这样的大将，无异于如虎添翼。李存勖一心想收服他，亲赐金创药，为其疗伤，多次派人来劝说王彦章归顺。在是死抗到底还是弃暗投明的问题上，王彦章表现出宁死不降的勇气。

他对来人回复道：“余本匹夫，蒙梁恩，位至上将，与皇帝交战十五年；今兵败力穷，死自其分。纵皇帝怜而生我，我何面目见天下之人乎！岂有朝为梁将，暮为唐臣！此我所不为也。”在生死面前，王彦章倒是表现出大义凛然的气节，但他所效命的朱氏政权不会因为他的忠诚而兴盛。

后梁第一猛将束手就擒，多年的对手在一夜之间竟成了俘虏，变化有点太快。李存勖摆酒庆贺首战告捷，唐军将领们纷纷向年轻的皇帝表示道贺。这时的李存勖倒一点不自傲，而是很明确地指出：“今日之功，乃嗣源与崇韬之力也。若当初听信了绍宏等人的分析，则大事去矣。”

现在摆在面前的是分析当前形势，下一步到底怎么走？是继续前进，还是见好就收，就此打住？唐军将领们又产生了意见分歧。幸亏这一次李存勖拿出了“宜将剩勇追穷寇”的眼光，没有犯“穷寇莫追”的教条主义，才得以最终灭梁成功。

在战略分析会上，李存勖首先发言：“所患惟王彦章，今已就擒，是天意灭梁也。但段凝所率大军犹在河上，进退之计，宜何向而可？”

诸将以为：“传者虽云大梁无备，未知虚实，今东方诸镇兵皆在段凝麾下，所馀空城耳，以陛下天威临之，无不下者。若先广地，东傅于海，然后观衅而动，可以万全。”大部分将领们都是这个意见。从表面上看来，分析得也没有错，而且还很稳妥，诸将领们有这样的担心不无道理，他们的建议听起来也有一定道理。

首先，大梁无兵，可能只是传言，唐军根本不知道大梁的真实情况，若贸然前进，如果大梁有重兵，到时段凝所率梁军再由背后夹击，唐军必然腹背受敌，必败无疑。

其次，唐军应当避实击虚，如今打听清楚的是后梁在东方各镇的兵马都被段凝调走了，东方各地空虚，应趁此良机，快速向东，占领至东海之间的广大地盘。这样做可以增加唐军的实力和后备力量，然后再寻机进攻。这是最保险的计策，分析得也非常有道理。

如此听来，的确是一条好计。但为什么李存勖没有采纳呢？因为这些将领们犯了两个错误，一是只看到了眼前这一小块的利益，没能看到大局；二是没有分析人的心理。全局形势对后唐并不利，这一点前面郭崇韬已经分析得很清楚了，现在需要做的是心理分析，具体就是分析梁军主将段凝的心理。

首先站出来反对诸将意见的是康延孝，他坚决要求直取大梁。但康延孝是降将，谁知这是不是一条引唐军进入险地的计策？唐军中不少人还在怀疑。

李嗣源站出来支持康延孝的意见，他当场做了分析："兵贵神速。今彦章就擒，段凝必未之知；就使有人走告，疑信之间尚须三日。设若知吾所向，即发救兵，直路则阻决河，须自白马南渡，数万之众，舟楫亦难猝办。此去大梁至近，前无山险，方陈横行，昼夜兼程，旦夕可至。段凝未离河上，（朱）友贞已为吾擒矣。延孝之言是也。请陛下以大军徐进，臣愿以千骑前驱。"

李嗣源的这个分析很到位。首先点出了重点"兵贵神速"，这是个原则。

其次，王彦章被擒，这是今天凌晨才发生的事，段凝现在肯定还不知道。即使有败兵逃到他那里去报告，他再派人核实，也得两三天的时间。就算段凝知道了唐军前进的方向，立即发救兵也不是那么容易。因为现在段凝所率梁军都在黄河以北，不能直线前进，只能先绕道，自白马这个地方渡河。再说，数万大军渡河，需大量船只，一时之间难以筹措到这么多的船只，这都会大大延迟段凝来援的速度。

第三，唐军已在黄河以南，离大梁很近，一马平川，没有任何山河险阻，只要倍道兼程，几天之内就可到达。到时，段凝还没来得及渡河，唐军就已经占领大梁了，到时伪主被擒，后梁群龙无首，天下旦夕可定。

第四，为保险起见，可派先锋人马先进，以探虚实。李嗣源愿率所部千余骑兵为先锋，先往大梁，李存勖率大军在后跟进。若大梁果有重兵，则先锋部队可以及时将情报通知后方，即使先锋部队受损，唐军主力仍可马上调头返回。大梁若无重兵，唐军突然来袭，梁军惊愕之下，必然慌乱，不及抵抗，定可一战成擒。

李嗣源可谓把当时的形势和敌军主将的心理分析到家了，真是应了兵法上的那句老话，“知己知彼，百战不殆”。

这番话，不但坚定了李存勖的决心，也大大鼓舞了唐军将士。

史载，李嗣源表达完自己的意见后，李存勖的反应只有三个字“帝从之”。

随即李存勖下令——直扑大梁。史书记载：“令下，诸军皆踊跃愿行”。

真是兵贵神速！还是在第七天，公元923年旧历十月初四的傍晚，李嗣源已率所部精锐骑兵，倍道兼程，在前往大梁的路上了。

这一天的确发生了很多事。

李嗣源今年已经五十七岁了，回首当年，还是少年的李嗣源就跟随了李克用的父亲李国昌，后又跟随李克用，现在跟随李存勖，多少年来忠心耿耿，出生入死，立下无数战功，至唐亡后，又辅佐李存勖一心要兴复大唐天下。这时是中华民族形成的另一个重要时期，李嗣源和李克用、李存勖都属于中国的少数民族，其所属的沙陀来自中国的大西北，常年生活在新疆、巴尔喀什池以南，甘肃、内蒙古、山西北部一带，他们是中华民族在形成过程中的重要组成部分。自古以来，中国境内无论哪一个民族，都是中华民族的一员，来自哪里并不重要，他们都肩负着国家兴亡的责任。李嗣源、李克用、李存勖等人兴复大唐的忠心成为当时吸引各路、各族英才前来投奔的有力号召。

李嗣源在大半生中目睹了唐朝末年发生的所有重大事件，从黄巢起义攻占长安，到唐室当年受尽朱温集团的凌虐，皇帝被杀，王子被集体屠杀，公主被辱，天下一直战乱不止，饥荒不断，百姓流离失所，兵祸联结，直至唐亡，老晋王李克用愤恨而死。有多少次李嗣源都想率军直捣朱温的老巢——汴梁，消灭后梁，兴复唐室，恢复天下一统，让百姓不再受兵祸之灾，能过上安居乐业的平静生活。但这个愿望一直是那样渺茫，似乎总是遥不可及，后梁集团的实力、军力一直都远强于自己这一方。

什么时候才能实现自己最大的希望？朱温灭唐时（公元907年），李嗣源四十一岁，现在又过去了十几年，他日渐年老，已经五十七岁了。在一千多年前，五十七岁已不算低龄，这个年龄本应是在家颐养天年的时候，然而他却一直在战场上拼死搏杀，支撑他坚持下去的是忠于国家的信念。而今这个一直很遥远的希望突然在几天之内就要实现了，是真的能实现？还只是黄粱一梦？

第八天，十月初五一早，李存勖亲率唐军主力由汶上出发，紧紧跟随李嗣源的前锋骑兵，前锋和主力只有不到一天的路程间隔。一路上精锐骑兵在前开路，步兵紧紧跟随，张开两翼，呈战斗队形急行。

数千蕃汉精锐骑兵的铁蹄，十余万步兵的急行军震动着公元923年秋日的中原大地。黄河以南，通向大梁的东北方向道路上腾起无尽的黄尘，黄尘之下，旌旗招展，刀枪寒光闪耀，那是唐军大举而来的标志。

唐的旗号已经十几年没出现在这里了。

此刻正率大军疾驰的李存勖在想什么？

是否想起了二十多年前唐昭宗摸着他的头说“此儿有异相，国家安危他日就在汝的身上”的场景？

是否想起了十九年前唐昭宗在同样深秋的日子被朱温手下追杀的景象？皇帝是那样的无力，在那个时候任人宰割，被拿刀的人追着追着，最终被刺倒于破败的宫殿之中。盛唐祖先的踪迹荡然全无。

是否想起了十五年前老晋王临终前对他的一再叮嘱，“汝他日务以兴复唐社稷为重，誓灭伪梁。”

是否想起了不久前才离去的那个一辈子忠于唐室，一生毫无积蓄，全部精力都用于兴复大业的老太监——张承业？这个他曾经亲切地称之为“七哥”的老太监，没能亲眼看到消灭伪梁的日子。

是否想起了战死疆场的李嗣昭？

是否想起了战死疆场的周德威父子？

这些人都一个个离他而去了。

这些人的音容笑貌一个个在李存勖面前闪过。

他们在默默注视。

第九天，十月初六。唐军前锋快速前进，将至曹州。曹州就是今天的山东菏泽，是都城大梁最后一道小小的屏障。若曹州梁军拼死一战，说不定还可以为后梁小朝廷争取一些时间，调集黄河以北的援军渡河南下来救大梁。但曹州的梁军守将已经听说了前线梁军大败和第一猛将王彦章被擒的消息，早准备开城迎接唐军的到来了。

第十天，十月初七，李嗣源所部至曹州，梁军守将打开城门投降。

李嗣源入城安抚降将、降兵，稍事休息后，马上率部再上征程，直指大梁。

大梁就在眼前。

大梁，大梁，朱温起家的根据地，唐军多年不得涉足此地矣！

自李克用平定黄巢起义，曾率三百亲兵进入大梁赴朱温的酒宴，遭朱温暗算，几乎命丧大梁城中，两家彻底闹翻后，三十多年来，大梁一直是那样遥不可及，又似乎是那样坚不可摧。自那时起，从原来的晋军到现在的唐军，都未曾深入到朱氏政权的腹心地带。

李克用当年曾望河兴叹，李存勖也曾望河兴叹，一道黄河天险多次挡住了唐军前进的脚步。梁唐两方在黄河沿线的战略要点进行了数十年的争夺战，光是李存勖继位以来就在这一带苦战了十五年，一直也只能是维持局面。而今，黄河突然间已被甩在身后，通往大梁的道路突然变得无比平坦，这一切都变化太快。

王彦章十月初四被擒以来，大梁城中一片混乱。梁军败兵飞快逃回到大梁，把前线失利的消息报告了朱友贞："彦章就擒，唐军长驱将至"。

朱友贞这时急得无法，先聚亲族痛哭，叹道："运祚尽矣！"

再召群臣问策，皆莫能对。

只好再问敬翔："朕过去没听老爱卿所言，以至于此。今事急矣，爱卿勿以为意，现在我们该怎么办？"

敬翔这时也没办法了，只好哭着回应："臣受先帝厚恩，殆将三纪，名为宰相，其实朱氏老奴，事陛下如郎君。臣前后献言，莫不尽忠。陛下初用段凝，臣极言不可，小人朋比，致有今日。今唐兵且至，段凝限于水北，不能赴救。臣欲请陛下出避，陛下必不听从；请陛下出奇合战，陛下必不果决；虽使（张）良、（陈）平更生，谁能为陛下计者！臣愿先赐死，不忍见宗庙之亡也。"

看来敬翔也是山穷水尽，无法挽救他为之效命三十多年的朱氏政权了，只能与朱友贞相向恸哭。

但朱友贞还是不甘心，不愿坐以待毙，他哭完之后，当即采取了几项措施。首先派张汉伦驰骑北上召段凝所部回援。然而似乎真有“天意灭梁”一般，张汉伦刚出城时倒是飞快，但到了滑州时，可能是心急所致，坠马伤足，不能再乘马，再到黄河边上，也无船渡河，只能望河兴叹。

朱友贞登上大梁宫中的建国楼，挑选自己平日里所厚待的亲信，再一次厚厚赏赐，好言安慰，让他们再去送信找段凝，让他快快回朝救驾。这一次朱友贞还考虑得很周到，特地让亲信们穿上老百姓的衣服，把诏书封藏在蜡丸里，以防半路被唐军俘获。

亲信们也都一再表示一定不辜负朱友贞的期望，一定把信送到段凝那里，让他马上率大军回援，皇上就在宫中等着好消息吧。亲信们脱下了平日里穿惯的高级服装，换上了通常根本不屑一顾的百姓衣服，带着朱友贞赐给的财宝，出了大梁城。

一离开大梁，亲信们相视一笑，大家心照不宣，这个时候，明显老朱家要完蛋了，新主人要来了，谁还那么傻大老远地跑去给那个并不可靠的段凝送信？半路上说不定就会遇到唐军，变成俘虏。与其如此，还不如大家一拍两散，反正有这些财富在身，找个地方享福去吧。朱友贞的亲信们挥手再见，各自逃命去了。这就再次验证了有些人只可共富贵、不可共患难的本性。

大梁城中心急如焚的朱友贞召集大臣们再商议对策。虽然面临威胁，但有人还是出了不错的主意的。例如，当时就有人提出，可以先到洛阳，收集诸军以拒唐，唐虽得都城，势不能久留。若是朱友贞真采纳了这个计策，说不定还可以反扑，因为这不失为一条好计，唐军只是突袭，后方也一样空虚，朱友贞若西走洛阳，调动北方各路兵马反攻唐军大本营，鹿死谁手还真是不一定。

但这条好计，马上有人表示反对，而且反对者是朱友贞平日最信任的赵岩。

赵岩认为："事势如此，一下此楼，谁心可保。"

从朱友贞登位以来，赵岩一直是最受信任的人，他在帮助朱友贞登位的过程中是起过很大作用的，当时是他东奔西走，联络各路重要人士，给朱友贞指出了最重要的人是谁，应该最先争取谁。那个时候赵岩对局势的分析非常精准，一下子能指出要害，所以朱友贞才能夺权成功。因此，朱友贞对赵岩的信任不是天上掉下来的，是实践中出来的。所以虽然老臣们都对赵岩不满，但一直不能动摇朱友贞对他的信任。

但自从朱友贞登位后，赵岩在国家大政方针上发挥的作用基本是误国型的。这不由得令人深思，为什么会有这样的变化？其实不是赵岩有变化，而是条件变了，形势变了，对赵岩的要求变了。以赵岩的才华和特点已经不能够满足变化了的形势。因为赵岩属于技术型官僚人才，而非战略型人才。技术型人才搞具体事务肯定是绝佳人选，但让其去决定战略事务，结果通常会误国误民。

人才大致可以分几种，要做到知人善任、人尽其才并不容易。

有的人善于搞权力斗争，能发现权力的产生和维持的根源，特别善于在官场上搞斗争，如鱼得水。

有的人在权力斗争上，不太敏感，却是战略家，能为国家民族的长期安全战略环境的建立和发展指出方向。搞战略的人不能被日常琐事所困扰，他必须有大段的闲暇时间用来思考，思考是战略的重要基础。曾有记者采访美国福特汽车公司的董事长——小福特，说他给人的印象是每天闲着什么也不干，不像个董事长。一般人印象中董事长应该是忙得脚不沾地的。小福特笑了笑，回答道：我的任务是思考，忙得脚不沾地的是总经理。

基本掌控着朱氏政权命运的赵岩就是前一种人，善于搞权力斗争，却不懂得战略发展的重要性，也不懂如何思考战略问题。赵岩是古代的技术型官僚，熟悉官场规则，有很强的技能，熟悉本职工作，能发现短期内形势的重点和细节，这是其所长。别人很难说服他，因为他天天做这个事情，别人对他的工作不熟悉，没有他的话有说服力，一句“你不了解情况”，就可以把你的建议拒之门外。赵岩嘴上天天挂着各种专业术语和词汇，在朱友贞的耳边絮叨，时间一久，朱友贞不信也得信了，何况本来就信。但这样的人缺乏长远规划的战略性眼光，不具备那种“谋万世者，不谋一时”的大家风范。技术型官僚群体是一个集体、政权中必不可少的重要组成部分，这个群体做具体的事情是行家里手，但若是由其掌握战略大方向，通常会出大问题。

另外一种人则截然相反，这样的人会思考国家和民族长久的战略发展，不会只顾一时的利益，有全局、大局眼光，能从历史的长期发展角度来思考。这种人不太注意细节，也没有时间去思考如何应对官场规则，如何应对各种交往中的要求和细节，也可能不太了解技术性的问题，有时可能还因没有时间去了解潜规则而得罪不少人。

赵岩一类的技术型官员比比皆是，但战略型人才凤毛麟角。

赵岩的话不多，但很有说服力，朱友贞便打消了去洛阳的念头。

又有人建议，可到段凝军中去躲避一时。

有人立即反对。

大梁禁军将领——相当于卫戍区司令，当时称为控鹤都指挥使的皇甫麟反对，他认为：“段凝本非将才，官由幸进，今危窘之际，望其临机制胜，转败为功，根本不可能。况且段凝闻彦章败，其胆已破，安知能终为陛下尽节乎！”

皇甫麟对段凝的分析非常准确，段凝这个人本来就是靠拍马屁上来的，没有军事才能，这种危急关头，还能指望这个蠢蛋转败为胜？而且这种只会拍马屁的人，肯定容易变节，因为荣华富贵是他唯一的目标。谁能给他荣华富贵，谁就是他的主人。到他军中去躲避，说不定段凝会把朱友贞送给唐帝李存勖当成见面礼。

这个建议立即也被否定了。

没办法，再召宰相商议对策。当时的宰相之一郑珏请朱友贞把梁朝的传国宝拿出来，由他拿着去唐军那里诈降以缓国难。但这就有一个问题，即使把传国宝给了唐军，唐军就会停止前进的步伐吗？所以连朱友贞也问：“今日固不敢爱宝，但如卿此策，竟可了否？”

郑珏低头想了半天，才回答：“但恐未了。”

诸计皆不可行，朱友贞只能日夜涕泣，不知所为。

但他还想保住朱氏政权的传国玉玺，就把这个传国玉玺藏到了自己的卧室内，亲自看管。即使这样，也还是把传国玉玺给丢了。那些平日里围绕在他周围阿谀奉承的人忽然都变了脸，最亲信的人偷走了传国玉玺，并且拿着它去迎接唐军了。

所以“患难见真情”，平时关系好并不是真好，可能都是酒肉朋友，只有在巨大的危险来临时，能够依然和你在一起的，才是真正的朋友。

历史已经不会给朱友贞机会来分辨哪些人是患难之友了。

第十一天，十月初八。探子来报，“唐军已过曹州，尘埃涨天”。

情报简洁、明了，只十个字就描述清楚了地点、行军速度、军力。情报所要求的要素都体现在这十个字中。

第一个要素是地点——曹州，离大梁很近，形势危在旦夕。

第二个要素是行军速度和军力——“尖埃涨天”四个字说明了唐军行军速度很快，而且来的人马众多。

一个好的报告并不一定非要长篇大论。

朱友贞登城东眺，远处，冬初的群鸦飞起，在他眼里似乎变成了东北方向飘起的无尽烟尘，他似乎感觉到了大地的微微震动，那是唐军骑兵正滚滚而来，暴风将至的信号。当然，也可能这时他还看不见这些，只是心里的感觉罢了。

到此，朱友贞知道没有希望了，便叫来了皇甫麟。这时的朱友贞决心一死。他对皇甫麟说：“李氏是我家世仇，我不可能投降他们，也不可能坐以待毙。当前之计，唯有自杀。但我自己又下不了手，爱卿可断吾首。”

皇甫麟泣道：“臣为陛下挥剑死战，击杀唐军可以。但不敢奉此诏。”

朱友贞怒道：“爱卿不杀我，就是害我，难道想把我出卖给唐军吗？”

皇甫麟马上拔剑要自杀，以表明自己的心意。

朱友贞一把抓住皇甫麟说：“咱们一块死吧。”

事已至此，皇甫麟知道唯有杀了皇上才是对他尽最后一次忠心，只好一狠心先杀了朱友贞，然后自杀。

朱氏政权灭亡。

第十二天，十月初九一早，五十七岁的李嗣源率所部抵达大梁城外，准备进攻大梁北门——封丘门。

大梁，大梁，上一次李嗣源来到这里时，还是大约四十年前，那时的李嗣源是风华正茂的少年，随着意气风发的李克用连破黄巢义军，收复长安，大战陈州城下，一路追击黄巢，将这支曾令唐帝胆寒，天下诸侯谈之色变的义军打得七零八落。曾经在大半个中国纵横数年的数十万义军，被李克用的几万人马打得最后只剩下一千多人。李嗣源从那时起就紧紧跟随着李克用，每次作战都勇猛争先，他比李克用小十余岁，被收为义子。当时李克用破了黄巢，在返回的路上经过大梁，热情的朱全忠非要给李克用接风洗尘，硬是把李克用请进了大梁城。直爽的李克用只带着三百亲兵去赴朱全忠的宴席，差点送命。

这是一次真正的鸿门宴！

朱全忠动了杀机，想把李克用杀死在开封城中。多亏了这三百亲兵，个个都是身经百战、枪林弹雨过来的，李嗣源就是这三百人中的一员。在危急时刻，他们拼死护着李克用杀出驿馆，跑上城头，从城墙上顺着绳子滑下来，才脱离险境。三百亲兵几乎都战死城中，只有李嗣源等十余人护着李克用跑回了城外的大营。这三百人都是李嗣源出生入死的战友、兄弟。时间已经过了四十年，李克用去世也十五年了，李嗣源也成了白发老人。四十年来的兄弟，常常出现在李嗣源的梦中。他们的尸骨在哪里？李克用的在天之灵看到唐军来到大梁了吗？李嗣源相信，他们一定都看到了。

这时已经不用进攻了，开封府尹，相当于首都市长的王瓒开门出降。

李嗣源率军入城，安抚军民。

当天傍晚，李存勖率领的唐军主力也抵达大梁。

后梁的文武百官们早就排好了队，在城门口迎接唐帝李存勖，拜伏请罪。这些人虽是原来敌人的官员，但此时敌方的主人已死，法不责众，为安定人心，李存勖对这批降臣一一慰劳，令各复其位。

李嗣源迎贺，李存勖喜不自胜，手引嗣源衣，以头触之曰："吾有天下，卿父子之功也，天下与尔父子共之。"

李存勖最后能够消灭后梁，兴复唐室，李嗣源在其中起了很重要的作用，关键时刻都是他和郭崇韬一起坚定了李存勖的信心。而且李嗣源还是冲在第一线的大将，亲冒矢石，身先士卒，首入大梁，终于促成兴复大业。所以李存勖才会这样高兴，因而说出了"我能有天下，都是你父子二人的功劳，天下和你们共有"的话。但"天下与尔父子共之"这种话是不能随便乱说的，尤其大人物更不能随便表态。李存勖是当时的皇帝，李存勖若是驾崩，自然会由他的儿子继位，天下是李存勖这一系的天下，不会轮到李嗣源头上。天下怎么也不可能与李嗣源共之。

后来的历史发展再次证明，不可乱说话，乱说话说不定就会应验。因为李嗣源后来真的做了皇帝，就是后唐的明宗，而他的儿子李从珂也做了几年的皇帝。李存勖的话后来全都应验了，真的是"天下与尔父子共之"了。但在当时，谁都不会相信李嗣源几年之后会成为后唐的皇帝，因为各种因素都说明李嗣源不可能成为皇帝。偏偏这不可能的事情就发生了。

首先，李嗣源比李存勖年龄大好多，这时李存勖才三十来岁，李嗣源已经五十七岁了。李存勖年轻有为，活得好好的，没有什么意外的话，肯定会死在李嗣源后面。

第二，就算有意外，李存勖暴亡，但他有好几个儿子，有的儿子还很优秀，怎么挑，总能在这些儿子中挑出个把合适的。就算儿子们不行，还有亲弟弟、亲侄子一类的真正有血缘关系的亲属。再怎么排，也排不到李嗣源。李嗣源毕竟只是李克用的假子，是没有血缘关系的。

第三，李嗣源忠贞不贰，为人正直、忠诚。而且他也不是假忠，不是"王莽谦恭未篡时"的那个忠，不可能主动发起叛乱来夺取帝位。

各种因素综合起来，皇帝的位子怎么着也轮不到李嗣源这员老将。但事物的发展就是这样出人意料。后来李存勖治天下无方，仅仅几年就引起大乱，李嗣源被乱兵拥立为帝，登上了帝位，共之天下，成了后唐的明宗。李嗣源是比较关注和了解民情的皇帝，他当皇帝后，采取了休养生息的政策，经过数十年战乱，中原一带在他的统治期间总算大致安定了几年时间。

史书曾记载了他和大臣冯道的一段对话。

李嗣源："近年连续五谷丰登，四方无事，可谓天下太平。"

冯道曰："臣尝记昔在先皇（李克用）麾下，奉使中山，历井陉之险，臣忧马蹶，执辔甚谨，幸而无失；及至平路，放辔自逸，俄至颠覆。凡为天下者亦犹是也。"

李嗣源深以为然，并问："今年虽丰，百姓赡足否？"

冯道曰："农家岁凶则死于流殍，岁丰则伤于谷贱，丰凶皆病者，惟农家为然。臣记有诗云，'二月卖新丝，五月粜新谷，医得眼下疮，剜却心头肉。'农人最为勤苦，陛下不可不知。"

李嗣源感叹不已，令左右录其诗，常记诵之。

时人评价李嗣源性不猜忌，为人宽厚，登基之时，年已六十。他登基后，每晚于宫中焚香，对天曰："我本胡人，因乱为众所推。愿上天早生圣人，为百姓之主。"

史书评价，自黄巢犯长安以来，天下血战数十年，百姓痛苦不堪，至李嗣源当政时总算稍有安定，百姓大致能够安居乐业，"年谷屡丰，兵革罕用，校于五代，粗为小康"。小康，在战乱的年代，小康是一个多么幸福和难以实现的词。在和平时期，人们又多么容易忘记小康的幸福。

以上历史见于欧阳修所编写的《新五代史》，欧阳修还写道：予闻长老言，"明宗虽出夷狄，而为人纯质，宽仁爱人。"于五代之君，有足称也。尝夜焚香，仰天而祝曰："臣本蕃人，岂足治天下！世乱久矣，愿天早生圣人。”自初即位，减罢宫人、伶官；废内藏库，四方所上物，悉归之有司。广寿殿火灾，有司理之，请加丹雘，喟然叹曰：“天以火戒我，岂宜增以侈邪！”岁尝旱，已而雪，暴出庭中，诏武德司宫中无得扫雪，曰：“此天所以赐我也。”数问宰相冯道等民间疾苦，闻道等言谷帛贱，民无疾疫，则欣然曰：“吾何以堪之，当与公等作好事，以报上天。”吏有犯赃，辄置之死，曰：“此民之蠹也！”以诏书褒廉吏孙岳等，以风示天下。其爱人恤物，盖亦有意于治矣。其即位时，春秋已高，不迩声色，不乐游畋。在位七年，于五代之君，最为长世，兵革粗息，年屡丰登，生民实赖以休息。

欧阳修生于1007年卒于1072年，离后唐（923—936）时期不过七十年光景，所以他在年轻的时候，就听到一些老人讲过后唐明宗的事情，应当是比较可信的。而且欧阳修时代能够看到的五代史料远远多于我们今日能够看到的史料。欧阳修以后，历经战乱，许多史料都已在兵祸离乱中散失、焚毁，我们今人能了解到当时的许多史实，新旧五代史有很大的功劳。

此是后话，此不细表。

总之不要乱许诺、乱说话，尤其是极端的话。说极端的话有几大坏处，一是会得罪人；二是说不定哪天就会应验；三是显得这个人气量太小。如果不信邪，尽可以试一试。

第十九章　带头作用

新主人来了，后梁的普通官员们都去迎接新主人了。这时处境比较为难的是宰相一级的官员，如敬翔、李振等。

当一个政权出现更迭的时候，聪明的新主人为了尽快稳定人心，都会采取“只揪祸首，其余不问”的策略。对于这一点，普通官员大都是很清楚的。但宰相一级的官员就不一定了，这一类人通常会被定为祸首，或祸首的主要助手。李振为朱温家族服务了很多年，一直很受朱温的重用。当年“白马驿之祸”屠杀唐室朝臣文士，李振就是主要策划者之一，当时他正极受宠，高高在上，还说了不少风凉话，从那件事上就可以看出李振这个人的品行。现在对他一向很好的朱家主子灭亡了，李振似乎也无所谓，他马上跑去找敬翔说：“唐帝有诏，不追究我们这些人的责任。现在我们可以一起去朝见新君了吧？”

李振劝敬翔一起去，主要是觉得自己一个人去不太好意思，拉个同一级别的人一同去，感觉总要好一些。宰相的责任是什么？上佐天子，下理百官，安抚百姓，理阴阳，调四时。如今宰相辅佐治理的这个小朝廷完了，当宰相的难道不应是责任人吗？所以宰相与其他官员不同，其他官员去迎接新帝也就罢了，前朝的宰相也去迎接新帝，是需要一些厚脸皮和勇气的。

在这一点上，敬翔表现得倒是可圈可点，他拒绝了李振的邀请，并批评了李振一下："我们二人乃梁朝宰相，皇帝犯了错误，我们不能纠正其错；国家面临灭亡的危机，我们束手无策。新帝若问起来，我们这些做宰相的将何辞以对！"

但在危急关头，李振那追求荣华富贵的人生价值观占了压倒性，当天傍晚，李振就自己入朝去见唐帝了。

很快就有人把这个消息报告了敬翔。敬翔叹曰："李振真是愧为丈夫！朱氏与新帝多年世仇，如今国亡君死，纵新帝不追究我们的责任，又有何面目再入建国门！"这个建国门不是今天北京东二环那个繁华地带的建国门，而是指当时大梁皇宫的宫门，当时的北京还叫幽州，是北方一个偏荒、蛮化的地方。事情到了这个地步，敬翔觉得唯有一死，因此，便上吊了，结束了一个很有才华的人为虎作伥的一生。

虽然敬翔是个很有才华、很能干的人，但却投靠了一个坏主人。虽是能臣，却是助纣为虐之能臣。敬翔主人朱温之凶残、阴险、狡诈、狠毒、淫荡是历代君王中屈指可数的，甚至有可能是数一数二的。能和朱温媲美的，恐怕只有南北朝时刘宋的前废帝、后废帝，萧齐的东昏侯，北齐高洋以及之后的北齐诸帝，北周的天元这几个皇帝了。和朱温的残暴相比，隋炀帝等人都得甘拜下风。

一个人再有才华，但若其服务的主人不是什么好人，且才华横溢之人明知如此而为之，就更是不可饶恕的了。历来这样的才华之人不在少数，例如后来的汪精卫也是当时有名的才子，但投靠了日本人，落下永世骂名。有才者并不一定有德，所以选人用人，一定要德才兼备，以德为先。

唐军入城之后，那个朱友贞到死还指望的段凝正率军自滑州渡河南下入援大梁。段凝令诸军排陈，使杜晏球为前锋，快速向大梁进军。杜晏球到封丘时，遇到了从大梁前来迎击的李从珂。

听说唐军已入大梁，朱友贞已死，后梁政权灭亡，杜晏球立刻就投降了李从珂。第二天，段凝率领的大军进至封丘，亦解甲请降。

所谓群龙无首，树倒猢狲散，正是指此。

而且小人还会倒打一耙，当初段凝拼命巴结赵岩等人，现在又第一个跳出来说赵岩等人的坏话，欲置其于死地。段凝上书给李存勖："伪梁要人赵岩、张汉伦、张汉杰等，窃弄威福、残蠹群生，不可不诛。"即使段凝不上书，李存勖也会追究这些主要人物的责任，而且不止是赵岩的责任，还有已死的敬翔和主动投怀送抱的李振的罪责。

李存勖很快下诏："敬翔、李振首佐朱温，共倾唐祚，负恩背国，宜与赵岩等并族诛于市；自余文武将吏一切不问。"

只杀主谋，这样做既报了当年这些人共同帮助朱温灭唐之仇，又安定了前政权中大部官员的人心，这也是历来比较成功的新政权会采取的做法。若是追究的人太多，尤其是在一个政权刚刚建立的时候，只会搞得人心大乱，危及政权自身以及国家和社会的稳定。

后梁小朝廷灭亡了，各地还有许多后梁的藩镇，各藩镇都在观望，看李存勖是怎样对待后梁各级官吏的，尤其是怎样对待外地的手里握有兵马的官员的。现在李存勖下达了只究主犯、其余不问的命令，后梁这些藩镇的节度使等各级地方官吏便心中都有了数，知道该怎么办了。其实就两个做法：要么本人赶快亲自到大梁来面见唐帝；要么就立即派代表来见唐帝，给唐帝上表，表达自己愿意归顺后唐之意。如果仍旧观望，或行动太迟缓，只怕会引起新政权的怀疑，毕竟自己在旧主子手下服务多年，虽说唐帝已经下令，其余诸人，一概不问，但凭什么新主人要无偿地信任你？

带头的效果很重要，后梁宋州节度使袁象先首先来大梁朝见李存勖，陕州留后霍彦威紧随其后。

李存勖见此二人前来，很是高兴，好好地安抚了他们一番。这两个人都是原来朱友贞很信任的大臣，大家应该还记得袁象先，当年朱友贞夺位时，正是他率军冲入皇宫，助朱友贞夺位成功的。现在连袁象先都来朝见唐帝，而且唐帝对他还很好，其他正在观望的各藩镇还有什么说的？于是纷纷来朝。

后唐占了大梁后，如果大肆追究后梁各级官吏的罪责，只怕后梁各路藩镇会纷纷拥兵反抗，有可能还会联合起来推举朱氏皇族的一个什么人出来继位。要是那样的话，后唐还真不一定能在大梁站住脚。这也是为什么历来“只究首恶，其余不问”的原因。

后唐帝国建立，也算是暂时复兴了唐朝，虽然后唐的李氏和原来唐朝的李氏之间没有什么血缘关系，但总归还是称唐，这也是中华民族自古一家的体现，再怎么也都是中国的内部事务。

在建立后唐的过程中，最后时刻郭崇韬在战略谋划上是立有大功的，所以李存勖加封郭崇韬守侍中，领成德节度使。守侍中这个职务相当于实质上的宰相，成德节度使就不用说了，相当于大军区的司令长官。这一时期的后唐政务基本由郭崇韬来处理，而他也非常忠心，竭忠无隐，选贤任能，一心要把后唐打造成真正强盛的帝国，兴复大唐当年的荣耀，让天下百姓过上长期安康幸福的日子。

如今大势已定，后梁的另一个重要人物——西都留守、河南尹张宗奭来大梁朝见新帝了。李存勖很客气、很友好地接见了他，而且还主动给他改了名。这次改名只不过是把名字改回原来。因为张宗奭这个名字是朱温给起的，既然伪梁已经灭亡，就恢复自己原来的姓名，还是叫张全义吧。

张全义也是有备而来的，一见新帝便献上大量金银、宝马等财物，而这正是刚刚获得胜利的新帝所急需用来犒军的物资。张全义搞经济向来很在行，所以后梁灭亡后，他依然能获得新帝的重视并非偶然。张全义虽然手里掌握着大量财富，但不是拥兵自重的人，不像其他武将如果拥兵作乱就有可能对新政权的稳定造成冲击。所以拥有财富的人，在大部分时代都是受欢迎的，只要他不把这个财富当成是与朝廷叫板的砝码，只要他能继续给朝廷创造出更多的财富，朝廷就会继续倚靠他。

张全义有巨富而不骄，非常难得。因为自古以来，富而奢→奢而骄→骄而犯上的例子比比皆是。这就是说，一旦人们变得很富有了，往往容易追求奢华的生活，奢华生活的日子过久了，便容易得骄傲。很多人就开始斗富，斗富之后心理就会不满足，通常会对政治权力产生觊觎，对自己的社会地位不满，就会要求政治权力。而原来拥有政治权力的阶层当然不会轻易将权力拱手与人，因此，双方会发生冲突，经过冲突，有时是新阶层进入了权力体系，与原来的体系合并；有时是新阶层全面接管权力体系，或推倒重来，或进行改良。

张全义是什么人？那是朱温最亲信、最可靠的战略伙伴，在朱温最困难的时刻曾给予朱温以极大的后勤支持，他给朱温提供了大量的粮草、武器、装备等。论打仗，张全义并不在行，但要说后勤和经济，张全义是一流高手。在他的治理下，不但基本能让自己领地内的百姓生活比较稳定，而且还能拿出很大一部分物资支持朱温对外作战。张全义这样做，也是出于报恩，因为过去他曾被李罕之所部长期围困，坐守空城，内外断绝，粮草耗尽，形势极其危险。最后是朱温不远千里前来相救，保全了张全义一家老小性命，也保全了张全义的地盘和势力。中国传统的价值观是“受人滴水之恩，必当涌泉相报”，何况是救命大恩。因此，此役后，凡是朱温有所求，张全义无不立即行动，克服一切困难帮助朱温解决后勤问题，使朱温能够在前线放心与李克用、李存勖等部作战。

既然张全义都亲自来朝见唐帝了，其他藩镇更没有什么说的了。

于是，后梁原来下属的五十多位节度使都纷纷上表入贡，向新政权表示归附。

至此，表面来看李存勖终于基本完成了兴复唐朝的大业。然而他是否能将这个新的唐朝延续下去？历史已经给出了答案，个中缘由令人深思，值得警醒。

现在我们通常都知道李自成起义，苦苦斗争十余年后才打入北京，但仅四十二天即因骄奢淫逸，诸将得意忘形，义军迅速腐化而被迫仓皇退出北京的例子。其实在李自成之前，这样的事情就已经有过，这就是苦战十五年，十二天闪电战灭梁的李存勖及其后唐。李存勖好不容易灭了后梁，但他总共才执政三年，就闹得众叛亲离，被小辈所杀。只不过他建立的后唐延续的时间要长一些，总共十四年，这在五代时期已经是维持得比较久的政权了。

李存勖在突然胜利后，骄傲了，忘乎所以，以至于忘记了胜利不是他一个人获得的，而是大家共同努力奋斗的结果。李存勖有一次居然对众将说，打天下是他自己一个人的功劳。这一下大大伤害了长期跟随他的人的心。看来李存勖并不完全懂得如何当一个好领导，犯了得意忘形、乱说话的错误。乱说话会伤人心，而忘形则必败。领导尤其是大领导的地位不是天然形成的，是在长期的工作、奋斗中逐渐形成的。如果一个人根本不具备领导应有的品德、才能和资历，即使被硬推到那个位置上，也只能维持一时，很快就会走下坡路。

当领导首先就要“会说话”。“会说话”不全是油滑的表现，很多时候“会说话”是要激励将士，鼓舞人心的。

例如，过去大将出征，班师回朝后来见皇帝，皇帝都照例要表扬大将军一番，说你此行辛苦，立下大功。

大将军也通常都要回答“此乃皇上威灵，将士用命，臣何功之有”之类的话。

这是历史上通常会有的对话和场景。

西汉卫青大破匈奴归来曾对汉武帝这样说过；

东汉冯异平蜀归来也曾对汉光武帝说过类似的话；

东晋末年王镇恶孤军入关，伐灭后秦时，对当时还是太尉的刘裕也曾说过类似的话。刘裕笑应：卿欲学冯异耶？

有的人把这些话当成是拍上级马屁的话，其实这些话并不是什么拍马屁的话，而是实话。中国人一向讲究谦虚，谦虚是美德，将军们打了胜仗回来，听到了赞扬，我们期望他怎样回答？

难道我们想听到将军们回答说："对呀，这都是老子在前线拼死拼活打下来的，这都是我的功劳呀。"这样讲似乎也不太合适。

以前有些人认为，中国历史上有很多人爱说拍马屁的话，是因为古代中国的皇权、家天下、专制等因素造成的。其实这种判断很有问题。首先这就犯了一个视角上的错误，因为忽略了不同时期、不同历史条件和环境。我们习惯了用后来，甚至是当代的条件和环境去衡量和判断过去完全不同的事物、事件、人物等，总是要指出当时的不足，其实这是一种偏颇的纵向比较衡量法，用这种方式去评判历史，大都会觉得自己的历史很糟，这就好比用成人的标准去衡量一个孩子的行为，在成人眼里孩子的许多行为都是幼稚的。

更糟糕的是，我们不但会犯纵向比较衡量的错误，在潜意识里，还会犯横向比较衡量的错误。横向比较是指用西方，多指欧洲的情况来比较中国。而且还是用西方（欧洲）后来的、甚至现在的情况去比较历史上的东方的情况。

许多问题要历史地看，要从历史中还原其本来面目，而不是只站在后来的一个特定的角度来分析。如果要比较，也要用当时或相近年代的欧洲去和当时的中国来比较。现在人们通常认为王权是专制独裁的象征，但曾几何时，在中世纪的欧洲，当时许多小王国、小公国的人们还曾迫切地盼望一个强有力的王权出现，因为强有力的王权在当时能够带来统一的国家、市场，能够有力地促进经济的复苏和繁荣，给人们带来一个相对安定的社会生活环境，但当时的欧洲是分裂的，战乱不止，长期动荡不安，人民生活在极度不安和极端困苦之中，以至于欧洲的人们发出了“我们需要一个国王”的呐喊，这在今天看来是难以想象的。

例如，法国历史上的亨利四世（在位期间 1589 年 -1610 年），在经过了 16 世纪贵族割据和宗教冲突带来的动荡、混乱、分裂之后，法国人民支持王室的君主制度，反对贵族割据的分裂政治，亨利四世能够带领民众实现这些目标，由此他成为法国历史上最受人民欢迎的数位君主之一。

又如韩国总统朴正熙 1979 年遇刺而亡。一段时间之内他被韩国人认为是独裁专制的代表，是自由民主的“绊脚石”；而到了 21 世纪初，仅仅二十多年之后，韩国民间评选满意度最高的总统，朴正熙高居第一位。在他统治的十八年（1961-1979）间，韩国经济高速发展，人民物质生活水平得到很大提高，民族自信心增强许多，一举由亚洲最贫困的国家成为亚洲“四小龙”之一。韩国经济高速发展初期，朴正熙在 1970 年代早期的总统选举中以高票当选，其声望达到最高。但仅仅几年之后，在其统治后期，同一个朴正熙却成了许多人眼中的独夫。这固然与他个人传统的统治风格有关，但同时对民众来讲真是又一个“饱暖思淫欲”的例子。

也许经过艰苦的努力之后，胜利的骤然降临会冲昏一些人的头脑，而这些人在原来艰苦的环境中可能又是头脑很清楚的。“打天下易，治天下难。”

艰苦时，有志向的人们容易团结在一起，能够不计个人得失，共同为了一个目标而努力奋斗。当然，在这个过程中，也有一些人会计较个人得失，意志不坚定，不过这没关系，因为他们都会被历史和现实所淘汰，能够保留下来的都是艰难中的真金。但这些真金在富贵、权力的环境下是不是能继续保持真金的本色呢？这又另当别论。

所以古人一再要求我们要居安思危，切勿因盛世、胜利、顶峰而骄傲。盛极必衰、否极泰来的事情还少吗？但为何一个又一个的个人、单位、组织等总是在重复这相同的事情？俗语说，站着说话不腰疼，指责别人的缺点、不足是非常容易的事情，但当我们自己处在顺利、发达、盛世的环境中，或坐在了领导的位置上，很容易得意忘形，很可能会犯和前人一样的错误。

正所谓“不识庐山真面目，只缘身在此山中”。

世事无常，人生苦短。

虽短，却总想追求无限，挑战自然，但到头来也只不过如唐朝诗人张若虚在《春江花月夜》中所说：“江畔何人初见月，江月何年初照人。人生代代无穷已，江月年年望相似。”

与自然相比，人总是渺小的。古人一再重复天人合一的意义，实际上是希望人与自然能够和谐相处。人类文明走过了几千年的历史，那是上百代人的历史，人类的祖先在各个领域已经有过无数的丰富经验，如何与自然相处，如何与人相处，如何与国相处，如何与社会相处，上百代人的经验有多少可供借鉴！而我们不过只能过一代人的生活。

但愿今人能不再重复前人的错误。

后 记

千百年来，人们对中国历史上最强盛的唐朝的灭亡很叹息，唐朝究竟是怎样的呢？在唐末到底发生了什么？唐朝末年发生的事情很多，天灾、人祸不断，各自为政的藩镇也很多。唐朝朝廷这时面临的藩镇割据局面更为严重，朝廷基本名存实亡，几乎掌控不了国家的局面。在诸多藩镇中，最主要的有两家，一家是朱温，另一家便是李克用。本书主要选取李克用家族如何一心兴复唐朝的历史过程，以李、朱两方斗争为主要线索展开，时间跨度集中在公元 9 世纪末到 10 世纪初，旨在说明西北各个少数民族自那时起就是中华民族一部分。

李克用虽姓李，实际是沙陀人。沙陀是当时中国西北、北部的少数民族之一，其祖先原是西突厥的一个远支，到了唐朝才自立为沙陀，以朱邪为姓，李克用的祖先就姓朱邪。唐朝灭亡后，李克用、李存勖父子等沙陀人始终致力于兴复大唐，是中国历史上非常典型的表现少数民族对国家忠诚的例子。而沙陀人与历史上的回鹘、回纥（维吾尔族的旧称）、铁勒等西北各族群有很近的血缘、文化关系。

本书讲述赐姓李家与朱家的历史较量，同时梳理了唐末的种种人物轮番登场的过程和作用。通过唐末五代初的这十年，人们会发现中国人、中华民族千百年来一直就是由生活在这片辽阔土地上的各民族人民共同构成的，许多少数民族历代以来对国家的忠诚、贡献永远在历史深处闪耀着光辉。中国的历史、民族与西方的概念和定义区别很大，但我们已习惯了用后来才出现的现代西方概念来衡量中国过去的事情，本身在视角上就出了问题。

一个国家，和则昌，富则强。和，可以指天时、地利、人和，三者缺一不可。不管是中华土地上的哪个民族，都是中国人，都要为中华的复兴添砖加瓦；富则强。若只有富，而无先进之兵，在政治上永远都只能仰人鼻息，战战兢兢，面临着财富随时被别国抢走的危险。孙子曰："兵者，国之大事"，就是从这个意义上讲的。

文中几处还对比了中西历史。我们几乎已经习惯了的西方历史大多从电影、小说里得来，而真实的西方历史远非电影、小说可比。

要更好地了解中国，应更好地了解世界。真实的历史就很精彩！

唐末发生了什么

WHAT HAPPENED AT THE END OF THE TANG DYNASTY

中国历史上繁荣、强盛的唐朝到底是怎么灭亡的?

唐朝灭亡前后的数十年间哪些人在历史的舞台上发挥着作用?

是谁忠心不改一心要恢复唐朝天下?

古人相信天象，天象与人间大事真的会对应吗?

历史会重复吗?

历史真的是有些人所说的“惊人的相似”?

难道真的难以避开“盛极必衰”的循环圈子?

后人从历史能吸取哪些经验教训?

上架建议：历史•畅销书

ISBN 978-7-5075-4589-0

9 787507 545890 >

定价：38.00 元